JORNADES D'ITÀLIA

QUADERN DE VIATGE

JORNADES D'ITÀLIA

QUADERN DE VIATGE

[signatura manuscrita]

Edició a càrrec de Daniel Pedrero Rosón

Pròleg d'Àngel Jiménez Navarro

Revisió de textos: Daniel Pedrero Rosón
Disseny i maquetació: Daniel Pedrero Rosón
Disseny de la coberta i la contracoberta: Daniel Pedrero Rosón
Correcció: Daniel Pedrero Rosón

Imatge de la coberta: Representació d'un templet de Roma. Dibuix realitzat per Joan Bordàs Salellas l'any 1911 (AMSFG | Fons Joan Bordàs Salellas)

Imatge interior: Retrat d'estudi de Joan Bordàs i Salellas de jove (Autor desconegut | AMSFG - Fons Joan Bordàs Salellas)

ISBN: 9798775613990

JOAN BORDÀS SALELLAS

ARQUITECTE I PEDAGOG

(Figueres, 28 de gener de 1888 – Barcelona, 7 de juliol de 1961)

CONTINGUTS

PRÒLEG

M'ha sorprès gratament —per inesperat— que el jove historiador guixolenc, Daniel Pedrero, m'hagi demanat que prologui la seva edició de les *Jornades d'Itàlia* escrites i publicades per l'arquitecte Joan Bordàs, una personalitat influent en la vida cultural de la ciutadania guixolenca durant un llarg i difícil període de temps, que sempre m'ha interessat investigar. El jove curador de l'edició sap molt bé que encara queda molt camí de recerca a fer per conèixer l'arquitecte, autor d'aquestes *Jornades*, per la complexitat de la seva persona, formació tècnica i de l'època complicada que li va tocar viure. I com que poden ser diverses les formes de mirar i valorar una persona i el seu espai, suposadament coneguts, convé fer-ho des de nous angles d'observació, dirigint la mirada cap a noves direccions.

No és possible parlar de la història de Sant Feliu de Guíxols —de 1912 a 1955— sense donar a Bordàs un protagonisme important, com a arquitecte, urbanista i professor de Belles Arts. Perquè la ciutat no és un ens sorgit del no-res. No creix i s'escampa per generació espontània. Hi ha unes institucions, uns professionals i uns mecanismes subjacents que planegen i gestionen l'espai de la realitat social.

En aquest sentit, doncs, celebro l'aportació feta en aquesta línia d'investigació i difusió documental —sortosament, ara més abundant— que aprofundeix en la preparació tècnica de Bordàs. Es tracta, en efecte, de la reedició dels seus articles publicats al setmanari figuerenc *La Veu de l'Empordà* —que, personalment, jo desconeixia. Daniel Pedrero en té la cura i els ressitua en la seva època, temps i espai, en el seu context històric i polític concret.

Publicar aquest llibre era imprescindible? Heus aquí una pregunta que em faig sovint davant de qualsevol publicació. Després de llegir amb atenció i calma aquest «Quadern de viatge», constato que realment val la pena editar-lo i facilitar-ne lectura a tots aquells que s'interessen per descobrir una època determinada de la història d'una ciutat petita del Baix Empordà, Sant Feliu de Guíxols, així com de la formació teòrica de l'arquitecte municipal, que n'esdevingué gestor decisiu durant quaranta-dos anys.

«Per totes parts se surt de Roma» és el primer capítol de les «*Jornades d'Itàlia. Quadern de viatge*» de Joan Bordàs, qui, mentre en sortia —de Roma—, Gaziel hi entrarà anys més tard amb *Tots els camins duen a Roma*. Sortir-ne o anar-hi, a Itàlia, tant se val. Una oposició de termes per significar el mateix: la importància d'anar a la font de l'art, seguint un vell costum català. L'estada a Roma i les jornades, notes i dibuixos del viatge italià de Bordàs s'han d'inscriure dins d'unes coordenades i d'un marc històric més general.

El guixolenc Agustí Casas i Vinyas, l'any 1921, va editar *Coses d'Itàlia (Roma, Pompeia, Florència)*. Ell mateix reconeixia que li era gairebé impossible de justificar als ulls del públic lector en general l'aparició d'aquell llibre. Era temerari parlar d'Itàlia i de les seves arts desproveït de motius poderosos que impulsen a l'investigador o al tècnic; pretendre difondre'n el coneixement de tanta bellesa, quan hi havia tants manuals i descripcions estrangeres i locals pel lligam de Catalunya amb la propera Itàlia. Però Casas tenia tantes raons íntimes i emocions d'interès, com possibilitats econòmiques per publicar tranquil·lament el llibre.

Com he dit, anys més tard, Gaziel va publicar *Tots els camins duen a Roma* (1958). Un llibre que Joan Bordàs va llegir goludament i que, per escrit, va comentar-l'hi. Reconeixia que a ell sempre li havien agradat molt les autobiografies i n'havia llegides moltes. L'observació que li feia, al respecte, va ser genial pel que té d'actualitat. Les memòries de Gaziel —la història d'un destí— són una veritable biografia o una bona novel·la? Per l'estructura, les reflexions, les emocions... Bordàs no hi veu la diferència. Jo, tampoc. Realment, avui, que coneixem la complicada relació que hi ha entre la memòria i la realitat viscuda, es difuminen els límits o fronteres entre un gènere i l'altre, entre la realitat i la ficció. Però on realment el gran cronista guixolenc s'esplaiarà serà en la publicació de «*L'home és el tot. Florència, Cura d'aires*» (1962), fruit de viatges posteriors.

Si tants escriptors catalans se sentien atrets per la península veïna, com a font d'inspiració, de més lluny venia la tradicional i forta tirada cap a Itàlia dels arquitectes, de l'Escola Tècnica Superior d'Arquitectura de Barcelona —l'ETSAB.

Joan Bordàs, l'any 1910, va acabar la carrera d'arquitecte a l'ETSAB, dirigida aleshores per Lluís Domènech i Montaner. Tenia vint-i-dos anys i, poc després, rebia una carta de secretaria de la *Junta para ampliación de estudios e investigaciones científicas* de Madrid on li comunicaven la concessió d'una pensió per a participar en els treballs de l'Escola de Roma que dirigia Menéndez Pidal i Josep Pijoan. Tant Gaziel com Josep Pla en parlen d'aquesta aventura del nostre arquitecte, que seguia de lluny l'estela de primera magnitud de l'arquitecte polifacètic i historiador de l'art Josep Pijoan. L'acompanyaren també, entre altres, Francesc Martorell i Ramon d'Alòs, companys arquitectes.

L'experiència italiana seria curta i viscuda en unes condicions molt precàries des de qualsevol punt de vista. Malgrat tot, a una persona tan sensible a les coses de l'art, que se li presentés la possibilitat d'anar a Itàlia, degué ser fascinadora i d'una gran utilitat per a la seva carrera i per viatjar i conèixer les seves terres i el seu art. Efectivament, l'estiu de l'any 1911, Bordàs va fer realitat el desig de viatjar per Itàlia i d'escriure'n la ruta; és a dir, de treballar-ne la redacció posterior de l'experiència, de fer-ne literatura. Bordàs caminava amb un bloc de notes, prenent apunts i fent dibuixos i esbossos. Reescriure'ls, després, serà un intent de refer, allargar i comunicar el plaer d'haver vist i contemplat els grans monuments italians, sense cap pretensió efectista: Roma, Pistoia, Bolonya. En aquesta ciutat, capital de la regió de l'Emília-Romanya, Joan Bordàs es va presentar com a representant de l'Escola de Roma, etc. I així, arriba a Ravenna.

La lectura d'aquests escrits, d'alguna manera, ha revifat dins meu el fosc i tènue record del mateix recorregut que un servidor va fer l'any 1962, quan també era molt jove. Especialment, el de Ravenna, la magnífica ciutat adriàtico-bizantina, que mai no ha volgut tornar a la seva ingrata pàtria (Florència) les cendres del poeta Dante, conservades en el seu mausoleu. Sense la preparació de Bordàs, però guiats per un savi capellà gironí, vam intuir la importància simbòlica de la vila italiana —l'ordre i harmonia dels colors dels petits mosaics!— representava en la història de l'art i de la literatura: la inabastable bellesa de les coses senzilles sota una estructura d'aparença externa humil, com la vida mateixa.

Els diaris del viatger giren entorn d'uns eixos molt ben articulats, que són el paisatge físic —naturalesa i ciutat—, la sensibilitat i la literatura. Però de tant en tant, petites anècdotes enriqueixen el camí del visitant i del lector, com la casual trobada amb l'arquitecte americà Edgar Irving Williams, o la cita de Josep Carner, un poeta català que sempre rellegeixo. És clar, la mirada d'un caminant no és el mateix que una mirada fotogràfica. Tot plegat —ben presentat i entrelligat amb dibuixos de Bordàs i fotografies d'Itàlia— és de bon de llegir.

Fer d'arquitecte, en teoria, deu ser molt bonic, però la realitat quotidiana deu posar-hi un punt de frustració: la seva feina està envoltada, cada vegada més, d'una burocràcia i d'un control que no té res a veure amb cap imatge romàntica que algú es pugui fer del que significa fer d'arquitecte. I més difícil era encara exercir-ne la professió en una població del litoral surer del Baix Empordà en plena crisi econòmica i social de la Primera Guerra Europea, que havia d'emigrar o viure de l'assistència social. La misèria de les vagues generals i dels locauts, les bombes, els refugis, el racionament, etc., estaran a l'ordre del dia.

El mes de novembre de 1912 entrava, amb Josep Berga i Boada, com a professor de l'Escola d'Arts i Oficis de Sant Feliu de Guíxols. I amb la dimissió de General Guitart, rebrà el nomenament d'arquitecte assessor de l'Ajuntament, el mes de febrer de 1913. A partir de llavors, Bordàs, com un tècnic més en l'engranatge municipal, haurà d'interpretar amb imaginació la seva època en crisi, compaginant l'habilitat tècnica personal amb la sort. I, en efecte, a Sant Feliu de Guíxols va destacar el seu talent reformador d'espais públics bàsics de la ciutat. Tant, que encara avui conserven visibles el segell del seu estil.

I aquí ho deixo. Al cap i a la fi, si l'autor i editor d'aquesta publicació ha tingut la gentilesa de convidar-me a escriure unes paraules, ha estat també perquè jo, al meu torn, us convidés a llegir-la. Teniu a les mans, doncs, un llibre d'història fet amb il·lusió, una realitat esperançadora, una penyora de futures contribucions històriques, per part de Daniel Pedrero, que ens sorprendran. No en dubteu. Estem d'enhorabona!

ÀNGEL JIMÉNEZ
Historiador

Sant Feliu de Guíxols, desembre de 2021

60è aniversari de la mort de Joan Bordàs Salellas

INTRODUCCIÓ

Vaig descobrir les «*Jornades d'Itàlia*» ara fa uns anys, quan em vaig començar a interessar per l'obra de l'arquitecte Joan Bordàs i Salellas. A l'Arxiu Municipal de Sant Feliu de Guíxols es conserva un fons particular molt ampli d'aquest arquitecte fruit de les donacions realitzades en diverses ocasions per Enric Mateu Bordàs, el seu nebot —tristament traspassat el 8 de novembre de 2020—, amb qui vaig tenir el plaer de parlar un parell d'ocasions per telèfon.

Dins d'aquest fons es conserva un document manuscrit on es fa una relació dels articles publicats al setmanari figuerenc *La Veu de l'Empordà*, amb la data de publicació i el títol de l'article. Són un total de 101 relats que Bordàs va indexar el dia 2 d'abril de 1958, segons indica en el mateix manuscrit, trobant-se convalescent al llit després de superar un fort refredat. Tres anys després moriria a Barcelona a l'edat de 73 anys.

Personalment, la història d'Itàlia sempre m'ha resultat molt interessant, i vaig tenir la sort de visitar la ciutat de Nàpols ara fa set anys. És per això que trobar en la premsa uns articles on Bordàs relatava la seva estança a la península Itàlica em va semblar quelcom molt atractiu.

Crec que l'estil de l'arquitecte Bordàs no es pot entendre sense les influències que va rebre durant la seva formació a Itàlia. És per això que trobo necessari poder conèixer les fonts d'on va beure per tal de poder analitzar en un futur el conjunt de la seva obra.

En consultar aquests articles vaig comprovar que no es trobaven ordenats. Bordàs els va publicar entre 1914 i 1917, però no de forma continuada. Alguns d'ells inclouen la data exacta del viatge, mentre que d'altres només inclouen el mes. Tant pot parlar de Nàpols el gener de 1915, com de cop salta a Bolonya al novembre, com després torna cap al sud. Aquest és un dels motius pels quals em vaig plantejar editar aquesta obra. Per tal de fer un seguiment rigorós del viatge de Bordàs per Itàlia era necessari seguir un ordre geogràfic amb sentit, i no anar saltant de nord a sud constantment.

Joan Bordàs i Salellas neix a Figueres el 28 de gener de 1888. Fill del matrimoni format per Francesc Manel Bordàs Gironès —natural d'Aielo de Malferit (València) i Concepció Salellas Boada —natural de Sant Sadurní de l'Heura (Girona), serà el tercer de sis germans.

La seva infància es veurà marcada pels constants canvis de residència. El seu pare era metge militar, i per això allà on era destinat es traslladava tota la família. L'any 1889 aniran a viure a la Jonquera i tornaran a Girona poc després, instal·lant-se en un pis de la pujada de Sant Fèlix. L'any 1893 es mudaran a Barcelona, i pocs mesos després tornaran de nou a Girona, aquest cop a un altre habitatge de la pujada de Sant Fèlix.

El primer de maig de 1898 es matricularà al primer curs de l'Institut Provincial de Girona, on cursarà també un segon any. El 1902, amb 14 anys, entrarà a la Facultat de Ciències Exactes, Físiques i Naturals de la Universitat de Barcelona com a matriculat per a la preparació de la carrera d'Arquitectura.

Finalitzà els seus estudis a l'Escola Tècnica Superior d'Arquitectura de Barcelona al desembre de l'any 1910. Un mes després se li notificarà que la *Junta para ampliación de estudios e investigaciones científicas* li concedia una beca d'onze mesos —a comptar a partir del mes de febrer— de 350 pessetes mensuals i 500 per a despeses del viatge. Bordàs aniria a estudiar a la recentment creada Escola Espanyola d'Història i Arqueologia a Roma, que llavors era dirigida per Ramon Menéndez Pidal i Josep Pijoan.

El jove arquitecte arribaria a Roma de forma immediata. Allà coincidiria amb quatre companys més: Ramon d'Alós Moner, pensionat per l'Institut d'Estudis Catalans, Francesc Martorell i Trabal, pensionat per l'Ajuntament de Barcelona, Pere Antoni Martín Robles, i el benedictí Llucià Serrano. Per les vivències que relatarà Bordàs en les seves jornades, i per la correspondència posterior, sembla que entaulà bona amistat almenys amb d'Alós.

L'estada de Bordàs a Itàlia l'hem de dividir en dues parts: una primera on viatjarà pel nord, i una segona on viatjarà pel sud. Tot i que, com s'ha dit anteriorment, Bordàs arribà a Roma a inicis de 1911, les «*Jornades d'Itàlia*» no comencen fins al mes de juliol amb la sortida de Roma i les visites a ciutats com Pistoia, Bolonya, Pàdua o Ravenna. Així i tot, sabem que Bordàs no va estar-se quiet en aquests mesos inicials. I és que en un article publicat el primer d'agost de 1929 al setmanari guixolenc *L'Avi Muné*, l'arquitecte relata com va viure l'organització i muntatge, juntament amb Josep Pijoan, de l'Exposició Internacional de Roma, inaugurada l'abril de 1911. Aquest article no es troba dins d'aquestes *Jornades* per no haver estat publicat sota aquest nom.

Bordàs segueix el seu viatge pel nord d'Itàlia i ja al mes d'agost visitarà Verona i Venècia. En aquest moment hi haurà una aturada, i és que els següents articles que publica porten la data del mes de desembre de 1911 i del mes de gener de 1912. No es relata cap ciutat visitada entre els mesos de setembre i novembre. En les *Jornades* no hi ha res que indiqui el motiu pel qual se salta aquest període de temps, però sí que en el document manuscrit citat a l'inici d'aquesta introducció Bordàs anota que va donar per acabats els articles l'any 1917 per motius laborals. La creixent feina d'arquitecte que desenvolupava tant a l'ajuntament de Sant Feliu de Guíxols com de forma particular li impedien seguir dedicant temps a aquestes altres tasques —tot i que puntualment seguia col·laborant amb altres setmanaris.

Una altra explicació d'aquesta pausa podria ser que directament no hagués viatjat en tots aquests mesos i que hagués tornat a Roma. En una carta enviada el mes de novembre per Josep Pijoan a Menéndez Pidal s'explica que Bordàs feia temps que estava malalt i que no es recomanava la seva renovació com a becari. La intenció de Pijoan era repatriar-lo, però, així i tot, Bordàs aguantarà encara dos mesos més a Itàlia. En aquest temps l'arquitecte visitarà Nàpols, Pompeia, Salern, Sicília i diversos pobles del sud-oest de la península com Paola, Tàrent, Òtranto o Cassino.

Les *Jornades* finalitzen amb la visita de Bordàs a l'abadia de Montecassino el gener de 1912. Pocs dies després tornarà a casa després d'onze mesos de viatge.

No trigarà gaire temps a trobar feina, ja que al novembre d'aquest mateix any obtenia plaça com a professor a l'Escola d'Arts i Oficis de Sant Feliu de Guíxols, i tres mesos després era nomenat arquitecte municipal. Ambdós càrrecs els ocuparà fins a la seva jubilació l'any 1955.

En aquesta edició de les «*Jornades d'Itàlia*» s'han ordenat cronològicament els 101 relats i s'han agrupat en un total de dotze capítols. En els set primers trobareu les ciutats, pobles, monuments, edificis, museus i altres indrets que el jove arquitecte va visitar pel nord d'Itàlia entre els mesos de juliol i agost de 1911. Aquests relats, a més de donar una visió de com era el país itàlic a inicis del segle XX, permeten conèixer també la història passada i els seus personatges il·lustres. Bordàs relatarà també la cruesa de viatjar en mig d'una epidèmia de còlera que va assolar el país de nord a sud i d'est a oest.

En els cinc capítols següents ens traslladem al sud de Nàpols. Són uns viatges que, com ja s'ha dit, es van realitzar entre desembre de 1911 i gener de 1912. Sens dubte és la part que més m'ha agradat editar, ja que en llegir els relats de Nàpols i Pompeia m'han fet recordar tot allò que vaig visitar l'any 2014.

Tot i que les descripcions que realitza Bordàs d'allò que veu són molt precises i detallades, he cregut convenient incloure imatges i il·lustracions diverses que complementessin aquestes descripcions. Es tracta de fotografies realitzades en els anys en què Bordàs va fer el seu viatge a Itàlia, ja que després de dues guerres mundials alguns dels monuments que l'arquitecte descriu es van veure afectats pels bombardeigs, motiu pel qual no veia convenient il·lustrar l'obra amb perspectives actuals que no es corresponguessin amb allò que se'ns està mostrant en els relats.

A part d'aquestes fotografies, a l'inici de cada capítol —i a vegades també al final— s'adjunten setze dibuixos —conservats a l'Arxiu Municipal de Sant Feliu de Guíxols— que Bordàs va fer a Itàlia entre 1911 i 1912. Sens dubte aquesta és una molt petita part de tota l'obra artística que l'arquitecte va realitzar, ja que al llarg de les *Jornades* se citen dibuixos de façanes, plantes d'edificis i detalls diversos que no he pogut localitzar i que segurament es troben en algun quadern que desconec si es conserva o no.

Espero i desitjo que aquestes *Jornades* siguin del vostre interès i que us ajudin a conèixer i a entendre una de les moltes facetes que el nostre il·lustre arquitecte va tenir. Arquitecte a qui, per descomptat, li dedico aquesta edició a la qual tantes hores i esforços he dedicat.

DANIEL PEDRERO ROSÓN
Historiador

Joan Bordàs i Salellas visitant el temple de Posidó a Paestum
(Autor desconegut | AMSFG - Fons Joan Bordàs Salellas)

JORNADES D'ITÀLIA

JOAN BORDÀS SALELLAS

PER TOTES PARTS SE SURT DE ROMA

Representació d'un detall de la Capella Sixtina de Roma amb autorització del *Musei e Gallerie Pontificie*. Dibuix realitzat per Joan Bordàs Salellas l'any 1912 (Arxiu Municipal de Sant Feliu de Guíxols | Fons Joan Bordàs Salellas)

Calorosa jornada en la ciutat de Roma. Perills d'epidèmia. Desinfecció en les vies. Rogatives en els temples. Profilàctics consells en tot lloc i entinades advertències. Inspecció en els hotels i en les ferrovies. Inquietuds i temor.

Els meus amics retornen a Espanya. En Josep Pijoan va cap a Ginebra. Jo resto a Itàlia, i em preparo per a les jornades pròximes de llarg viatge.

He sortit del *Palazzo Montserrato* ben a prop de migdia. El tret de canó del *Gianicol* no ha retrunyit encara per l'espai. El sol cau a plom, il·luminant en tota l'amplada la *Via Giulia*, llarga i deserta.

Les fontanes de la *Piazza Farnesse*, amb la seva gran remor i fresca abundància, són una nota amable de vida i alegria en la gran laxitud ciutadana.

En el *Campo di Fiori* pleguen els venedors de flors, verdures i fruites els seus aparadors portàtils amb diligència impròpia de la canicular sufocació. Altres, amb escombres i mànegues, netegen el paviment. Giordano Bruno presideix des del seu pedestal aquest maniobrar. Al voltant de l'estàtua impassible, voladúries de mosques en remorosa agitació i revolta fan com un núvol d'ombra en l'encegadora llum resplendent que prodiga davalla del cel meridional.

En el *Corso Vittorio Emanuele* els vianants cerquen l'ombra propícia dels tendals, i laxament caminen. Ni un alè d'aire, ni un tebi refugi en la implacable jornada d'estiu!

La façana de l'església del *Gesu* rep el sol de ple, i les seves barroques línies discretes destaquen com en un projecte d'arquitectura hàbilment ombrejat. La bruna façana del *quattrocento* del Palau de Venècia no vol rejovenir-se ni amb la divina carícia de la llum.

En la gran plaça, el monument superb. Entre els marbres blanquíssims juguen els raigs de sol i fan ombres morades —talment cobert de neu.

Per la *Via Nazzionale*, remor de carruatges, trontollar dels tramvies, repicar de campanes en pròxims campanars, i en llunyania. Pregonen la segona edició de *La Tribuna* amb gran cridòria digna de noves més extraordinàries o de més grans esdeveniments. Animació en els bars i cafès.

Robes clares i rostres encesos de congestió, per on davalla la suor inevitable.

La gran fontana de la *Piazza dell'Esedra* ofereix també al caminant el seu piadós lenitiu. És un instant només, en passar. Dins la gran estació de les termes, temperatura tropical. Sota la coberta metàl·lica, un forn. Dins dels vagons, l'asfixia i la volatilització. Tràfec i agitació en les andanes. Gran gentada abandona la noble i gloriosa ciutat del Tíber. Més que com a viatgers i excursionistes, poden considerar-se com a fugitius.

Perspectiva de la *Piazza dell'Esedra* (Circa 1900)

PISTOIA

Representació d'un detall de la Capella Sixtina de Roma amb autorització del *Musei e Gallerie Pontificie*. Dibuix realitzat per Joan Bordàs Salellas l'any 1912 (Arxiu Municipal de Sant Feliu de Guíxols | Fons Joan Bordàs Salellas)

4 – 5 DE JULIOL DE 1911

La petita ciutat de Pistoia és encalmada. Solitud en les vies. Silenci misteriós en la clara tarda d'estiu. Ara és interrompuda la calma pel redoblar llunyà de tambors, i per les bèl·liques notes estridents de la trompeteria. En la humitat de la terra, i en la netedat i frescor de les façanes, s'endevina pluja recent. Xisclen les orenetes que en ràpid vol travessen l'espai. I el cel és blau i pur, i sota el cel reposa assossegada i tranquil·la entre els camps verdejants de la dolça Toscana, la petita ciutat de Pistoia (germana de Florència), oblidada avui de les modernes inquietuds i de les lluites afanys que omplen d'amargura i agitació la vida dels homes.

Saben les velles pedres dels antics monuments, tràgiques històries esgarrifoses. Saben també de les grans hores serenes del Renaixement, i aprengueren els noms dels grans mestres. Petites intrigues provincianes, ridícules murmuracions, rivalitats insignificants de vanitat, necis orgulls! Detureu-vos, respecteu aquesta ciutat oblidada al peu dels Apenins. Senyor! Del gran flagell amb què la vostra justícia castiga les petites viles, allibereu la ciutat de Pistoia. En gràcia de llur gràcia i gran bellesa, allibereu-la, Senyor!

Situada entre tres ciutats (Florència, Pisa i Bolonya) que en les arts assenyalen orientacions, en l'edat mitjana no podia deixar la ciutat de Pistoia de sentir el desig d'embellir-se amb dignes monuments, atraient els més excel·lents artistes de l'època, i alçant meravellosos edificis ricament ornats de pintures i escultures, que en part podem admirar avui encara.

La façana de la Catedral és senzilla. Té en la part baixa un pòrtic, i superiorment és dividida en faixes horitzontals d'arcuacions cegues sostingudes per columnetes, rematant amb un frontó triangular. Són aquests els caràcters que es troben en les esglésies de Pisa i Luca en el període romànic.

És del segle XII. Té un alt *campanile* al costat. Les arcades del pòrtic de la façana són desiguals. La central és més alta, i continua per una volta de mig punt fins al portal. Damunt d'aquest, «*La Verge i els àngels*» d'Andrea della Robbia.

Catedral de Pistoia (Circa 1910)

Té el temple tres naus amb columnes, i el seu aspecte primitiu ha sigut fortament alterat per successives modificacions. S'hi admiren el sepulcre del cardenal Forteguerri, construït segons un model fet per Verrochio, pintures de Lorenzo di Credi i magnífics relleus i escultures d'autors diversos. Belles marqueteries en el cor, obra de Ventura Vittoni, i una antiquíssima pila d'aigua beneïda. L'altar de plata de la capella de Sant Jaume és obra important d'orfebreria.

Davant de la catedral, l'església de Sant Joan Baptista (*Battisterio*), edifici octogonal projectat per Andrea Pisano. En el revestiment extern s'alternen faixes de marbre de color diferent. Adossada al portal principal, una tribuna o balcó poc sortit, amb arc gòtic trilobat.

En l'escultura, les manifestacions primeres del Renaixement dominaren tal vegada amb més potència i força que en les altres arts. Ja en Piero di Giovanni Tedesco, que treballava a Florència en el segle XIV, en Nicolo di Piero d'Arezzo, en Nanni di Bauco o en Jacopo delle Quercia, es manifesten l'espontaneïtat i elegància del nou art.

Llorenç Ghiberti, Brunelleschi i Lucca della Robbia foren ja mestres, i prepararen el camí als Donatello, Verrochio, Rosellino, Mino da Fiesole, etcètera, que ompliren de meravelloses figures, plenes de vida i noblesa, les esglésies, els palaus, els sepulcres i les places públiques.

Luca della Robbia és el primer de la seva família que en la història de l'art ocupa un lloc eminent. No pot atribuir-se-li la invenció de les terres cuites esmaltades com pretenen alguns, però és ell qui a major perfecció tècnica i a més altíssim valor d'art les ha dutes.

Andrea della Robbia era el seu nebot. En el Museu Nacional de Florència, en els medallons del pòrtic de l'asil-hospital *degli Innocenti*, també a Florència, i en aquesta «Verge» de la Catedral de Pistoia, pot estudiar-se aquest art singular, delicadíssim, expressiu, ple de dolça serenitat i de gràcia infinita.

Giovanni della Robbia és el darrer de la gloriosa dinastia, i d'ell es parlarà més endavant.

Notables són els exemplars d'arquitectura gòtica civil italiana. En la Toscana, especialment, tenim els magnífics de Florència (*Palazzo Vecchio*, *Bargello*, *Orsanmichele*, *Loggia dei Lanzi*, el famós *Palazzo Publico* i les cases senyorials a Siena). A San Gimignano, l'esperit medieval s'ha conservat a través dels temps. Llarga seria l'enumeració completa de tots els edificis importants que van ser construïts en l'estil que venia del nord, i que amb tot i no haver profundament arrelat en aquestes terres impregnades de classicisme, tantes obres mestres va deixar-hi, i mostres tan grandioses i exquisides que poden posar-se al costat de les més meravelloses construccions ogivals.

El Palau de l'Ajuntament de Pistoia (antic *Palazzo degli Anziani*) té algunes parts edificades l'any 1290, i altres d'inicis del segle XIV.

El *Palazzo del Podestà* és de severa estructura i de grandiós aspecte. En el pati trobem una magnífica decoració heràldica (restaurada), que a més del seu grandíssim interès històric, ofereix un conjunt original i summament agradable.

Des de la *Piazza del Duomo*, per un estret carrer arribo a la *Via Pacini*, limitada en un dels extrems per la *Piazza dell' Spedale*. En ella, l'*Ospedale del Ceppo*, construït en el segle XIII i que per mitjà d'hàbils i discretíssimes restauracions s'ha adaptat perfectament a les modernes necessitats. En la façana s'hi admira el magnífic fris de les *Obras de Misericordia*, obra celebradíssima de Giovanni della Robbia, *capolavoro* de l'art de les terres cuites policromades i esmaltades, admirablement adaptat a les línies arquitectòniques.

Perspectiva de la *Piazza del Duomo* (Circa 1930)

Des de la finestra de la meva cambra, en aquest calorós migdia de juliol, faig un croquis de l'església de *San Giovanni Fuorcivitas*. Impossible en aquestes hores dur a terme la quotidiana tasca d'exploració, el fet de transitar inquiet d'una banda a l'altre, la ràpida o entretinguda visita al monument curiós, al museu, a les ruïnes. Hores de sol, hores de fatiga, plena la imaginació de les impressions del matí, cal preparar les energies per a l'excursió de la tarda. Bona és la d'avui, serena i clara. Oratge fresc. Quietud amable. Solemnes campanades de tant en tant. I tebi benestar en els carrers en ombra.

L'església de *San Giovanni Fuorcivitas*, en l'encreuament de les vies *Cavour* i *Cavallotti*, és del segle XII. La trobo tancada. Algunes belles obres d'art guarda al seu interior.

Em dirigeixo cap a un altre temple important: la *Madonna dell' Umilta*. Interiorment, sota la cúpula major, hi ha quatre pisos separats per clàssiques cornises. En les cantonades, dues pilastres coríntes en cada pis que disminueixen d'alçada en elevar-se. Aquesta cúpula —quina silueta exterior, amb la seva graciosa llanterna, recorda la Santa Maria de les Flors de Florència— va ser projectada i construïda per Vasari, qui dubtant un cop acabada de la solidesa de l'obra, va reforçar-la amb quatre anelles de ferro en la base. Aquestes grans anelles són dobles, i s'enllacen les interiors amb les exteriors per mitjà de barres de ferro que foraden la volta, i que no dissimulen ni molt ni poc.

12

Aquesta solució, mancada certament d'elegància, fou cruelment criticada pels arquitectes contemporanis. Fa poc he llegit a la Biblioteca Vittorio Emanuele de Roma, una sèrie d'articles sobre aquesta qüestió, publicats en l'*Archivo Storico dell' Arte*.

En escriure en aquestes «*Jornades*», davant de la «Verge» de Luca della Robbina —que es troba en la façana de la catedral—, els noms dels més insignes escultors dels inicis del Renaixement, potser era necessari que comencés la llista per Nicola Pisano, el gran precursor. Sembla que per l'atenta observació dels antics sarcòfags, Pisano va enamorar-se de l'art clàssic, i que amb persistents estudis provava d'imitar-ne la bellesa. Així l'art gòtic començava a adaptar-se al sentiment italià per guanyar en simplicitat i viu realisme.

El seu fill Giovanni (1250-1328) va acompanyar-lo a Siena, on treballava en el púlpit de la catedral. També Giovanni va ajudar al seu pare en la fontana de Perugia. Les primeres obres en què el seu geni es manifesta amb independència són el púlpit de la catedral de Pisa i el de l'església de *San Andrea* a Pistoia. És el seu art menys arcaïtzant, notant-s'hi major observació de la natura. Burckardt diu que és aquest l'artista més influent del seu temps. Sense ell, tal vegada Giotto di Bondone hauria seguit diferent camí. I afirmaven altres autors que el gran artista florentí deu més a Pisano que al seu mestre Cimabue. Amb els seus deixebles finalitza el període gòtic italià. D'una punta a l'altre de la Itàlia domina la seva escola. Moment culminant de la història de l'art, en què la llum rosada d'una gran aurora il·lumina la terra, i en què de llarg somni es desvetllen les gràcies antigues, i somriuen amb nou somriure de cristiana virtut, a l'ombra de l'església.

L'ESGLÉSIA DE SANT MIQUEL DE GROPOLI – 5 DE JULIOL DE 1911

De bon matí he sortit a peu de la ciutat de Pistoia amb l'objectiu de visitar l'antiquíssima església de Sant Miquel de Gropoli, que es troba a uns vuit quilòmetres de distància de la població.

Inicialment seguia la carretera, però a indicació d'uns camperols que en el marge esmorzaven, he agafat una drecera que munta per la carena[1]. Amb tanta diligència i entusiasme avançava en la frescor del camí, que en girar la vista per primera vegada m'ha semblat molt llunyana la vila, i ja per damunt de les teulades la dominava tota. La ciutat que té cúpules i campanars és una bella ciutat per a ser dominada des de l'altura. Pàl·lides a la llum s'enlairen verticals les blanques fumeres. Arriben fins aquí les campanades del rellotge, que ja em són familiars només d'haver-les escoltat tota una nit en hores d'insomni.

---

[1] *f.* [GL] [LC] Línia divisòria de dos vessants en una muntanya o serralada.

Segueixo el tortuós camí intransitable i pedregós a trossos. A cada punt el panorama es fa més extens, en la jornada clara i lluminosa. Oh! Belles terres privilegiades, altes muntanyes poblades de boscos de xiprers i de pins remorosos, dolç país de la Toscana, ennoblit per la dignitat i glòria de les teves ciutats i per la memòria dels teus homes insignes! Per tu, terra beneïda, nova esplendor vegin els segles. Renaixement tingueren les arts, i honor i orgull els fills de la raça llatina!

Ja comença a semblar-me paradoxal que un camí que fa tantes tortes pugui ser una drecera. No veig al davant meu ni el més insignificant vestigi de construcció. Salta un torrent entre roques que semblen sospeses sobre l'abisme. Lleu ventijol fa en passar entre els pins pausada melodia.

Insospitada masia, per fi. Ànima vivent no sembla tenir estada en aquest lloc. Veig unes gallines que graten la terra, i piquen, i s'esveren en escoltar-me, i fugen. En un porxo, un carro amb braços enlaire. En la paret hi ha penjats uns guarniments. En un racó algunes eines de treball agrícola. Remor llunyana d'aigües que salten. Algun ocell entre el brancatge, refila.

La porta de la masia és oberta. He sentit, en entrar en el misteriós casal abandonat, una veu que des de fora em cridava. I he vist un vell que cap a mi venia, encorbat.

—Salut us doni Déu, i llarga vida —he dit.

—Sabríeu per ventura, bon masover, si estic en bon camí per arribar a l'església vella de Sant Miquel? Fa moltes hores que camino, i, com no veig senyals, arribo a sospitar que m'he perdut...

—Jo en soc el guardià —respon— i veureu ara mateix la vella església de Sant Miquel, si així ho desitgeu.

—Si em féssiu la mercè.

—Seguiu, seguiu.

D'un amagatall, en un pedrís, ha tret la clau, voluminosa i rovellada. Gairebé oculta entre els xiprers i els pins, apareix una ermita humil el que jo creia que era un temple de major importància. L'obscuritat en l'interior és absoluta. Camino a les palpentes mentre el bon vellet cerca el cordó d'una cortina i la fa córrer. Penetra un raig de claredat en la nau fosca. És aquesta romànica i nua d'ornament. És amb l'intent de veure el púlpit que jo he fet tan llarga caminada. Amb intuïció de *cicerone* expert, el guardià me l'assenyala: —El púlpit és aquí.

Els seus relleus amb figures són del segle XI. És interessant aquest exemplar per l'escultura cristiana, i perquè cronològicament és un dels primers púlpits del seu tipus — sostingut per quatre columnes, en dues de les quals hi ha un lleó ajagut en la base—, en el que més tard es produïren obres excel·lents. Aquí les figures són imperfectes i agrupades amb poca harmonia.

En els primers temps del cristianisme, els escultors pagans seguien treballant en els sarcòfags. Algunes belles figures s'han trobat en les criptes i en les catacumbes (sobretot la del «bon pastor»), adaptades al simbolisme cristià. Les influències orientals, la gran lluita dels iconoclastes i la general aplicació

Gravat de H. Chapuis i A. Bertrand (1894) on es mostra el púlpit de S. Miquel de Gropoli

del mosaic, releguen l'escultura a les arts aplicades (ivoris, bronzes, etcètera).

El desenvolupament de l'arquitectura romànica porta l'evolució de l'escultura en pedra i marbre. Primerament són els relleus en les façanes, sobre les portes. Després, a l'interior, en els altars, les càtedres, les tombes, etcètera. L'art germànic i francès en aquest període és molt més avançat, i no deixa d'influir en Itàlia, especialment en les ciutats del nord.

He sortit a la carretera per un camí recte en pendent. És a prop de migdia.

Reposo en un hostal i demano si fora fàcil proporcionar-me un carruatge. Aconsegueix passar un que va a Pistoia. És un carro humil. En ell, un home jove sota una gran ombrel·la. M'ofereix seient amb molta cortesia, i ombra també, que en el mes de juliol el sol no és bona cosa. I així és el meu retorn. M'explica en el camí, mon complaent amic, que ve d'un poble quelcom distant. Són tres a la família: la mare i el seu germà menor. El seu germà és rector del poble, i es troba amb una greu malaltia. Ell va a la ciutat cada dia dos cops per a proveir-se de recipients d'oxigen en una farmàcia. En porta dos de buits, i s'endú altres dos.

—Es fa tot el que es pot —diu apesarat— però si Déu no hi ajuda, desconfiem en salvar-lo—. I mentre així parla, li espurnegen en els ulls les llàgrimes, i el seu rostre colrat esdevé pàl·lid, i fa un esforç per a simular serenitat.

Representació d'un templet de San Pietro in Montorio, a Roma. Dibuix realitzat per Joan Bordàs Salellas l'any 1911
(Arxiu Municipal de Sant Feliu de Guíxols | Fons Joan Bordàs Salellas)

BOLONYA

Representació d'un templet de la ciutat de Roma. Dibuix realitzat per Joan Bordàs Salellas l'any 1911
(Arxiu Municipal de Sant Feliu de Guíxols | Fons Joan Bordàs Salellas)

JULIOL DE 1911

Surto al carrer en el calorós matí. Camino cap al centre de la ciutat. Pòrtics i més pòrtics. Alta temperatura i, de tant en tant, torres altíssimes també. Modernes construccions de gran riquesa en amples carrers. Urbanització cuidada per municipi diligent. Algun edifici públic de gust dubtós.

Llibreries amb grans aparadors on es mostra la novetat editorial. Aquí el viatger s'atura un instant. I somnia una ombra amable en un frescal jardí, sota el fullatge remorós. I enyora el llibre amic que ens diu llur confidència mentre les hores passen reposades. I així, amb dolça nostàlgia d'hores tranquil·les, però amb ardent entusiasme d'explorador de ciutats, el viatger camina.

A l'extrem de la *Via dell' Independenza*, la *Piazza dell Nettuno* entre els palaus de l'Ajuntament i *Podestà*. En aquesta plaça la fontana de Neptú, una de les més exquisides obres de l'art barroc que jo hagi vist mai. La llegenda d'una antiga estampa en què és figurada en perspectiva aquesta font ens il·lustrarà respecte de la mateixa:

Fontana de Neptú fotografiada per Pietro Poppi (Circa 1890)

«Font del *Nettuno*, situada a la *Piazza Maggiore* de Bolonya, coneguda generalment com "el Gegant", dissenyada per Tomaso Laureti Panormitano, tallada en pedra per Antonio Lupo, Tagliapietre, i completada amb totes les estàtues i altres formes de bronze per Giovanni Bologna, Fiammingo, excel·lent estatuària. Any 1563».

Un autor diu que estant a Roma es trobava l'escultura en plena decadència pel poc interès que despertava aquest art ja massa impregnat de paganisme, mentre que continuava a Florència en ple floriment amb artistes com Cellini, Amanati, Rossi, etcètera. Joan de Bologna —*Giambologna*— fill de Donai, vingut a Florència al servei de Mèdici, va ser el precursor de l'art de Bernini.

Font essencialment ciutadana, font essencialment bolonyesa, jo no sabria imaginar la fontana de Neptú en altre lloc sinó aquí, entre el bullici de la ciutat aristocràtica i entre nobles palaus d'antiga història gloriosa.

Alegrement salten les aigües entre l'exquisida meravella de les figures i ornaments de bronze, a les barroques piques. I encara més enllà, car el seu ruixim entremaliat s'oblida sovint dels límits que la mateixa arquitectura li assenyalen, i fa així una gentil almoina de frescor, molt oportuna en aquest temps.

La plaça Vittorio Emanuele, amb l'estàtua eqüestre del rei al bell mig, és perpendicular a l'anterior. El conjunt de les dues places és d'una gran bellesa. I més ho fora si una façana digna del gran temple fes destacar la basílica de Sant Petroni.

LA BASÍLICA DE SANT PETRONI

L'any 1388 s'aprovà un decret per a la construcció de la basílica de *San Petronio*, patró de la ciutat. El projecte era d'Antonio di Vicenzo i de Fra Andrea Manfredi, i no s'ha realitzat més que en part. Tenia la planta forma de creu llatina (de 216 metres de llarg per 140 d'ample). Una cúpula octogonal s'elevava en el creuer de 50 metres de diàmetre. La seva alçada hauria sigut d'1,52 metres des del pla de terra.

El 1390 es va començar l'edifici. De les tres naus es feren les dues laterals i les capelles. La primera missa es digué en una d'elles l'any 1401. Dificultats d'ordre econòmic aturaven les obres. La part inferior de la façana fou dirigida per Antonio di Vicenzo.

La gran extensió que devia ocupar el temple no era encara lliure d'obstacles. A mida d'anar-se enderrocant les cases es proseguia el replanteig i eren posats els fonaments. Així, lentament, s'anava avançant, i s'elevaven per sobre de les naus laterals els pilars aïllats que havien de dur els nervis de la volta central. Cavalls de fusta i una coberta provisional vingueren ans d'aquella, que no va fer-se en el primer tram fins als darrers anys del segle XVI. Francesco Morandi Terribilia dirigia les obres. Rinaldi, el seu successor, va seguir el seu projecte, més reforçant els arcs. Fins a l'any 1659 es continuaren aquests treballs.

Façana de la basílica de Sant Petroni (Circa 1900)

Per a les obres d'escultura foren cridats artistes de fora, ja que en el segle XV l'esplendor del Renaixement i l'entusiasme per les arts semblaven fugir de Bolonya «la docta».

L'escultor Giacomo della Quercia va arribar l'any 1425 per treballar en el portal de Sant Petroni. El 1437 se'n va tornar a Siena sense deixar acabada la seva obra. En el gòtic d'aquest portal pot estudiar-se la manera curiosa en com els artistes d'Itàlia interpretaren aquest estil. Recorda pel seu traçat obres anàlogues de Siena, Orvieto i Perugia. Els baix relleus i figures de Giacomo della Quercia són excel·lents i es consideren entre el millor del gran mestre escultor. Del mateix entorn és el dibuix de les portes laterals. En elles les escultures són de Niccolò Tribolo i Alfonso Lombardi.

Quan Giacomo della Quercia va deixar-la, la façana es presentava ja gairebé tal com la veiem ara. Un gran pany de paret de maons en el que destaca la nau central, i es manifesten les laterals i les capelles per disminució en alçada. Uns ressalts o contraforts divideixen verticalment aquest gran mur, limitant les parts indicades. Una gran finestra ogival correspon a la nau central. Sobre les tres portes, grans arcs de descàrrega. Un revestiment de plaques de marbre havia sigut projectat en tota la façana. Només va fer-se en la part inferior.

Molt va discutir-se sobre l'acabament d'aquesta façana, i és sensible que no s'arribés a realitat i acord, car el seu aspecte actual des de la plaça és trist i desdiu de la seva importància i del refinat esperit bolonyès.

Partidaris els uns de l'art gòtic, els altres entusiastes del Renaixement, cèlebres arquitectes foren cridats que feren molts projectes. En el museu de l'església se'n veuen uns trenta. Palladio, Vignola, Peruzzi donaren dibuixos. Alguns feren models en fusta que són curiosos i especialment interessants per a l'arquitecte.

Privats els bolonyesos de veure realitzat el seu somni per haver sigut construïda la nova Universitat (1563) en el que hauria sigut l'emplaçament del transsepte, no es va realitzar ni la cúpula, ni el cor, ni la *girola* prevista. Incompleta i mutilada, tal com és avui, encara és magnífica. Moltes analogies presenta aquesta amb la catedral de Florència. L'aspecte de la nau central és imponent.

Les obres d'art en els altars, finestrals, reixes i obres de talla, fan de la basílica un gran museu d'art cristià. En el cor, el baldaquí baix en el qual Carles V fou consagrat emperador pel papa Clement VII. Altres detalls de tècnica i d'erudició poden trobar-se en l'obra d'Angelo Gatti «*La Fabrica di San Petronio*», publicada a Bolonya el 1889.

El Col·legi d'Espanya

Bolonya, ciutat antiquíssima, és d'agitada història. En les cròniques es troba escrit com els primers habitants en digueren «*Felsina*». Més tard fou nomenada «*Bononia*», nom celta que significa «entre muntanyes». També en aquestes cròniques es relaten invasions, conquestes, lluites violentíssimes, guerres interminables, i no plau al viatger deturar-se en elles, ni és aquest el seu objecte.

Colònia romana, vila de l'exarcat, ciutat llombarda, dominada pels francs, lliure més tard. Prengué en el segle XIII armes en favor del partit «*guelfo*», aliant-se amb Innocent IV contra l'emperador Frederic II, que fou derrotat a Parma i a Fossalta, a on el seu fill Enzo fou fet presoner, i tancat a la seva mort en el *Palazzo del Re Ensio*, que amb el palau *Podestà* i el *Portico de Banchi* formen un magnífic conjunt arquitectònic en l'encreuament de les dues places *del Nettuno* i *Vittorio Emanuele*.

En el segle XVI la família Pepoli governà la ciutat. Romeo Pepoli morí en l'exili. El seu fill Taddes fou elevat a la *senyoria* l'any 1337, i pels seus grans serveis i excel·lents qualitats meresqué el nom de «pare de la pàtria». Els seus fills Joan i Jaume vengueren secretament la *senyoria* a Giovanni Visconti, duc de Milà.

Els Visconti foren vençuts per les tropes papals. El cardenal Albornoz arribà a Bolonya el 31 de març de 1360. El cardenal espanyol governà benignament. Fou gran amic de les arts, home savi i prudent. Protegí la Universitat, ja famosa en tot el món. Fundada en el segle V, des del segle XI que s'hi ensenyaven les lleis romanes. Els seus professors tenien una gran reputació (glossadors). El nombre d'estudiants havia arribat a 10.000. A Bolonya foren donades les primeres lliçons d'anatomia del cos humà en el segle XIV. Galvani, l'any 1789, descobrí aquí el «galvanisme».

Albornoz fundà el «Col·legi d'Espanya», al que jo ara em dirigeixo, passant per la *Via d'Azeglio* i girant per la *Via Carbonesi* fins a la del *Collegio di Spagna*.

En el segle XV la família Bentivoglio pujà al poder. Les lluites amb els Visconti de Milà foren contínues. Joan II Bentivoglio fou qui introduí les arts del Renaixement. Pot considerar-se com el renovador de la ciutat per les grans reformes que ordenà i pels bells edificis que feu construir. Juli II incorpora Bolonya als Estats Pontificis, sol·licitat pels nobles Marescotti i Malvezzi. Unida per Bonapart a la *republica cisalpina* el 1796, tornà el 1815 sota el protectorat de l'Església. En el poder dels austríacs més tard, fou incorporada el 1860 al nou regne d'Itàlia.

Arribo a la porta del *Collegio di Spagna*. És del Renaixement, amb rica ornamentació. El porter m'atura. Li explico el meu objecte, que és saludar al rector i visitar l'edifici. M'acompanya fins al gran pati, que té dos pisos d'amples arcades sobre pilars octogonals. Una volada cornisa sembla protegir uns medallons amb retrats pintats al fresc entre les arcades del pis superior. Per damunt de la cornisa destaca la nau de l'església sobre el cel blau amb graciosa silueta. En el mur de l'església, un gran rellotge. En el centre del pati —tal com en els claustres es veu moltes vegades— un pou de pedra amb un lleuger arc gòtic de ferro treball que sosté la corriola.

Pati del Col·legi d'Espanya de Bolonya (Circa 1880)

23

M'indica el porter a mà dreta una escala. Al cap d'amunt s'ha obert tota sola una porta. En entrar m'apareix la rígida figura d'un uniformat servent amb patilles. Perquè la passi al rector li dono la meva targeta.

Entro en una saleta moblada delicadament. Els arbres del jardí són tan pròxims a la finestra, i el fullatge tan espès, que és pàl·lida i verdosa la claredat. Damunt del sofà, com deixat per descuit, un llibre: «*Le Cene delle Beffe*» de Sem Benelli. Dues pàgines he avançat en la sonoritat de la rima pomposa, quan una petita porta inadvertida és oberta. Saludo a un jove elegant i aristocràtic, afaitat i d'aspecte jovial. És el rector, Miquel Àngel Ortiz, advocat, fill de Ciutat Rodrigo. Fa poc temps que ocupa aquest càrrec elevat. El rector anterior —home enigmàtic, d'estranys hàbits i geni incomprensible— va suïcidar-se fa pocs anys a Florència. Ell, que finalitzava la carrera tot just, va ser designat per a substituir-lo. Cinc són els estudiants en l'actualitat i estan en època d'exàmens. M'explica el reglament de la institució, fundada per Gil Álvarez Carillo d'Albornoz, arquebisbe de Toledo, per a albergar als estudiants espanyols que venien a estudiar en la Universitat de Bolonya. Jo li dono detalls de la nostra escola de Roma. L'Institut d'Estudis Catalans, d'acord amb la *Junta de Ampliación de Estudios* de Madrid, l'han organitzat. És el nostre president en Menéndez Pidal. En Josep Pijoan és el secretari. En nom d'ells i dels pensionats jo vinc a saludar al Col·legi d'Espanya.

UNA SESSIÓ DE L'AJUNTAMENT

Ahir a la tarda, mon amic el jove rector del Col·legi d'Espanya, després d'una breu passejada per la ciutat, va deixar-me. Un afer greu el requeria. Desitjava assistir a la sessió de l'Ajuntament. I no és que el meu jove amic sigui un apassionat per la política i les qüestions locals. Res d'això. Però una importantíssima qüestió anava a discutir-se, que inquietava a tothom.

La *Via Rizzoli* és una de les més cèntriques i concorregudes de la ciutat. I, rara excepció, no té pòrtics! Com és possible, doncs, que fins avui no hagin observat els bolonyesos que això era una absurditat i una monstruositat? Ah no! Cal discutir amb urgència un projecte de modificació! Si no es poden fer les clàssiques arcades a totes dues bandes del carrer, que es facin a un sol costat. La qüestió és començar. Com s'ha trigat tant de temps? Un carrer sense pòrtics a Bolonya! Enormitat, enormitat!

I avui, en anar a prendre l'esmorzar, m'ha vingut a les mans «*Il Resto del Carlino*»[2], diari on es detalla tot el que ha ocorregut. I n'he pres aquestes notes pintoresques ben dignes de figurar en l'àlbum d'un viatger.

---

[2] Diari fundat a Bolonya l'any 1885 i un dels més antics que queden vius actualment.

La sessió comença pocs minuts després de les quatre, i és presidida pel *commendatore* Nadalini. El conseller Zanardi fa alguna observació sobre l'aigua de l'aqüeducte, que en aquests dies ve una mica tèrbola. L'*assesore* Melotti li contesta que si l'aigua és tèrbola és a causa de les reparacions que es fan en la conducció, però que, així i tot, és «bacteriològicament saníssima».

Dirigeixo una mirada reconciliadora a l'ampolla que hi ha damunt de la taula, i segueixo llegint.

El conseller Rizzoli es dol de l'abusiu costum de fixar cartells en les façanes, els quals «desfiguren les belles línies arquitectòniques dels nostres edificis». No se'n sap avenir el conseller Rizzoli que abominables cartells s'hagin posat en la del palau Isolani. El president troba justíssima l'observació i promet, de part del municipi, una diligent vigilància.

Passa a discutir-se la qüestió dels pòrtics. Amb breus i brillantíssimes frases, Nadalini explica els precedents de l'assumpte. I adverteix que la Comissió és contrària al pòrtic, però que deixa als regidors amplíssima llibertat de judici i de vot (sensació).

El conseller Melloni (de la Comissió) té la paraula. Explica que les raons en favor del pòrtic no són dignes de gran consideració, i que totes elles es poden incloure en dos: el «caràcter» de la ciutat i la comoditat que representa el pòrtic per a guardar-se del sol i de la intempèrie. Un altre argument, el més decisiu, és l'aportat pels qui diuen: «facis el pòrtic, i els qui en siguin contraris que es passegin per fora». Gran hilaritat[3]. Alguna protesta.

En aquest punt l'enginyer Ceri, des de la tribuna de la premsa, interromp amb estentòria[4] veu a l'orador. No cal perdre un mot d'aquesta admirable ressenya periodística:

«Lenzi —Però ets conseller?

Ceri —No soc conseller, però puc donar molts bons consells!

Tot el públic esclata en riures homèrics. Els consellers es dirigeixen a l'enginyer Ceri, qui, dempeus, crida amb els braços estesos i amb veu alta.

— Estic sorprès.

---

[3] *f.* [LC] Riure sorollós provocat per allò que hom veu o sent.

[4] *adj.* [LC] Molt fort, que retruny.

Nadalini —Demano al públic que calli. —Després d'aquest avís, l'enginyer Ceri torna a seure indignat. Però al cap d'uns minuts s'aixeca i se'n va murmurant protestes».

Finalitzat l'incident, Melloni prosegueix. Contra el pòrtic poden presentar-se diversos arguments. En primer lloc, el pòrtic d'un sol costat no és certament cosa que pugui satisfer les exigències de l'estètica. D'això en són convençuts fins als partidaris, per quan al·leguen que un dia o altre podria construir-se el de l'altra banda.

Una altra raó: amb el pòrtic d'un sol costat tot el públic hi afluiria, deixant solitària i abandonada la part contrària, cosa que visiblement seria en perjudici d'aquelles finques, i en dany del comerç. Per fi, el gran cost que això representa, i que tractant-se de coses que no són de general utilitat, no pot menystenir-se en compte.

El senador Sachetti intervé. Reclama atenció, ja que la qüestió no pot ni deu ser tractada lleugerament. Es refereix al pla de reformes de Bolonya. Parla de projectes, d'edificis abandonats, i fa al·lusió a certes pressions i influències. El públic somriu i aprova les paraules del senador. Diu que totes les corporacions intel·lectuals de la ciutat són favorables al pòrtic. Fa ressaltar els molts avantatges d'aquest. Dirigint-se al conseller Melloni (de la Comissió), l'hi observa que el que ha indicat sobre la influència de la multitud, deixant isolada[5] l'altra banda, és la prova més evident de què es prefereix i es desitja el pòrtic.

Grans mostres d'aprovació a les darreres paraules de l'orador —«*Beníssimo*», —«*Bravo*».

S'estén, a més, en consideracions tècniques de viabilitat i acaba afirmant que motius «històrics, edificis, tradicionals, d'estètica i de comoditat» estan a favor de la via porticada. A continuació, el doctor Zanardi i altres regidors es declaren de la mateixa opinió.

No han convençut aquestes demostracions a l'advocat Bechini. Fa notar que són els artistes i els tècnics els qui han de manifestar opinions. Però les seves indicacions tindran només caràcter interrogatiu. Sol·licita aclariments i detalls. El seu discurs és llarg, impregnat d'humorisme, més poc convincent. Diu que si han d'atendre «als vells pretorians que volen passejar sense obrir els paraigües» arribaran a demanar que s'encatifin els carrers a fi de poder sortir amb sabatilles.

Continuen els regidors discutint. Per fi es passa a la votació. Els pòrtics de la *Via Rizzoli* resulten aprovats per vint-i-quatre vots contra disset i una abstenció.

---

[5] *v. tr.* [LC] Aïllar.

Més avall llegeixo que el vicepresident de la *Societá Bologna Storico Artistica* ha rebut el següent telegrama:

> «Uneixo el meu fervent vot de què els edificis que es construiran a *Via Rizzoli* tenen arcades de tanta comoditat, caràcter i bellesa per a Bolonya.
> El director de Belles Arts: Corrado Ricci».

Via Rizzoli vista en direcció a les Torres de Bolonya abans i després de l'eixamplament
(Circa 1900-1927)

UN NOU AMIC

Anava aquest matí, com acostumo ja fa alguns dies, a dibuixar alguns detalls d'una de les capelles laterals de la basílica de Sant Petroni, quan m'he trobat el meu lloc ocupat. Un jove d'uns trenta anys, de caçadora americana, calça curta i polaines, dibuixava en un angle de la capella silenciosa, a la llum escassa d'un elevat i minúscul finestral gòtic. He restat un moment aturat, vacil·lant, davant de la reixa. He decidit, per fi, entrar i seure també a prop de l'inoportú desconegut.

I ha seguit una estona de labor silenciosa —previ un Déu-vos-guard de freda cortesia. No hem trigat, però, a fer bona amistat. El seu nom és Edgar Irving Williams[6], i és arquitecte nord-americà.

---

[6] **Edgar Irving Williams** (New Jersey, 1884 – Connecticut, 1974). Arquitecte nord-americà. L'any 1909 guanya el *Prix de Rome*, que li permet viajar a la capital italiana per a realitzar estudis de postgrau d'arquitectura a la *American Academy*. Una de les seves obres significatives serà el monument de la Primera Guerra Mundial a Rutherford (1920).

Hem sortit a la plaça, i el meu novell company m'ha proposat visitar junts el Museu Cívic[7]. Li interessa especialment perquè en una de les sales es conserven certes antiguitats nord-americanes. A més, altres objectes de gran valor històric i artístic hi són abundants.

Pel camí m'ha explicat els seus afers i estudis, i sumàriament la seva vida. És de gran morenor el seu rostre, i afaitat, a excepció d'una punta de barba que gairebé demostra llur nacionalitat. El seu esguard és viu i inquiet, bondadós el seu somriure, ingènua i franca la seva expressió, gens mancada d'energia i vitalitat.

Passat el pòrtic inevitable, i després d'un vestíbul amb alguns sarcòfags, arribem a un pati que és del vell hospital de Santa Maria de la Mort.

Gravat on es mostra el «Pòrtic de la Mort», accés al *Palazzo Galvani*, seu del «Museu Cívic» (Circa 1831)

---

[7] Al text no es menciona, però el «Museu Cívic» de Bolonya (actual «Museu Cívic Arqueològic de Bolonya») s'ubica a l'interior del *Palazzo Galvani*, edifici del *Quattrocento* situat a la *Via dell'Archiginnasio*, davant de la basílica de Sant Petroni.

Llarga seria una ressenya detallada de tot el que es troba en les sales d'aquest museu. Les excavacions fetes l'any 1877 a l'església de Sant Francesc i a la Cartoixa, situada als afores de Bolonya, donaren per resultat el descobriment de diversos objectes i utensilis dels primers habitants d'aquesta regió, que foren les tribus vingudes de l'Úmbria, a les que s'hi uniren els etruscs en el segle VI aC. Cap a l'any 400 aC cediren aquells pobles a la formidable escomesa dels celtes que envaïren la Itàlia del nord, i que de Bolonya (Felsina) en feren la capital del seu reialme.

Les antiguitats egípcies —entre les quals veiem una curiosa figureta d'un rei, en basalt, del III mil·lenni aC; mòmies, estàtues de divinitats, etc.— són una de les més grans curiositats d'aquest museu.

Bolonya prengué el partit d'Anníbal abans de començar la darrera guerra púnica. Pocs anys més tard fou sotmesa per l'imperi de Roma, i va ser una pròspera ciutat, admirada pels seus monuments, i centre comercial de gran importància. Els romans eren uns grans enamorats de l'art grec, i així les antiguitats gregues s'han trobat en les excavacions junt amb les romanes: escultures, vasos d'argent, *lecythos* àtics, baix relleus, escultures, terres cuites, i la bellíssima testa de Minerva en bronze, còpia perfecta de l'original de Fídies.

La temperatura tropical ens fa desitjar aire fresc i repòs. Però la forta disciplina de turista entrenat ens obliga a prosseguir. I així ho fem, valerosos. I arribem a l'edat mitjana, i a la prehistòria nord-americana, i a les majòliques hispano-àrabs, i a les sales de pintura, i a les escultures del Renaixement, i a les barroques. I estic seguríssim que si aquesta visita de dos arquitectes, l'un nord-americà i l'altre de les terres de Catalunya, al Museu Cívic de Bolonya, sota els ardors caniculars, en lloc d'efectuar-se en un dia assolellat i clar del mes de juliol de l'any de gràcia de 1911, es verifiqués d'aquí a dos mil anys —i en què per tants altres períodes d'art i altres col·leccions hi foren recollides—, no haurien pas abandonat llur empresa els dos viatgers amics fins a la fi, ni haurien sigut vençuts de fatiga i descoratjament.

LA BASÍLICA DE SAN DOMENICO

Ens hem guanyat una estona de repòs, i ara en Williams i jo entrem a una cerveseria per a seure un moment. És aquesta cerveseria una de tantes com se'n troben a les modernes ciutats, decorada a la manera i estil trivial que tant abunda en el nostre temps. No hi manca un piano elèctric estrident, que en el curt àmbit de la sala ressona sorollós. Els murs són recoberts de miralls, i si òpticament això resolt el problema d'engrandir un local reduït, per a les arts de l'acústica això no resol res, i és inevitable sortir-ne amb mal de cap per poc que un s'hi entretingui, ja que el maleït instrument mecànic no para ni un instant.

Més plau a l'esperit que anima el contrast, després d'unes hores passades contemplant mòmies, i trencadissa prehistòrica, i papirs corcats, i culleres etrusques, i urnes cineràries, viure un instant de la nostra vida i civilització, retornar a l'agitada realitat i a la ciutadana trepidació. I plau també a l'assedegat viatger, després d'admirar tantes àmfores i riquíssims vasos arrenglerats en les grans vitrines, la prosa modesta d'un vas de cervesa servida per un mosso diligent.

La façana de l'església de *San Domenico* és inacabada, també, com la de *San Petronio*, i el seu aspecte és encara més trist.

És a prop de migdia quan els temples es tanquen, i ens cal visitar-lo ràpidament. Data la seva fundació del segle XIII. El fundador de l'Ordre de Predicadors morí a Bolonya el 6 d'agost de 1221. Les despulles del sant —canonitzat per Gregori IX— es veneren en una capella lateral.

Aspecte de la basílica de *San Domenico* abans de les obres de restauració realitzades per Alfonso Rubbiani entre 1909 i 1910 (Circa 1900)

El primitiu sarcòfag, sense ornament, era col·locat sobre columnes i situat en la cripta. En el segle XIII, per a decorar aquest sarcòfag, fou cridat Nicola Pisano, el gran escultor, el qual fou auxiliat pels seus deixebles, envoltant-lo de magnífics baix relleus i estàtues.

L'any 1374 es començaren les obres de la capella, acabant-les l'any 1411. No semblant prou rica ni espaiosa. Fou reedificada en els darrers anys del segle XVI, i encara modernament ha sigut restaurada. Traslladat el sarcòfag en aquesta capella, resultà poc esvelt i en poca harmonia amb la riquesa de tot el que l'envoltava. Niccolò d'Apulia va fer-li un acabament bellíssim —per aquest treball és que l'artista és conegut per «Niccolò dell'Arca». Miquel Àngel, en plena joventut, va esculpir també alguna figura per a l'«*Arca de San Domenico*».

Delicat poema de marbre puríssim és aquesta obra impossible d'igualar. Rara i sorprenent meravella d'originalitat, ritme i harmonia.

Arca di san Domenico (Circa 1900)

***

Entra Marco (el criat de les patilles), i amb cerimoniosa correcció ens va entregant la correspondència que porta en una safata. Al rector primer, després a mi, i, per últim, als estudiants del Col·legi d'Espanya. S'ha interromput amb això la conversa.

Bernabeu de Yuste, el madrileny aristòcrata, ha fet mitja volta al tamboret del piano, i el «Clar de Lluna» que teclejava suaument ha cessat igual que un núvol inoportú ens priva de la platejada claredat de l'astre de la nit. Però el núvol inoportú que ens ha robat melodia i conversa no és pas ara desplaent ni ingrat, ja que rebre noves és excel·lent pels qui en llunyanes terres fan romiatge.

Un amic m'envia, retallat d'una revista, un sonet exquisit d'en Carner. Per tal que tots allà són homes d'afers intel·lectuals i amics i coneixedors de les literatures hispanes, no he vacil·lat a llegir-los-hi. Diu així:

Camperola llatina

A E. d'Ors

Alada, vora'l soc ets arribada,
i et decantes un xic a la claror,
i mig augusta, mig espellifada,
et corones amb l'or de la tardor.

Tens la cintura fina i abrivada
i el si d'una naixent promissió;
canta la teva boca, incendiada
com una rosa de l'Anacreó.

I fas anar la teva grana en doina
com sobirana que escampés almoina
i et rius del pobre Gàlata ferest.

Mai sabràs que dins la terra amiga
jeu enterrada una deessa antiga
que et vetlla per la gracia del teu gest.

Dolça és la migdiada en la pau del gran palau senyorial, i velada la llum en l'ample menjador esplèndid.

Grata frescor dels vells casals, que sap fer oblidar el turment de les hores ardents en creuar les grans i desertes places, i el fet de transitar pels pòrtics poc airejats, interminables!

Certament, aquests últims dies he deixat la feina una mica endarrerida. Res he apuntat en el meu carnet de viatge de l'església de Sant Francesc, la primera d'Itàlia construïda en estil gòtic en una època en què l'art romànic dominava encara a Bolonya. És obra de Marco da Brescia, imitant el mateix en la seva estructura, com en els seus detalls, els temples gòtics de França. Un magnífic altar en aquesta església es troba considerat com un dels documents més importants per a la història de l'art en la seva època.

Res he escrit tampoc —i això seria omissió imperdonable— dels sepulcres dels glossadors (professors de la universitat bolonyesa), que recorden vagament per la seva estructura arquitectònica al cèlebre mausoleu d'Halicarnàs.

Les torres inclinades mereixen, en veritat, més diligent i hàbil cronista —sens dubte moltes vegades l'hauran tingut. Bolonya, a l'edat mitjana, tenia més de dues-centes torres. Cada família noble la construïa al costat del seu palau per a la defensa. Moltes han sigut enderrocades amb l'obertura de nous carrers o la construcció de moderns edificis. Les torres *Asinelli* i *Garisenda* porten el nom de les famílies que les feren construir. Són inclinades a causa d'un enfonsament de terres que tingué lloc a principis del segle XIV. Una d'elles a la respectable alçada de 97 metres.

Torres *Asinelli* i *Garisenda* fotografiades per Pietro Poppi (Circa 1900)

L'agrupament de vuit esglésies romàniques a la *Piazza di San Stefano* és deliciosament pintoresc. En elles és curiós l'«Atri de Pilats», pati porticat en el centre del qual hi ha la pila en què, segons la tradició, Pilats va rentar-se les mans[8].

També són notables les esglésies de *Santa Maria dei Servi* (del mateix arquitecte que *San Petronio*), *San Giovanni in Monte*, i *San Giacomo Maggiore*. Per l'esplèndid panorama que es domina, la *Madonna di San Luca* és digna d'una excursió. La monomania bolonyesa dels pòrtics ha trobat aquí ocasió de manifestar-se de manera mai vista. Són més de tres quilòmetres de pòrtic muntanya amunt.

Interessen també a l'arquitecte i al curiós de les coses d'art alguns edificis públics. La Casa de l'Ajuntament, de caràcter sever, és mancada d'unitat pels diferents estils de la façana.

La *Loggia dei Mercanti* és un bell exemplar d'edifici gòtic amb terres cuites. Aquest material és característic en l'arquitectura bolonyesa. L'autor del projecte fou l'arquitecte bolonyès Lorenzo di Domenico (Lorenzo da Bagnomarino), essent executada l'obra per Antonio di Vicenzo. La composició de la façana és digna d'estudi per la simetria i correspondència de les obertures.

La *Loggia Mercanti* fotografiada per Pietro Poppi (Circa 1870)

Del Col·legi d'Espanya ja n'he parlat. De l'*Archiginnasio Antico* en parlaria si tingués temps. I també dels palaus de *Bevilacqua*, *Felicini*, *Malvezzi Campeggi*, *Bolognini*, i altres.

Sebastiano Serlio, autor de molt bells tractats d'arquitectura, que li valgueren l'ésser cridat a França per Francesc I, era fill de Bolonya[9].

---

[8] (Nota de l'autor) És aquesta una tradició popular i no té cap fonament històric suposar que aquesta pila sigui autèntica.

[9] (Nota de l'autor) Veure els meus articles «*Dels oblidats artistes*» i «*Sebastià Serlio*» publicats a la revista d'art «*Vell i Nou*»

En els temples i en els museus de Bolonya, sobretot en el de l'Acadèmia de Belles Arts, poden admirar-se les obres dels més insignes pintors de l'escola bolonyesa (Lorenzo Costa i Francesco Francia són els més celebrats).

Havent encarregat a Rafael d'Urbino (Raffaello Sanzio) la pintura de l'altar de la capella de Santa Cecília a l'església de *San Giovanni in Monti*, produí aquesta obra (la famosa Santa Cecília de Rafael) tanta sensació que des d'aleshores tots els pintors bolonyesos seguiren els passos del mestre de l'escola romana. Entre altres es nota aquesta tendència en les obres d'Innocenzo da Imola, Bartolomeo Ramenghi Bagnacavallo, Bartolomeo Passerotti i Pellegrino Tibaldi.

En els segles XVI i XVII domina l'escola dels Caracci. Dins d'aquesta escola tenim a Domenico Zampieri (*Il Dominiquino*), Guido Reni (fill de Bolonya) i Giovanni Barbieri, dit «*Il Guerchino*» a causa del seu estrabisme.

Enguany el rector i tots els estudiants del «Col·legi» retornen a Espanya. El còlera ha envaït tota la Itàlia meridional. De Roma i Venècia arriben noves poc tranquil·litzadores. A Bolonya mateix semblen haver-se presentat casos alarmants de malalties infeccioses.

He acompanyat a l'estació a *don* Miquel Àngel Ortiz i als joves escolars. El comiat ha sigut afectuós. Ja moria la tarda quan el tren ha partit. Fosquejava quan m'he trobat ja sol a la plaça de l'estació.

Ja s'encenen els llums arrenglerats en les ciutadanes vies, i en el cel les darreres claredats es van fonent imperceptibles. Pujo per la marmòria escalinata del jardí públic de *la Montagnola*. Oh! Dolç record d'alguna tarda amable, quan sobre l'herba tendra jugaven els infants, i reien les donzelles, i els vellets encorbats, de barba blanca venerable, en son bastó recolzats, lentament passejaven. Ara jo vinc a acomiadar-me del dolç jardí i ja no hi trobo aquella companyia. Tan sols vaga remor en el fullatge, dins l'ombra misteriosa.

He trobat a en William en anar a *la posta* per recollir la correspondència. Definitivament —li he dit— demà me'n vaig cap a Ravenna. I com ell resta aquí encara alguns dies, m'ha desitjat un bon viatge, i jo a ell venturoses jornades.

A la fontana de Neptú salten les aigües. Envaeix la multitud la *Piazza Vittorio Emanuele*. I tota la ciutat és un bullici i animació, com cada dia.

Representació d'un detall de l'arc de Constantí de Roma. Dibuix realitzat per Joan
Bordàs Salellas l'any 1911
(Arxiu Municipal de Sant Feliu de Guíxols | Fons Joan Bordàs Salellas)

RAVENNA

Lògia inferior del *Palazzo Massimo alle Colonne* al Corso Vittorio Emanuele II de Roma.
Dibuix realitzat per Joan Bordàs Salellas l'any 1911
(Arxiu Municipal de Sant Feliu de Guíxols | Fons Joan Bordàs Salellas)

Juliol de 1911

Trist matí. Plou. Bolonya queda en llunyania i el tren avança en la gran plana monòtona. Entre terres de paludisme, la ciutat morta de Ravenna, un cop capital de l'Imperi d'Occident. En ella Dante trobà el seu darrer refugi. En ella Byron habità un temps. Plena de grans records i monuments importantíssims per a la història de l'art cristià, però orfe de tota civil manifestació urbana en el nostre temps.

Veiem en altres velles ciutats com l'esplendor passat sap donar austera noblesa i caràcter. A Ravenna tot és monotonia i banalitat en el seu aspecte extern. Potser això contribueix al fet que sigui més forta la impressió que sent el viatger en penetrar en esglésies meravelloses cobertes de mosaics admirables.

L'especial situació de Ravenna —prop del mar, entre dos rius i envoltada de llacunes infranquejables— feu que els pobles fugitius s'hi refugiessin en les grans invasions.

August la convertí en port de les naus romanes de l'Adriàtic. Fins aleshores no tingué gran importància en la història. Ben aviat s'hi edificaren grans monuments. Poques són les restes de la important ciutat romana que en inscripcions ve nomenada «*Ravenna Félix*».

L'any 404, Honorius, amenaçat per la invasió estrangera, abandonà Roma i es traslladà a Ravenna, fent-ne la capital del decadent imperi. Per moltes vicissituds passà la ciutat. Però tres noms gloriosos assenyalen les èpoques més brillants i característiques de la seva història i dels seus monuments: Gal·la Placídia, Teodoric i Justinià.

En els segles en què Roma estava en plena decadència (del V al VIII), Ravenna es trobava en gran floriment i prosperitat. Enlloc millor que aquí pot estudiar-se l'art del mosaic. L'aplicació del mosaic a la decoració arquitectònica data del segle V, i està relacionat amb l'edicte de Constantí donant llibertat al culte cristià. Comparables amb els de Santa Sofia de Constantinoble, Sant Marc de Venècia, i les basíliques de Sicília, els mosaics de les esglésies de Ravenna són molt més interessants i més ben conservats que els de Roma.

L'església de Sant Vidal de Ravenna és ben coneguda pels qui han fet estudis d'Història de l'Arquitectura. Jo n'he dibuixat la planta ja fa algun temps en la nostra «Escola», i tinc per aquest temple especial curiositat, interès i simpatia.

Les obres de restauració que dirigeix Conrado Ricci es troben en plena activitat. Algun obstacle he trobat en visitar-la, però ja sap el viatger expert com és aquí vençut tot obstacle i com fàcilment es tornen en amabilitat i cortesia les aspres raons dels guardians, sempre sol·lícits i amatents al pròdig turista.

Interior de l'església de Sant Vidal (Circa 1920)

La construcció de Sant Vidal començà abans de la conquesta bizantina, l'any 526. Segons inscripcions, les obres foren dirigides per un tal Julianus, que treballà també en altres esglésies de Ravenna.

La planta és octogonal. Vuit massissos pilars sostenen l'alta cúpula, enllaçats entre sí per exedres de dos pisos de columnes i amb arcs potents als murs exteriors que en cada cantonada tenen un robust contrafort. En el costat de l'octògon, qui mira a Orient es troba amb el cor i l'absis. La base circular de la cúpula s'enllaça amb el pla poligonal inferior per vuit rudimentàries petxines. És la gran cúpula construïda amb canonades i àmfores de terra cuita a fi de disminuir el pes total. Exteriorment, no es manifesta aquesta cúpula, sinó que ve coberta per una teulada. Hi havia a la part de ponent un gran nàrtex de dos pisos amb dues torres als extrems per on se'n pujava a la galeria superior o gineceu.

La influència bizantina ha sigut aquí molt discutida. El cert és que l'església de Sant Vidal de Ravenna, començada abans que *San Sergio* i Santa Sofia de Constantinoble, té amb elles essencials diferències, malgrat les moltes i evidents ressemblances. El cert és que pel seu pla, pels procediments de construcció utilitzats, per les singulars combinacions d'equilibri i per la decoració bellíssima, és dins de l'art cristià que tan sublims obres ha creat un exemplar únic i remarcable.

La riquesa dels materials, les columnes de marbre, la gran varietat de capitells característics de les esglésies bizantines, i la meravellosa decoració en mosaic, fan que el viatger no es cansi d'admirar tan prodigiós conjunt. Però mentre el viatger admira, no apunta. I si no escriu en el seu carnet alguna nota ràpida d'impressió, després ha de confiar en la memòria —ja saturada— la dificultosa tasca. Però no serà aquí difícil cosa aquesta. Que són impossibles d'oblidar les delicades i nobles figures de Teodora i Justinià, d'un realisme sorprenent, i les diverses escenes bíbliques de tant encantadora veritat com insuperable execució.

EL MAUSOLEU DE GAL·LA PLACÍDIA I EL BAPTISTERI DELS ORTODOXOS

Les construccions de Ravenna, quin origen es remunta a l'època de Gal·la Placídia (filla de Teodosi el Gran i germana de l'emperador Honorius), són: les esglésies de *San Giovanni Evangelista* (430-450) i *Sant'Agata Maggiore* (425-432), el Baptisteri dels ortodoxos i el Mausoleu.

El Mausoleu de Gal·la Placídia, que ella mateixa s'havia preparat en vida, és una de les obres més perfectes. En cada extrem (menys el que compta amb la porta d'entrada) hi ha un sarcòfag. Aquests tres sarcòfags, segons la tradició, són els de Gal·la Placídia, Honorius i Constantinus. Si els mosaics de Sant Vidal són admirables, no ho són menys els que recobreixen les voltes d'aquest petit edifici. Els estudiosos de la iconografia cristiana troben la representació del Bon Pastor en el Mausoleu de Gal·la Placídia, i la d'un sant en actitud de cremar un llibre herètic, ocasió per a moltes opinions i comentaris. La cúpula és també construïda amb àmfores de terra cuita. No té en conjunt aquesta construcció més de quinze metres de llargada per dotze d'amplada.

Representació del mosaic del Bon Pastor

Exteriorment, el Baptisteri dels ortodoxos (avui església de *San Giovanni in Fonte*) és d'un aspecte pobre, com tots els monuments de Ravenna. Però en el seu interior s'hi ha desplegat tota la pompa i magnificència bizantina. Dos pisos d'arcades cegues recolzades en columnes de marbre sostenen la cúpula. Entre les arcades, esplèndids mosaics i estucs amb fullatges formant volutes, ocells, paons, cérvols, vasos i cistells curulls de flors i fruites. En els angles, uns medallons amb figures d'apòstols, tot formant un delicat i harmònic conjunt d'un colorit excel·lent i d'una riquesa extraordinària. En la part baixa, tot un revestiment de peces de marbre formant dibuixos geomètrics i entrellaçats de complicada fantasia.

En l'alta cúpula —que es recolza en els murs de l'edifici, que formen un octàgon—, un medalló central representa el baptisme de Jesucrist. La part restant queda dividida en dues zones. En la superior, els dotze apòstols vestits amb túnica i un mantell, alternativament clar o obscur segons si la túnica és recíprocament obscura o clara. El fons és blau cobalt, com en el Mausoleu de Gal·la Placídia i, en general, en tots els mosaics dels segles IV i V[10]. Cada un d'aquests apòstols porta una corona d'or, com oferint-la a Jesucrist.

Representació del baptisme de Jesucrist amb els dotze apòstols

La zona inferior de la cúpula és dividida en vuit compartiments amb representacions simbòliques que recorden les que es troben en els mosaics de l'església de Sant Jordi de Salònica i en la basílica de Betlem.

Al costat del Baptisteri es troba el *Duomo*, edifici de poc caràcter construït en diferents èpoques i molt modificat posteriorment. En ell s'hi conserven algunes obres notables i relleus dels primers segles de l'era cristiana de marcat origen oriental.

---

[10] (Nota de l'autor) En els darrers anys del segle V i en el VI s'adopta l'or en el fons, com es veu a Sant Vidal i en altres esglésies de Ravenna.

En el Palau Arxiepiscopal és notable la capella, quin major defecte és potser haver-la vist després de Sant Vidal i del Mausoleu de Gal·la Placídia. El seu art és, sens dubte, decadent, més no resulta ingrat. Després de Justinià, l'art a Ravenna decaigué ràpidament. En els mosaics de la segona meitat del segle VI i de tot el segle VII no s'hi troba la perfecció i originalitat del segle V. Els de la capella del Palau Arxiepiscopal són imitació i còpia dels del cor de Sant Vidal.

La cèlebre «cadira de Maximià», ornada d'ivoris i obra mestra de l'art bizantí del segle VI, fou enviada a Venècia a l'emperador Otó III i es conserva (alguns fragments de relleus hi manquen) en aquest mateix palau.

En una breu ressenya com aquesta no puc ocupar-me més extensament de totes aquestes belles coses que certament són mereixedores de gran admiració, acabat estudi i sincer elogi.

L'ESGLÉSIA DE SANT'APOLLINARE NUOVO

La façana de *Sant'Apollinare Nuovo* és insignificant. Únicament el *campanile* cilíndric és antic. El nàrtex fou modificat en el segle XVI. De l'absis, reconstruït en el segle XVIII, han desaparegut els vells mosaics. Del sostre magnífic que cobria la basílica res en queda. Pocs monuments poden donar idea més acabada del que era la decoració interna d'una basílica cristiana en el segle VI.

Dos eren els tipus característics de temples en els primers segles de la nostra Era: el de la basílica de tres naus, amb coberta de fusta (adaptació de la *naos* antiga), i el de grans sales cobertes amb cúpules. Aquest darrer sistema és procedent de Pèrsia.

Sant'Apollinare Nuovo és una basílica de tres naus formada per dos rengles de dotze columnes de marbre procedents de Constantinoble. Els capitells són corintis, amb el singular àbac bizantí. La llinda o entaulament utilitzat en les basíliques romanes és aquí substituït per arcades.

A l'altra banda de la nau central es representa la primera zona de mosaics de la ciutat de Ravenna, en la que es destaca el palau de Teodoric. De la ciutat surt la professó de sants, que oferint també corones d'or es dirigeix a Jesucrist, voltat d'àngels en hieràtica actitud. Aquests mosaics foren executats en temps de l'arquebisbe Agnellus (556-569). La impressió profunda que causa aquesta obra fa que alguns dels seus defectes no siguin observats.

En els intervals de les finestres, damunt dels mosaics anteriors, sobre fons daurat es destaquen les imatges de sants, profetes i apòstols. En la part alta, gairebé invisibles, una sèrie de petites composicions que últimament s'han fotografiat, podent així estudiar-les amb detenció. Entre elles sobresurten Jesús separant els justos dels pecadors, la traïció de Judes, i Jesucrist davant Pilats.

Interior de la basílica de *Sant'Apollinare Nuovo* (Circa 1890)

No gaire lluny de *Sant'Apollinare Nuovo*, en el mateix *Corso Garibaldi* —una de les vies més importants de Ravenna, encara que poc cèntrica, gens animada i en res luxosa— es veuen les restes d'un edifici anomenat «Palau de Teodoric». Aquest sobirà germà, enamorat de la civilització romana i educat a Bizanci, tingué gran amor a les construccions esplèndides, alçant arreu amfiteatres, termes i palaus magnífics. El seu major esforç, segons asseguren les cròniques, fou el d'assimilar la cultura clàssica als invasors de l'imperi. Del seu palau, quina representació es veu en els mosaics de *Sant'Apollinare Nuovo*, poc és el que en resta. Carlemany va saquejar-lo. L'edifici que en el *Corso Garibaldi* es coneix per «Palau de Teodoric» és molt posterior, no deixant per això de ser interessant per la seva arquitectura. De l'època de Teodoric són la major part dels mosaics de Sant Vidal, l'església de l'Esperit Sant, el Baptisteri dels Arians (molt semblant al dels ortodoxos) i la famosa Rotonda o Mausoleu.

He dinat a l'Hotel Byron, que és instal·lat en un palau que habità el poeta l'any 1819. En una taula pròxima m'ha intrigat un personatge que no em semblava enterament desconegut. Tot el dinar he passat sense aclarir l'enigma. En sortir m'he informat, curiós i indiscret. Es tractava de Sem-Bellini, el dramaturg, que ha vingut a Ravenna per a estudiar l'ambient d'una obra dramàtica d'assumpte històric que ara escriu, i documentar-se degudament. Llur fisonomia m'és familiar, sens dubte, d'unes grotesques caricatures que he vist en alguns aparadors de Roma en què es representen d'Anunzio, Giolitti, Carducci, i també, entre altres, el meu veí de l'Hotel Byron que tant m'ha preocupat mentre dinava.

LA TOMBA DE DANT I EL MAUSOLEU DE TEODORIC

Dant, el diví poeta, moria a Ravenna el 14 de setembre de 1321.

Guido de Polenta, dit el Jove (*Guido Novello*) governava la ciutat en els primers anys del segle XIV. Amant de les lletres i de les arts, crida a Dant, que vivia aleshores a Verona, encomanant-li l'ensenyança de la retòrica. Algunes parts de la Divina Comèdia foren escrites a Ravenna. Mort el gran poeta, fou enterrat a prop del claustre de Sant Francesc, en un senzill sarcòfag. Un deixeble el 1357 feu gravar en aquest sarcòfag la inscripció que avui s'hi llegeix encara:

S.V.F.

IVRA – MONARCHIAE – SVPEROS – PHLEGETONTA

LACVSQVE – LVSTRANDO – CECINI – VOLVERNVT – FATA

QVOVSQVE – SED – QVIA – PARS – CESSIT – MELIORIBVS

HOSPITA – CASTRIS – AVCTOREM – QVE – SVVM – PETIIT

FELICIOR – ASTRIS – HIC – CLAVDOR – DANTES – PATRIIS

EXTORRIS – AB – ORIS – QVEM – GENVIT – PARVI

FLORENTIA – MATER – AMORIS

L'any 1438 Pietro Lombardi, escultor venecià, executà el monument funerari en què figura l'efígie del poeta. En el segle XVIII s'edificà el templet que tanca el monument, tal com es veu en l'actualitat.

Interior i exterior de la tomba de Dant

45

Als afores de Ravenna hi ha el mausoleu de Teodoric, en un jardí apetible, quiet i perfumat en aquesta tarda tranquil·la.

És una construcció dodecagonal. La planta inferior és enfonsada avui més de dos metres. Té en la part baixa massisses arcades, i el pis superior, de menor diàmetre, és cobert amb un sol bloc enorme de pedra (té més de 33 metres de circumferència). Aquest monòlit portat de Dalmàcia s'ha trencat fa poc en dos trossos per efecte d'un llamp.

La sala inferior és avui tota inundada de les pluges recents. El pis superior, al que es puja per dues escales externes, és destinat al culte de *Santa Maria della Rotonda*. Es conserven alguns interessants fragments de la decoració exterior i de la columnata que formava la galeria. Per a l'arquitecte és aquest monument interessantíssim.

Mausoleu de Teodoric (Circa 1920)

Ja el sol es pon quan, desfent el camí, torno cap a la ciutat. En la dàrsena, les aigües verdoses reflecteixen les darreres claredats del dia. Passant per darrere de l'estació arribo a un prat de gran verdor, vora la *Piazza d'Armi*. A l'altra banda hi ha l'hipòdrom. Encara no és fosc que ja soc a *Santa Maria in Porto*. La façana barroca és d'un gust molt discutible.

Per la *Via Cerchio* vaig fins a la *Via Mazzini*, la qual em porta a la *Piazza Vittorio Emanuele*, el centre de la ciutat.

L'ESGLÉSIA DE SANT'APOLLINARE IN CLASSE

Sota les columnes de Lombardi, record de la dominació veneciana, i en els pòrtics de la plaça, hi ha certa animació vinguda la nit. Avui fa concert una banda militar. Les notes agudes i vibrants de la «Cavalcada de les valquíries» ressonen triomfals i tumultuoses entre els vells palaus de la plaça.

Plovisqueja. Dia rúfol, de gran tristor en l'austera ciutat. Sols algun obrer diligent que va a la feina passa pels carrers silenciosos. La majoria de les botigues són tancades encara. En un estanc, sota un rètol que diu «*Quinino dello Stato*», llegeixo tota una relació del reglament que obliga a tots els amos a facilitar cada dia als treballadors certes dosis de quinina que l'Estat prepara i ven a preus mòdics en els llocs infestats per les febres tercianes.

Agafo el tren que em du fins a Classe. Són les vuit del matí. La gran planura pantanosa és plena de boires. De tant en tant, al pas del tren, un petit bosc de pins, un canal, una construcció, sorgeixen fantàsticament, i torna a quedar el paisatge borrosament confós. Com en remota llunyania (il·lusió de l'atmosfera tan sols), la tènue silueta de *Santa Maria in Porto Fuori*.

A curta distància de les cases disperses que són la població de Classe, la grandiosa basílica de *Sant'Apollinare* amb el seu *campanile* rodó, característic de les esglésies en l'edat mitjana. És aquesta basílica del temps de Justinià, essent obra de Julianus Argentarius, l'autor de Sant Vidal. Aquesta i la romana basílica de *San Paolo fuori le mura* —desventuradament destruïda en el segle passat per un incendi, i avui en curs de restauració—, són els més grandiosos i notables exemples (encara que no els més complets i intactes) d'aquest gènere d'edificis cristians.

Basílica de *Sant'Apollinare in Classe* durant les obres de restauració (Circa 1910)

47

És en el seu interior on cal buscar tota la riquesa. Exteriorment, unes parets, teulades humils, aspecte pobríssim. Dins, la grandesa de proporcions. La doble filera de columnes de marbre, els mosaics de l'absis, els antics sarcòfags, i més que res el singular conjunt arquitectònic, són dignes d'estudi i admiració.

I ja que algun detall em plau, per a traslladar-lo al meu àlbum deixo suspesa tota entretinguda narració.

PÀDUA

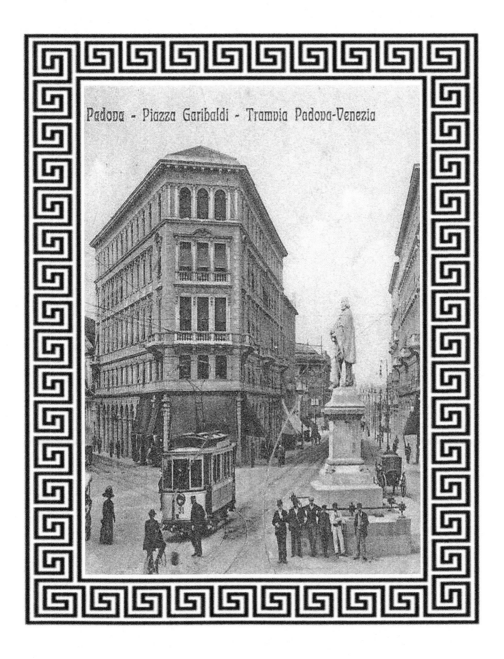

Padova - Piazza Garibaldi - Tramvia Padova-Venezia

Representació d'una escultura i una façana d'un edifici de Roma. Dibuix realitzat per Joan Bordàs Salellas l'any 1911 (Arxiu Municipal de Sant Feliu de Guíxols | Fons Joan Bordàs Salellas)

JULIOL DE 1911

Pàdua és una ciutat que desperta interès en el viatger. Té un cert prestigi singular, de misticisme i de llegenda. És quelcom més que vana curiositat o estètica emoció el que se sent en aproximar-s'hi. La santa figura d'Antoni el predicador. El cruel despotisme d'Eccelino el tirà. La fantàstica basílica tantes vegades imaginada i vista en imatges. La noble i austera figura eqüestre del generalíssim Gattamelata, en què Donatello ressuscitava la clàssica majestat en l'escultura. Els relleus dels miracles del sant, anecdòtics i celebrats, com capitals en la història de l'art del renaixement. Les obres d'Andrea Mantegna, els frescos de Giotto di Bondone el primitiu, plens de saviesa, expressió i profecia, tot això requereix son ambient, i en la nostra fantasia es dibuixa i pren forma: vetustes construccions, carrers tortuosos, pòrtics i torres, cúpules, santuaris, devotes processons, remor de pregàries i càntics litúrgics. I en altre aspecte, bullici estudiantil, magnificències cortesanes, esplèndids festivals, veus d'orde militar, i el cant de sentinella que vigila en la nit l'altiva fortalesa, i el plany somort que arriba imperceptible en hores silencioses, del fons de la presó terrible. I serenates romàntiques en altes hores de nocturna calma. I esvalots i pendències de cavallers ardits, que amb mort sovint es veuen acabades.

Aquesta és la impressió del viatger, tant en ales de la fantasia i el somni s'ha deixat portar en les hores llargues del viatge. I ara, com un estrany anacronisme, desperta en la metàl·lica i vulgar estació, i sent els esbufecs de la màquina i els xiulets estridents, i la remor dels carretons de transport d'equipatges.

I es troba en sortir de l'estació, als pocs passos, la fàbrica de gas. I més enllà un barri amb cases altes, modernes, de *stile floreale* com han donat en dir-ne la gent d'aquí, i que no cal pas esforçar-se per a explicar quin és.

I quan passat els carruatges, esvaït el núvol d'agitació i trontoll, en la pau de la tarda impera ja el silenci provincià, no massa en llunyania (qui sap per quin indret), un piano de manubri desgrana una cançó de cafetí, desvergonyida i canallesca.

Però a l'altra banda del *Ponte Molino* ja és tot un altre l'aspecte de la ciutat. Som en l'edat mitjana en transitar per carrers ombrívols, porticats, creuats sovint per canals d'aigües encalmades (gairebé arqueològiques) no massa sanitoses ni perfumades. Sense l'inconvenient d'una mica de deixadesa municipal —imperdonable en una població visitada anualment per milers de peregrins—, aquest aspecte medieval plauria, certament, al viatger.

Aspecte del *Ponte Molino* després de l'enderroc de les cases de fusta i dels molins que es trobaven adossats a l'estructura (Circa 1900)

La llegenda diu que Pàdua va ser fundada per Antènor de Troia. Ciutat notable quan encara Roma gens d'importància tenia en la història, l'any 202 aC es va sotmetre voluntàriament als romans, continuant la seva prosperitat sota el nou domini, sent, segons Estrabó, la més rica població de la Itàlia del Nord. Tit Livi era fill d'Abano, poble veí. Pocs són els vestigis de l'època romana perquè va ser Pàdua saquejada per Alaric i Àtila. Les restes mortals d'Atènor i de Tit Livi, que per una confusió de l'edat mitjana creien posseir els paduans, s'ha demostrat que eren completament falses.

Ezzelino Romano (Ezzelino *il feroce*) governà la ciutat en el segle XIII com a delegat imperial (*gibeli*). Les terribles presons construïdes pel seu arquitecte Egidi, amb tota mena de refinats procediments de tortura imaginats pel monstruós Eccelino, es conserven encara en part. Contra aquest tirà (contemporani de Sant Antoni), el Papa Alexandre IX predicà una croada enèrgica.

L'any 1256 Pàdua s'alliberà del seu opressor, celebrant-se anualment des del 1275 festes commemoratives que en un temps revestiren gran solemnitat.

Triomfant el partit güelf[11], els prínceps de la casa de Carrara protegiren les belles arts. Però ben aviat foren dominats per la veïna república de Venècia, de la que formà part la ciutat de Pàdua des de l'any 1405.

La Universitat era una de les més famoses d'Europa, acudint-hi estudiants de tots els països. Galileu en va ser professor.

També els més insignes artistes trobaren aquí bona acollida. Honor i orgull de la ciutat són encara el seu prestigi intel·lectual i les belles obres d'art que atresora.

Després de Florència és Pàdua la ciutat que més influí en el sublim desvetllament de totes les espirituals activitats, en els dies gloriosos del renaixement.

L'ESTÀTUA EQÜESTRE DE GATTAMELATA

Per un intricat laberint de tortuosos carrers, arribo a la *Piazza del Santo*, i el fet d'arribar és com sortir de l'ombra a la llum, de la tenebra a la més pura claredat. A la tarda, serena i dolça, la visió de la gran basílica sembla cosa de fantasmagoria. Tant sorprèn i admira la llur arquitectura mai vista, que no en dona la imatge prou precisa idea, ni la imaginació representació justa.

Inadvertida en la primera impressió, ara descobreixo no gaire lluny de mi l'estàtua eqüestre de Gattamelata, meravella de classicisme, austeritat i noblesa.

L'escultor florentí Donato di Betto di Bardo, apel·lat Donatello (i així conegut generalment), fou cridat a Pàdua l'any 1444. «L'estàtua eqüestre d'Erasme de Narni, dit Gattamelata, generalíssim dels exèrcits de la república de Venècia de 1438 a 1441 —escriu Peyre— marca una data en la història de l'escultura, per l'art i per la tècnica. Era la primera vegada, després dels temps antics, que s'intentava fondre una estàtua de grans dimensions, una estàtua eqüestre».

Segons Müntz, poden distingir-se tres períodes en l'obra de Donatello. El primer va del 1416 al 1424, i en ell l'artista s'entrega al naturalisme d'una manera absoluta. D'aquesta època són les estàtues del *campanile* de Florència. El segon període va del 1425 al 1433. Donatello treballa junt amb Michelozzo (púlpit extern de la catedral de Prato, mausoleu del Papa Joan XXIII en el baptisteri de Florència). En la tercera època predomina el classicisme en l'obra del famós escultor (David, Cupido, Estàtua eqüestre de Gattamelata).

---

[11] *m. i f.* [HIH] Membre d'una facció partidària de la política dels papes, enfrontada als gibel·lins.

Tant es preocupà Donatello dels models de l'antiguitat que el cavall d'aquesta estàtua de Pàdua és gairebé una reproducció d'un dels cèlebres de la façana de Sant Marc de Venècia, portats de Constantinoble en temps de la quarta croada i que són els únics que es conserven actualment d'una quadriga romana. També en l'estàtua eqüestre de Marc Aureli, que es veu avui a la plaça del *Campidoglio* a Roma, va indubtablement inspirar-se l'artista florentí.

L'estàtua de Gattamelata fou erigida d'acord entre llur família i el Senat venecià. A la primera correspon la glòria d'haver-la encarregat a Donatello. Finalitzada l'any 1453, causà gran admiració i meresqué universal elogi. Sembla que per ella foren pagats a l'autor 1.650 ducats.

Gravat on es mostra el monument eqüestre a Gattamelata (1884)

LA BASÍLICA DE SANT ANTONI

Sant Antoni va néixer a Lisboa l'any 1195. El seu nom era Fernando Martim de Bulhões. No havia passat a Pàdua més que els darrers anys de la seva vida. Morí el 1231 a l'edat de trenta-sis anys al poble veí d'Arcella. Cosa prou sabuda és que entusiasmava tant a les multituds com a orador sagrat, que es veia molt sovint obligat a predicar a l'aire lliure perquè cap església era prou gran per a donar cabuda als nombrosos oients. Altres detalls de la seva vida no cal explicar-los, que si alguna ha assolit popularitat és aquesta, i són de tothom coneguts els seus miracles i les seves virtuts.

A la mort del sant, els habitants d'Arcella es resistien a entregar a Pàdua aquelles despulles mortals que aquesta ciutat reclamava, arribant fins a prendre les armes. Per fi el governador de Pàdua pogué convèncer als d'Arcella i fou traslladat el cos del sant a l'església de *Sancta Maria Matter Domini*, i al cap de poc temps s'acordà erigir la basílica.

Té aquesta basílica tres naus i sis cúpules, més la del santuari construït darrere l'absis l'any 1690. Segons Vasari, fou Nicolàs de Pisa qui va dirigir la construcció, cosa que no ha pogut comprovar-se ni sembla lògica.

L'arc ogival que s'hi veu utilitzat indica la influència de les arts del nord d'Europa, importades per l'orde dels franciscans. Les cúpules li donen un caràcter bizantí que recorda a Sant Marc de Venècia, i d'aquesta fusió i compenetració de divergents estils neix la gràcia singular d'aquest edifici.

Gravat on es mostra la basílica de Sant Antoni de Pàdua (Circa 1865)

La impressió que un rep en entrar-hi —parlo ara només que des del punt de vista de l'arquitectura—, no és la que s'esperava, certament. Ni la rica decoració en mosaic de les basíliques de Ravenna, ni la delicada labor d'escultura dels temples gòtics, ni l'elegància i sobrietat de les esglésies del pur renaixement, ni l'esplendor fastuosa del barroquisme en les obres correctes i elogiables. Més en les capelles laterals trobem tot el que en la nau central manca, i en elles cal una detinguda observació i admiració sense reserves.

La capella de Sant Feliu, construïda a la manera gòtica d'Itàlia en els darrers anys del segle XIV, és considerada com una obra mestra en el seu estil. Primitivament fou dedicada a Sant Jaume. Els frescos d'Altichiero de Zevio, mestre de l'escola de Verona —considerada superior, sobretot en el que fa referència al colorit, a l'escola florentina de Giotto di Bondone—són, junt amb les pintures de la veïna capella de Sant Jordi (obra del mateix autor), el més ferm que va produir la pintura a Pàdua en la seva època. A més de la magnífica «Crucifixió», són notables les escenes de la vida de Sant Jaume («El somni de *Don* Ramir», «La batalla de Clavijo», etcètera).

«Crucifixió» d'Altichiero de Zevio

Davant de l'anterior, a l'altre braç del transsepte, l'elegant capella *del Santo*, obra esplèndida del renaixement projectada per Andrea Briosco Riccio l'any 1500, sent dirigida per Giovanni Minello dei Bardi, al que succeí Giovanni Maria Falconetto, amb la col·laboració de Jacopo d'Antonio Sansovino. Setanta-set anys van durar les obres d'aquesta capella. Els baix relleus que representen escenes de la vida de Sant Antoni i els principals miracles són dels escultors que es nomenen a continuació:

- o **Jacopo d'Antonio Sansovino**: «Resurrecció d'una suïcida». Obra firmada com a Jacobus Sansovinus, esculpt. et architec. Florent. F. Va treballar l'autor en aquesta escultura durant vint-i-set anys (1536-1563).

- o **Antonio Lombardo**: «Miracle de l'infant», que acabat de néixer diu el nom del seu pare per a salvar a la mare d'una calúmnia. Porta també firma d'autor. Fou executat de 1500 a 1505. El caràcter grec de les figures, actituds i robatges sorprèn en aquesta obra.

- o **Minello dei Bardi**: «Entrada de Sant Antoni en l'Orde Franciscana». És aquest baix relleu el més fluix de tots. És mancat de caràcter i de composició imperfecte.

- o **Tullio Lombardo:** «Cura d'un home que s'ha trencat la cama». Firmat com a Tullii Lombardi Opus. És remarcable l'expressió tràgica de les figures. Del mateix autor: «Miracle de l'Avar». Una pedra és trobada en el lloc del cor en obrir-li el pit.

- o **Giovanni da Padova**: «Sant Antoni cura a una dona de les punyalades que en un accés d'injustificada gelosia l'hi ha inferit el seu home». Són dues escenes que es figuren en aquest baix relleu, agrupades com si es tractés d'una sola. La influència de l'escultura clàssica és ben manifesta.

- o **Giovanni da Padova** i **Paolo Stella**: «Aleardino, l'incrèdul, es converteix en veure que Sant Antoni tira un vidre contra una pedra i es trenca la pedra quedant el vidre intacte» (1520-1529).

- o **Antonio Minello** i **Jacopo d'Antonio Sansovino**: «Resurrecció d'un noi ofegat en un naufragi».

- o **Danese Cattaneo** i **Girolame Campagna**: «Sant Antoni ressuscitant un mort».

En l'altar, voltat de làmpades, canelobres i piadosos exvots, es conserven les relíquies del sant.

L'altar major de la basílica de Sant Antoni va ser executat per Donatello de 1446 a 1450.

Mentre l'escultor florentí treballava en l'estàtua eqüestre de Gattamelata, va obrir-se un concurs pel dit altar, guanyant-lo Donatello, el qui es feu ajudar per nombrosos deixebles, entre els quals es comptaven Nicola i Giovanni da Pisa.

Tan important és aquesta obra, i tan poc el temps que el fatigat viatger té per a estudiar-la i descriure-la, que no vol fer més sinó apuntar en el seu carnet el títol d'una obra que a la de l'altar fa referència. N'és l'autor Camilo Boito: *L'Altare di Donatello é le altre operen ella basílica Antoniana di Padova*» (Milà, 1897).

«Crucifixió» d'Altichiero de Zevio

D'UN SINGULAR RELLOTGE I ALTRES COSES

Des de l'interior de la *Loggia del Consiglio* faig un croquis del *Palazzo del Capitanio*. En primer terme, les columnes coríntes de la *loggia* —amb curiosos pedestals circulars— i les arcades esveltes. I, al fons, el palau que fou residència d'Ubertino III de Carrara, amb el portal que té tota la noblesa d'un arc de triomf. El rellotge de la torre (al centre de la façana) fou començat per Novello el 1528. Marca aquest rellotge les hores, els dies del mes, els signes del zodíac i les fases de la lluna. Moltes coses són aquestes per un sol rellotge, i així és com contínuament està en reparació. Car es distreu sovint d'assenyalar quelcom, cosa a la seva edat perfectament excusable, i fins i tot lògica. L'acabament de la torre no entra en el meu dibuix, ni la columna que sosté el lleó de Sant Marc, record de la dominació Veneciana.

Interior de la *Loggia del Consiglio* (Circa 1900)

Si no fos per aquesta feina, molta en tindria en descriure el pintoresc espectacle del mercat, que ara és ple d'animació i cridòria en la *Piazza dei Frutti* i en la *delle Erbe*, pròximes a la plaça de la Unitat d'Itàlia en la que jo em trobo.

Jo m'hi trobo, és cert, però qui seria que m'hi trobaria en cercar-me, amagat en aquest racó de la *loggia*, amb l'àlbum obert, dibuixa que dibuixa? Tan sols la intuïció meravellosa d'algun *cicerone* impertinent al qui mai el més discret i dissimulat viatger escapa.

Ara per ara, cap d'ells ha vingut a trobar-me, i no és això poca fortuna. Puc seguir sense obstacle la feina començada. Donaré una capa d'ombra a les columnes del primer terme, i així el *Palazzo del Capitanio* quedarà en més franca claredat i perspectiva.

Jo no sé si Annibale da Bassano i Biagio Rossetti Ferrarese (arquitectes dels cinc-cents, autors de la *Loggia del Consiglio*) reconeixerien aquestes columnes en el meu dibuix. Sens dubte les trobarien una mica massa elevades i amb una lleugera inclinació. En els detalls del motlluratge sí que he procurat ajustar-me a la veritat i aconseguir certa precisió. El *Palazzo del Capitanio* queda una mica esquemàtic. Com que no em sobra el temps, deixo els meus apunts i me'n vaig cap al *Palazzo della Ragione*.

En el gran rellotge de la torre són les nou i mitja. Tots els altres detalls astronòmics no m'interessen. Fa un sol esplèndid, un temps tranquil, suau temperatura, i amb això en tinc prou.

Palazzo del Capitanio (Circa 1900)

El Palazzo della Ragione

El *Palazzo della Ragione* va ser construït entre els anys 1172 i 1219 com a palau de justícia. El seu aspecte és imponent. És un dels edificis de l'arquitectura civil medieval més importants d'Itàlia. El seu emplaçament entre les dues places *dell Erbe* i *dei Frutti* contribueix al seu efecte sorprenent.

El projecte és de l'arquitecte Pietro di Cozzo di Limena. Tot el pis superior és ocupat per una sala única, verdaderament colossal (82 metres de llargada, 28 d'amplada i 24 d'alçada). Digne d'atenció és la manera de cobrir-se aquesta sala mitjançant arcs ogivals de fusta, quina estructura és exactament la mateixa que cregué haver inventat l'arquitecte francès Filibert de l'Orme, i que detalla en el seu llibre *«Nouvelles intentions»*. «Se'm va ocórrer un dia —diu en el pròleg— dir unes paraules a sa Majestat el Rei mentre estava assegut a taula. Però què? Els oients i assistents, per no haver sentit parlar de coses tan noves i d'un invent tan gran, de cop van retirar les meves paraules com si volguessin que el Rei —Enric II— escoltés algunes altres».

Palazzo della Ragione (Circa 1920)

Observa Choisy en l'*«Histoire de l'architecture»* que és quasi segur que Filibert de l'Orme no hagués vist mai la basílica de Pàdua (*Juris Basilica*). El cas és que el mateix Enric II de França va assistir a les proves de resistència d'aquests grans arcs de fusta formats per petites peces corbades i enllaçades sòlidament per travessers d'igual material. Això tingué lloc en l'*Hotel d'Etampes,* amb gran pompa i solemnitat molts anys després de la construcció del *Palazzo della Raggione*.

El sostre de la gran sala (que és tot el de l'edifici) va ser destruït per una tempesta el 1306. En restaurar-lo, el frare agustí Giovanni degli Eremitani va construir amb molt bon criteri les *loggias* o galeries laterals.

Moltes altres vegades ha sofert aquest edifici les injúries dels elements. La darrera restauració data del segle XVIII. Reparacions de més o menys importància s'executen contínuament.

Les pintures de Giotto di Bondone han desaparegut. Més de 319 frescos —posteriors a l'any 1420— decoren els murs laterals, i els seus assumptes estan relacionats amb la influència dels astres en el destí dels homes.

La impressió que fa aquesta sala (admirada per Goethe) és indescriptible. En ella es continuen els tribunals de justícia de la ciutat. En la part oposada a l'entrada hi ha un gran cavall de fusta construït el 1416 per a una festa pública. Un *cicerone* eloqüent ens explica amb tota serietat que és el model de l'estàtua eqüestre de Gattamelata, del mateix Donatello.

EL PRATO DELLA VALLE

No tan sols els bells edificis i els monuments grandiosos fan grans i belles les ciutats. Cal també una encertada urbanització, places, jardins on la verdor dels arbres i la remor del fullatge són alegria i esplai, tranquil refugi en suau oblit de les quotidianes inquietuds del viure.

En moltes antigues ciutats, la necessitat d'envoltar-se de muralles feia que l'espai fos tan aprofitat que els carrers esdevenien estrets, les places eren poques, i els jardins no existien.

En engrandir-se i transformar-se les velles poblacions, l'art de la urbanització pot fer-les plaents, o el desencert i el mal gust poden convertir-les en aglomeració monòtona i gens atractívola de mil diversos edificis, no tots elogiables.

Importantíssim és l'estudi d'aquestes qüestions per a tots els qui en els afers de la ciutat intervenen.

No és tasca petita aquesta, ni tan senzilla com en aparença figura. Molts són els tractats publicats sobre la matèria en tots els països de cultura. Algunes exposicions interessantíssimes s'han fet de l'art de la urbanització. Admirables conjunts de ciutats ideals s'han projectat. També en les ciutats jardins, en les modestes colònies obreres, les qüestions estètiques hi són, molt encertadament, tingudes en compte.

Però aquí, com en totes les arts, no podrà prescindir-se de la tradició i de l'estudi del què es feu en altre temps. Que si en tantes coses arribaren els nostres avantpassats a l'excel·lència i mestratge, no en aquesta —quan ocasió i oportunitat se'ls presentava— havien de donar-nos prova d'ineptitud.

L'any 1770, Andrea Memmí, governador nomenat per la república de Venècia, tingué l'encertada idea de convertir el *Prato della Valle* (prat on pasturaven els remats i on acampaven les caravanes nòmades) en el que és avui la gran plaça de *Vittorio Emanuelle*.

No és aquesta plaça un centre de ciutadana activitat, sinó un lloc apetible del suburbi. Des de l'any 1275 es fan en aquesta esplanada les curses de cavalls i les grans festes del 12 de juny, commemoratives de l'alliberació de Pàdua de la tirania feudal d'Ezzelino Romano.

Un gran espai el·líptic ve envoltat d'un fossat convertir en canal pel qual circulen aigües tranquil·les. Una doble balustrada tanca aquest espai ornat de parterres i amb plàtans altíssims. Seguint els diàmetres de l'el·lipse, dos passeigs centrals que es tallen en angle recte (acabat amb ponts sobre el canal, que donen accés a l'*square* grandiós) formen en el centre una plaça circular.

Prato della Valle (Circa 1920)

En els pedestals que interrompen de tant en tant la balustrada es veuen les estàtues dels fills insignes de la ciutat, dels homes notables que han influït en els destins d'aquesta, o simplement dels que han tingut amb ella alguna relació. El nombre de figures passa de vuitanta (entre elles les d'alguns alumnes de la seva universitat, un temps famosa, i que va arribar a tenir sis mil estudiants). Orgullosos estan a Pàdua d'haver pogut reunir tan nombrosa galeria d'il·lustres personatges. Prova és aquesta del prestigi que aconseguí llur ciutat en la història. I encara, segons expliquen, moltes més estàtues serien necessàries per a complir amb generositat i estricta justícia.

No hi manquen, però, les de Tit Livi, les de Joan Sobieski i Esteve Bathory, reis de Polònia, ni les de Galileu, Petrarca, Ariosto i Tasso.

Una *loggia* o tribuna serveix de presidència en les curses de cavalls del mes de juny. Adornen aquesta construcció, feta a la manera gòtica, les estàtues de Giotto di Bondone, el pintor florentí, i de Dante, el sublim poeta. Jo no sé per què en aquest lloc singular el poeta i el pintor foren col·locats. No obstant això, cosa és aquesta que no mereix irònic comentari, ja que parla altament de l'esperit d'un poble que àdhuc en cosa de festa i joc trivial vol honorar i venerar els seus grans homes.

A mitja tarda, fresc per l'ombra plaent de l'espès fullatge, és aquest un lloc que invita al repòs. Més ai! Que aquesta invitació no pot avui ser acceptada. Que allí on les hores passen amb més calma, com breu instant escapen al viatger.

L'ESGLÉSIA DE SANTA GIUSTINA

L'església de Santa Giustina, prop del *Pratto della Valle*, és un dels temples més ben resolts des del punt de vista arquitectònic del renaixement italià. Tant per les proporcions esveltes com per l'austeritat i elegància de les tres naus, mereix l'admiració més entusiasta.

Basílica de Santa Giustina (Circa 1900)

El projecte va ser traçat per Girolamo de Brescia, frare i arquitecte, el qui no assolí veure més que els principis de la construcció, sobtant-lo per desventura la mort quan tot feia esperar d'ell obres que haurien posat el seu nom al costat dels mestres insignes, honor del seu poble.

El primer projecte fou modificat el 1505 per Sebastiano da Lugano, i més tard per Andrea Briosco de Pàdua. L'arquitecte venecià Alessandro Leopardi dirigí les obres que va prosseguir Andrea Morone, donant aquest darrer el caràcter que avui té l'edifici.

En l'altar major hi ha el magnífic «Martiri de Santa Giustina» de Paolo Veronese. Un crític modern escriu el següent respecte a aquesta obra: «Mai Veronese ha ajuntat tanta esplendor a més gran ciència, ni més harmonia a tan extraordinària potència, ni més llibertat a més exquisida correcció».

Difícil seria descriure aquesta gran composició en què la dolorosa escena és tractada aparatosament en la part inferior, apareixent en l'alt, celestial visió. Al fons, darrere la multitud que contempla el martiri de la santa, apareix entre celatges la basílica de Sant Antoni de Pàdua, amb llurs gracioses cúpules bizantines que recorden a les de Sant Marc de Venècia, i algunes altres torres de la ciutat.

Els carreus del cor de l'església de Santa Giustina són obra també notabilíssima. Magnífiques escultures i relleus l'embelleixen.

Fent aquí alguns dibuixos i croquisant la planta i la secció longitudinal, se'm fa fosc. Retorno calmosament cap al centre de la ciutat. Després de sopar passo una estona en el cafè *Pedrocchi*, instal·lat en un edifici ex professo, construït fa alguns anys, de noble i bella arquitectura clàssica. Llegeixo els diaris del dia, poc interessants, i escric alguna lletra als amics.

Cafè *Pedrocchi* (Circa 1900)

LA PINTURA A PÀDUA. GIOTTO DI BONDONE I ANDREA MANTEGNA

Més que un estudi sobre aquests dos insignes pintors, serà aquest un record breu, oportú ara que som a Pàdua, perquè en aquesta ciutat han deixat ambdós mestres part importantíssima de la seva obra.

Giotto hi arriba en els primers anys del segle XIV, convidat per la família Scrovegni a decorar la capella que es construí en el mateix enclavament de l'antic amfiteatre romà, d'on li ve el nom de *Madonna dell'Arena*. Trenta-vuit són les composicions executades al fresc. Els seus assumptes són presos de la vida de la Verge i la de Jesucrist, i a més hi ha el «Judici Final», l'«Infern» i el «Paradís». Si la figura humana comença a ser rica de contingut psicològic, les personificacions de qualitats abstractes i els símbols religiosos adquireixen, gràcies a l'obra de Giotto, tanta precisió i claredat que han de servir de model a tots els artistes que tractaran successivament aquests assumptes.

Gravat de 1842 on es mostra la *Madonna dell'Arena* (esquerra) i un palau adquirit i decorat pels Scrovegni.

«El conjunt d'aquestes pintures —diu un autor— marca una època no tan sols en la història de l'art, sinó en la mateixa història de l'esperit humà».

Giotto, auxiliat pels seus deixebles, treballà tres anys seguits en la *Madonna dell'Arena*.

Separant-se de la rigidesa de la primitiva pintura cristiana, dona vida i sentimental expressió a les figures estudiant en la natura les actituds dels personatges i la forma de tota cosa, trencant els formalismes de l'època anterior —impregnada dels principis bizantins d'un art rígid, hieràtic, inexpressiu i convencional— i preparant així el camí a tot l'art que havia d'arribar.

De la seva iniciació en l'art de la pintura ens parla Giorgio Vassari, qui ens explica com Giotto nasqué a Vespignano, prop de Florència, i a l'edat de deu anys guardava un remat de xais. Portat per llur inclinació dibuixava en les roques o en la sorra els models que la natura li oferia. Passava un dia Cenni di Pepo Cimabue, el pintor, per casualitat, i en veure'l en tal ocupació en restà meravellat, demanant-li si volia seguir-lo, que ell l'ensenyaria a pintar molt belles coses. Aquesta és la narració de Giorgio Vassari, i no sembla pas inversemblant ni exagerada. Més un deliciós escrit anònim del segle XIV dona per ingènua versió que no s'adapta al que ens diu el mestre d'Arezzo. Aquest anònim del *Trecento* diu així:

«Giotto també va ser pintor i gran mestre en aquell art, tant és així que no només a Florència, on va néixer, sinó que el seu nom va córrer per tota Itàlia. I es diu que el pare de Giotto l'havia posat en l'art de la llana, i que cada cop que anava al taller, saltava i anava a l'estudi de Cimabue. El pare li va preguntar al treballador de llana que amb qui havia col·locat a Giotto, com ell va fer. Ell va respondre: "no ha estat per aquí en molt de temps". Recentment ha descobert que roman amb els pintors, on la seva naturalesa el va atraure. Seguint els consells de Cimabue, el va dur de l'art de la llana a pintar-la».

Del seu origen de pastor sembla provenir-li la facilitat amb què interpretà les actituds de les bèsties que sovint col·loca en els seus quadres (xais, gossos, etcètera) i la veritat en el moviment, cosa que amb dificultat aconseguiren els mestres del cinc-cents. Leonardo da Vinci fa observar això mateix. Giotto col·loca els seus assumptes en plena natura, més sempre tant els paisatges com els fons d'arquitectura són per a ell cosa secundària.

El talent de Giotto en la composició de les escenes i en l'agrupament de les figures es manifesta en els frescs de Pàdua d'una manera esplendorosa. Dels seus estudis literaris i filosòfics en dona proves en la interpretació i representació dels símbols, i en general en tots els detalls de llur producció.

Gran amic de Dant en son sojorn a Pàdua, sembla que l'autor de la *Divina Comèdia* li donava indicacions i consells, corregint a vegades els seus croquis.

Diferents escenes de la vida de Jesucrist (d'esquerra a dreta i de dalt a baix): «Adoració dels Mags», «El Darrer Sopar», «Fugida a Egipte», «Matança dels Innocents», «Resurrecció de Llàtzer» i «Expulsió dels mercaders del Temple»

Giotto fou en vida tant apreciat pels intel·ligents com admirat pels profans. Entusiasmava a les multituds, i ben aviat en país d'artistes guanyà un lloc preeminent. Ja hem vist en el citat anònim que «*no tan sols a Florència, on era nat, sinó que per tota Itàlia va córrer el seu nom*». Dant ho reconeix quan en el seu «Purgatori» diu: «*Credette Cimabue nella pittura. Tener lo campo, ed ora ha Giotto il grido, Si che la fama di colui oscura*».

Els frescs de l'església d'Assís, els de les capelles Peruzzi i Bardi en l'església de *Santa Croce* de Florència, i les composicions de la *Madonna dell'Arena* a Pàdua, són el més notable que es conserva del mestre florentí. Si molt gran fou la seva producció i insuperable llur activitat, no fou menor la seva influència en l'evolució de la pintura, ja que amb raó pot dir-se que amb ell comença el renaixement.

«Històries de Sant Joan Baptista i de Sant Joan Evangelista» a la capella Peruzzi de la *Santa Croce* de Florència (Circa 1310-1311)

L'estudi total de l'escola de Giotto seria feina massa entretinguda. Únicament aquí correspon assenyalar dins de la ciutat de Pàdua els artistes més influïts pel seu art.

Guariento di Arpo, fill de Pàdua, podia posar-se al costat dels pintors toscans. La major part de l'obra d'aquest pintor ha sigut destruïda. Els frescs que es troben en el cor de l'església dels Agustins han sofert tantes restauracions que en quasi res pot apreciar-se l'obra primitiva.

Molt havia treballat Guariento a Venècia, particularment en la decoració del Palau Ducal. En una de les sales del Museu Cívic de Pàdua es conserven algunes figures d'aquest autor (La Verge, Sant Mateu, etcètera).

Giovanni Nicolò Miretto va contribuir en la decoració de la gran sala del *Palazzo della Ragione*.

Les pintures del baptisteri són degudes a Giusto Padoviano, Giovanni i Antonio Padova.

En les pintures de la *Madonna dell'Arena* s'inspiraren Altichieri da Zevio (1320-1382) i Jacopo d'Avanzo pels vint-i-un frescos de la capella de Sant Jordi (prop de la basílica de Sant Antoni). Són escenes de la vida de Sant Jordi, Santa Llúcia i Santa Caterina, i fan honor a l'Escola Paduana de Pintura, que ha sigut tan discutida —i fins i tot negada—, confonent-la sovint amb la de Venècia, sent així que en res s'hi aproxima, estant potser encara més lligada —per la influència de Giotto— amb l'escola Florentina.

Pintures d' Altichieri da Zevio a la capella de Sant Jordi de Pádua (Circa 1384)

Si les petjades de Giotto foren seguides pels artistes de l'Escola de Pàdua, a la que modernament són molt pocs els qui concedeixen personalitat pròpia i caràcter definit, confonent-la sovint amb l'Escola Veneciana quin caràcter contrasta vivament amb el d'aquella, científica, enèrgica, precisa, àrida i seca, més estudiosa de la línia que de la taca de color, i ja celebra quan l'art venecià era tot just en son començar—, de Florència havia d'arribar també un nou impuls. Més no ara el d'un pintor. Donatello, que en l'escultura clàssica trobava exemple per a les seves obres, en el seu sojorn a Pàdua —a on havia vingut per a treballar en l'estàtua eqüestre de Gattamelata— desvetlla poderosament l'amor a l'art antic de Grècia i Roma.

Més és ben cert que no és únicament a ell que tal moviment és degut. Francesco Squarcione, singular i enigmàtic artista, erudit i arqueòleg, emprengué amb entusiasme el mateix camí. Dos són les obres que s'han conservat només d'aquest mestre. Una, que es veu en el Museu de Pàdua, és un retaule amb un enquadrament gòtic italià de la darrera època i de pèssim gust. Sembla que es tracta de la *«Glorificazione di San Gerolamo»*. En el compartiment central s'hi representa a Sant Geroni, que, distret un instant de la lectura, contempla alguna cosa que no ve representada en el quadre. Al fons, un edifici en ruïnes, apareixent el paisatge entre els murs d'una estabilitat poc versemblant. En els quatre compartiments laterals (dos a cada banda) hi figuren Sant Joan Baptista, Santa Llúcia, Sant Antoni Abat i Santa Justina.

L'altra obra es conserva a Berlín (*«Vergine col Bambino»*). Revelen aquestes produccions el caràcter enèrgic de l'autor. Les línies són accentuades fins a la violència. Els robatges hàbilment dibuixats, i també els fons arquitectònics, malgrat apartar-se un xic de les lleis de l'estètica.

No haurien fet aquestes dues obres la reputació i glòria de Squarcione, deguda més que a elles als seus deixebles, entre els quals destaca Andrea Mantegna[12], considerat fins fa poc com fill de Pàdua, més ara sembla que amb raó Vicenza li disputa tal honor.

Cal insistir un moment sobre la personalitat de Squarcione abans de passar davant. En una obra publicada en el segle XVI per Bernardino Scardeone, se'n donen les següents interessants particularitats:

«Era un home de gran criteri en l'art de la pintura, més amb poca pràctica. Havia reunit en el seu estudi un gran nombre d'estàtues i quadres amb els quals forma el talent de Mantegna i dels seus condeixebles. De totes maneres, la seva anomenada reputació era tal que l'emperador Frederic II, en passar per Pàdua, el feu comparèixer a sa presència i conversà amb ell una bona estona. Sant Bernardí i diversos prínceps i cardenals vingueren a visitar-lo. Era un dels rars artistes que havia viatjat per la Grècia, de la que dugué nombrosos records i molts dibuixos que feia servir per a l'ensenyament».

Andrea Mantegna (1431-1506) és un dels grans mestres de la pintura italiana. Gran admirador del fet clàssic, i no menys observador i estudiós de la natura, és el seu art difícil de definir perquè uneix alguns dels aspectes dels primitius a la serena majestat romana.

---

[12] (Nota de l'autor) També foren notables entre els deixebles de Squarcione, Marzo Zoppo, Schiavone, Dario i Girolamo da Treviso, Buono da Ferrara, Cosimo Tura i Galassi.

Fill del camp, com Giotto, guardava també un remat quan Squarcione, en descobrir les seves facultats meravelloses, no content de prendre'l com a deixeble, l'adoptà com a fill.

Amb disset anys ja pintava un gran quadre per a l'altar major d'una església de Pàdua. Des del primer moment es distingí per l'energia i precisió del dibuix i la rara habilitat del pinzell. Els frescos de la capella de Sant Jaume i Sant Cristòfor, en els *Eremitani*, li foren encarregats per son mestre Squarcione, el qual, en rebre la comanda de decorar tal capella, va reunir als més avantatjats deixebles, repartint-los-hi la feina i reservant-se, segons el costum, la direcció general.

Tenia Mantegna vint-i-dos anys en començar aquestes pintures, i en elles va emprar-n'hi sis. Pot seguir-s'hi l'avenç que en el seu art fa el jove artista. Ja no són tan sols les lliçons del mestre, ni els principis de Donatello que s'hi observen. Paolo Uccello, Filippo Lippi, Jacopo Bellini sojornaren a Pàdua, i no deixaren amb son exemple d'assenyalar a Mantegna noves orientacions.

Són els assumptes dels frescos dels *Eremitani* episodis de les vides de Sant Jaume i Sant Cristòfor, i sembla que meresqueren forta censura de Squarcione. Segons maledicència d'historiadors, més que per defecte en l'obra, fou produït el disgust del mestre perquè Mantegna s'havia promès amb la filla de Jacopo Bellini, el seu rival en l'art de la pintura.

Són les figures d'aquests frescos tan resoltes i definides en actitud, i tan acusades de contorn, que es dirien imitació d'estàtues. Els grans conjunts d'arquitectura en què es desenrotllen les escenes, són composts sàviament amb gran fidelitat i coneixement de les estructures, i segons llei de perspectiva.

Alguns d'aquests frescos, especialment la part inferior del «Martiri de Sant Cristòfor», són molt deteriorats.

Abans de ser acabats, les contínues crítiques de Squarcione van motivar tan gran ressentiment i disgust en Mantegna que va trencar per sempre tota amistat amb el seu mestre, anul·lant els tribunals de Venècia el pacte d'adopció com a fill, que, segons el jove pintor, havia sigut fet sense la seva conformitat. Això passava en el mes de gener de 1455. Feia només un any que Mantegna era casat amb la filla de Bellini.

La família Gonzaga de Màntua protegí a Mantegna encarregant-li la decoració d'algunes sales del seu castell i altres treballs en la ciutat. A Roma, en el Vaticà, va fer els frescos (avui desapareguts) de la petita capella del Palau Apostòlic. Les seves obres de cavallet són nombroses en els museus d'Itàlia.

Va distingir-se també com a gravador. Una vintena de gravats són els que es conserven, la majoria d'assumpte religiós, i d'altres d'història i mitologia[13].

Albert Dürer havia admirat i copiat l'obra de Mantegna. Algun dels seus gravats són reproduïts dels del pintor de Pàdua[14]. Prova és aquesta de la universal anomenada de Mantegna, i de son indiscutible mestratge.

Interior i exterior de la tomba de Dant

---

[13] (Nota de l'autor) Vegis «*La Gravure*» de Henri Delaborde, de la *Biblioteque de l'Enseignement des Beaux Arts*.

[14] (Nota de l'autor) Vegis «*Les Maitres de l'Art. Albert Dürer*» de M. Hamel.

VERONA

Representació del templet de *San Pietro in Montorio*, a Roma, obra de l'arquitecte
Bramante. Dibuix realitzat per Joan Bordàs Salellas l'any 1911
(Arxiu Municipal de Sant Feliu de Guíxols | Fons Joan Bordàs Salellas)

AGOST DE 1911

L'AMFITEATRE

No als combats de gladiadors ni a les lluites de feres, com en el temps del paganisme, més si a un espectacle innocent i banal que es dona avui en l'amfiteatre, és que acudeix aquesta multitud.

Una companyia d'acròbates el té llogat per una sèrie de funcions. No deixa això de sorprendre'm i admirar-me. Més la meva sorpresa és encara major quan veig que el preu únic d'entrada és de vint-i-cinc cèntims. Amb això jo no hi faria cap comentari, que poca cosa és el que m'interessa, si no fos que ordinàriament —com és fixat per a tots els museus, ruïnes i monuments importants d'Itàlia— per a visitar l'amfiteatre de Verona deu pagar-se una lira.

Afortunat turista, que avui tindràs pintoresc espectacle, arqueològica fruïció, i et guanyaràs a més setanta-cinc cèntims!

Gravat de l'amfiteatre de Verona (Circa 1880)

Les grades van omplint-se, i això al viatger recorda la bàrbara festa de les terres d'Espanya. Dura un instant, només, la il·lusió. Aquesta multitud no és pas aquella. Aquesta multitud fa una altra remor, més apagada, com si fos temorosa d'estridència. Cada un ocupa el seu lloc, i espera, i parla poc. Els infants abunden. L'única nota pintoresca i que dona caràcter són els emplomats capells dels *bersaglieri*.

En l'arena, res de preparacions tràgiques. Un atleta descolorit, una *ecuyere* anèmica, i un pallasso ridícul donen l'últim cop de mà als diversos aparells gimnàstics.

Una murga que amenitza la funció, amb gran alegria de la impacient gentada emprèn un airós pasdoble. Començarà d'aquí poc l'espectacle.

En això he arribat a la part més elevada de l'edifici. Entre les grans arcades es descobreix magnífic panorama. Deixo des d'aquest punt als macilents gimnastes i a la multitud tèrbola, per a entregar-me a més profitosa observació i a estudi més necessari.

L'època en què fou construït aquest amfiteatre és incerta. El més probable és que sigui del temps de l'emperador Domicià. Té, com a tots els edificis d'aquest gènere (amfiteatre Flavi a Roma, els de Pompeia, Càpua, Arlès, Nimes, etcètera), la forma d'una el·lipse. El seu major diàmetre és de 154 metres, i el menor de 123 metres. L'arena o espai destinat als espectacles és de 75 x 45 metres, quedant tota la resta ocupada per l'edificació (galeries, grades, etcètera).

Només en una petita part té el mur exterior tres pisos d'arcades. Dos són els pisos en tot el que resta. De l'examen i anàlisi de la construcció pot deduir-se'n que l'amfiteatre de Verona no va ser completament acabat. Més en les lletres de Plini s'hi fa esment de les grans festes que s'hi donaren. La raó d'haver-se inaugurat abans de la finalització no l'han aclarida encara els historiadors de la ciutat.

És aquest amfiteatre més petit que el de Roma (que té 187 x 155 metres). D'alçada té 33 metres. La capacitat era per a uns 25.000 espectadors. És un monument remarcable i digne de ser estudiat. Les restauracions que s'hi ha fet han estat nombroses.

El sol davalla lentament i es perd entre boires, en l'horitzó. Al so marcial de la darrera marxa infinitament desafinada, la multitud desfila.

LA PIAZZA DELLE ERBE

Verona és en molts conceptes una ciutat digna de ser visitada. La gran importància que va tenir en època romana feu que les restes dels seus monuments fossin encara considerables en temps del renaixement, sent aquests molt estudiats pels artistes.

Sobre la fundació de Verona, les opinions dels historiadors no es posen d'acord. Pot assegurar-se que formà part del territori etrusc, sent ja ciutat importantíssima. Va ser dominada després pels Gals. Dos segles abans de Jesucrist fou agregada a l'imperi de Roma.

Entre els seus fills il·lustres trobem a Catul, el poeta llatí, i a Vitruvi, el famós arquitecte de l'emperador August.

Per llur situació fou aquesta ciutat molt cobejada en els primers segles de l'era cristiana. Odoacre va escollir-la com a capital. Teodoric, derrotant a Odoacre, va establir-s'hi l'any 489 tenint una residència tan important com la de Ravenna. El geni constructor d'aquest sobirà va embellir-la alçant en ella magnífics palaus, voltant-la de muralles, reconstruint els aqüeductes i edificant unes grans termes.

La dominació llombarda del segle VI no va ser de gran durada. Sota l'imperi de Carlemany fou pròspera i florent. Son fill, proclamat rei d'Itàlia, va escollir-la com a capital.

En el segle XII, Verona prengué la iniciativa de la revolta dels Estats Venecians. Caiguda en poder dels Gibelins, estigué sota el domini d'Ezzelino Romano, senyor de Pàdua.

Els Escaligers (família *della Scala*) governaven la ciutat des del 1259. D'aquest període són els més importants edificis medievals que es conserven a la ciutat. En el segle XV va entrar en la república veneciana.

L'una és perpendicular a l'altre. La *Piazza delle Erbe*, centre de la vida popular. La *Piazza dei Signori*, refugi de l'aristocràcia, baluard de la noblesa en temps de revolta.

Aquestes dues places serien prou per a fer admirar la Itàlia a qui en desconegués tota altra cosa. El sol hi bat de ple en aquest bell matí del mes d'agost. En la primera, el mercat sorollós, com un rusc d'humanes abelles brunzents sota el sol de l'estiu. En la segona, la calma i solitud.

En la *Piazza delle Erbe* cap dels seus costats és igual ni paral·lel a l'oposat. Irregularitat deliciosa. A l'entorn, variats edificis d'èpoques diverses.

En la fontana construïda en temps de Berenguer I s'hi ha emprat fragments d'edificis antics. Tot un curs d'història i d'arquitectura pot estudiar-se, des de la gòtica *Casa dei Mercanti* al *Palazzo Maffei*, de gust barroc, coronat d'estàtues.

La *Casa Mazzanti* conserva les pintures al fresc de la seva façana. Fins a mitjans del segle XVI, a Verona era freqüent prescindir en els palaus senyorials de la decoració arquitectònica, substituint-la per grans composicions pictòriques.

Una columna de marbre, isolada, sosté el simbòlic «lleó de Sant Marc», testimoni i record del domini de la república de Venècia sobre la ciutat.

L'altra torre de la Casa Comunal, de 83 metres, domina —com un guardià en tot temps vigilant— tota l'extensió de la ciutat.

La *Piazza delle Erbe* (Circa 1890)

LA PIAZZA DEI SIGNORI

En la *Piazza dei Signori* l'edifici més important és la *Loggia del Consiglio*, del famós arquitecte veronès Fray Giovanni Giocondo. Llur analogia amb la Casa de l'Ajuntament de Brescia ha fet que s'atribuís el seu projecte a l'arquitecte Formentone.

És freqüent trobar a Itàlia, especialment en les ciutats del nord, uns edificis quina estructura es redueix a un ampli pòrtic obert al públic en la planta baixa, i una gran sala en el pis superior. Aquests edificis solen portar el nom de *Palazzo della Raggione*, del *Pretorio* o del *Consiglio*. La seva funció, perfectament manifestada en la seva composició, era la d'administrar justícia i celebrar grans reunions o assemblees. La *Loggia del Consiglio* de Verona és el més bell d'aquests edificis, encara que no el de majors proporcions.

Les arcades de la planta baixa en l'obra de Fray Giocondo són vuit, i són sostingudes per sis columnes aïllades i quatre adossades a pilastres corínties (una en cada extrem i una altra en el centre de la façana). El pis superior és dividit en quatre zones per belles pilastres. Unes, continuació dels muntants de la planta baixa, i altres a plom de dues columnes. En cada un d'aquests compartiments hi ha una gran finestra geminada, rematada pel frontó circular tangent a la cornisa. És aquesta de bon dibuix i bella proporció. Per sobre d'ella, com a coronament de l'edifici, cinc grans estàtues es corresponen amb cada un de les pilastres de la façana, sense que existeixi ampit ni balustrada.

Aspecte de la *Loggia del Consiglio* (Circa 1930)

És la *Loggia del Consiglio* el primer edifici en què es col·locaren estàtues en la part alta. Són aquestes les figures de Cornelius Nepos, Catul, Vitruvi, Aemilius Macer i Plini, tots ells considerats —amb més o menys fonament— com a fills de la ciutat.

En son conjunt, és aquesta una obra exquisida. Les proporcions són elegants i esveltes, i són finament treballats tots els detalls, tal com sovint sol veure's en les meravelles del *Quattrocento*.

La *Piazza dei Signori* podia en altre temps quedar tancada com una fortalesa. Tots els carrers que hi menen acaben amb una arcada que tenia una porta. Avui, en què les lluites entre la noblesa i el poble no ensagnen ja els carrers, deixen aquestes arcades sempre el pas lliure i embelleixen i donen un aire d'intimitat en aquest lloc. La que fa costat a la *Loggia del Consiglio* és com un arc de triomf de petites dimensions. La seva cornisa és continuació de la planta baixa de l'edifici. En la part superior hi ha l'estàtua del metge Girolamo Fracastoro, feta per l'escultor Danese Cattaneo l'any 1559.

No menys dignes d'atenció i estudi que la *Loggia*, obra mestra del frare arquitecte, són el *Palazzo dei Giureconsulti* i el de la *Raggione*.

El primer és del segle XIII, més en el XVI fou reconstruït, perdent en bona part el seu primitiu aspecte. Del segon (antic palau de justícia fundat el 1183) el més interessant és el pati (*Mercato Vecchio*), elegantíssim, amb les finestres trigeminades, les filades de l'obra alternades de color, i les ornamentacions de la cornisa. Una superba escala externa, de dos grans trams, ocupa un angle del pati. Va ser construïda aquesta escala (del mateix tipus que la del *Borgello* de Florència) en els primers anys del segle XV.

Un altre edifici en la mateixa plaça és la *Preffectura*, que ocupa els dos antics palaus dels Escaligers Martino I i Cane Grande,

Escala del *Palazzo della Raggione* (Circa 1860)

que s'han transformat per successives restauracions. Té la prefectura un portal de l'arquitecte Michele Sanmicheli.

Plau-me la calma d'aquesta plaça, plena de sol i solitària. Que passin i transitin de tard en tard l'atrafegat ciutadà i la neguitosa caravana de turistes guiada per *cicerone* pretensiós. Jo esperaré aquí el migdia, mirant i admirant totes aquestes coses.

Perdó! Noble figura del Dant[15], austera i pensativa, que estimes la solitud en aquest bell redós. Que si has pogut fins ara aguantar difícil equilibri en mesquí pedestal, bé sabràs també patir un instant la impertinent companyia d'un pobre viatger que d'aquest bell lloc s'allunyarà amb recança!

---

[15] (Nota de l'autor) L'estàtua de Dant, en el centre de la plaça, és un monument modern que tot i ser discret no escau en aquest emplaçament.

Piazza dei Signori amb la *Loggia del Consiglio* i l'estàtua de Dant a l'esquerra, i amb el *Palazzo del Podestà* al centre (Circa 1940)

FRAY GIOVANNI GIOCONDO (1435-1515)

En un estudi de Gallotti sobre la construcció de ponts en el segle XX, publicat l'any 1906 per la casa Hennebique de París, s'hi troba escrit:

«Quan l'any 1500 es tractava de reconstruir el pont de Notre-Dame de París, que acabava de ser destruït sobtadament per una inundació, no vam anar fins a Verona per a buscar a l'especialista més famós en aquell temps, el germà Joconde, que va ser el primer a aplicar el principi de cimentació sobre pilots enfonsats al riu, mentre que fins llavors o es feia prou amb assentar les primeres capes dels pilots a sobre de bigues enredades, col·locades planes en el fons de l'excavació, necessàriament poc profundes, i al voltant de les quals en causar fregament provocava l'encongiment del llit ràpidament?

Aquestes tasques han sigut sempre la causa més freqüent de ruïna dels ponts. La base sobre pilots va ser, per tant, una millora significativa».

El fet recordat per Gallotti no és més eloqüent que l'elogi més gran que del frare de Verona es pogués escriure? A París una riuada del Sena s'emportà el pont de Notre-Dame. I llavors no es pensa sinó en Fray Giocondo per a encarregar-li la reconstrucció!

Molts són els qui el consideren tant enginyer com arquitecte. A Venècia i a París, en efecte, més que per les obres de l'art arquitectònic, es distingeix en la construcció de ponts, canals i fortificacions. Són per ell dirigides les fortificacions de Treviso. A Venècia feu un projecte pel pont de Rialto, destruït per un incendi.

El conegut per *Ponte della Pietra* (Verona), en el que es conserven dues arcades de l'època romana, va ser reconstruït (i avui es conserva perfectament) per Fray Giocondo. També és important el seu paper en la construcció de la basílica de Sant Pere de Roma.

Ponte della Pietra amb les dues arcades romanes originals (Circa 1900)

Mort Bramante l'any 1514, al cap de poc fou nomenat Rafael arquitecte director. Fray Giocondo i Giuliano de San Gallo eren els consellers i mestres del portentós artista d'Urbino. En una carta de Rafael al seu oncle Simone di Ciarla, escrita el primer de juliol de 1514, s'hi llegeix:

> «Respecte al meu sojorn en la ciutat de Roma, jo no puc, per amor als treballs de Sant Pere, passar molt de temps en altre lloc, ja que tinc la plaça de Bramante.
> I quin lloc del món és més digne que Roma? I quina empresa és més digna que la de Sant Pere, que és el primer temple del món?
> És el més gran edifici que s'hagi vist, i costarà més d'un milió d'or. Sabeu que el Papa ha resolt emprar 60 000 ducats anuals per aquests treballs i ja no pensa en altra cosa? M'ha posat d'ajudant un frare molt savi. Té vuitanta anys. Veient que ell no ha de viure molt temps, m'ha donat per company aquest home de gran reputació i saviesa perquè si ell té algun bell secret en matèria d'arquitectura, jo el pugui aprendre i arribar així a la perfecció en aquest art. El seu nom és Fra Giocondo. El Papa ens crida cada dia i parla amb nosaltres d'aquesta construcció molta estona».

Sembla que els únics treballs que es dugueren a bon terme en la basílica de Sant Pere de Roma sota la tutela de Fray Giocondo van ser els de reforç dels quatre grans pilars que sostenen la cúpula, que per haver sigut construïts defectuosament amenaçaven ruïna.

Durant un temps, la majoria de les obres del renaixement francès s'atribuïren a mestres d'Itàlia. Així, «*Chambord*» a Domenico de Cortona, «*Fontainebleau*» a Serlio, «*Gaillou*» a Fray Giocondo. L'estudi dels arxius ha anat aclarint la història de l'art i avui ja no són tan grans les confusions en aquesta matèria.

Són suficients, tanmateix, per a la glòria de Fray Giocondo, a més dels seus treballs d'enginyeria, l'edificació de la *Loggia del Consiglio* de Verona i la *Loggia del Vescovo* de Vicenza.

Els seus estudis literaris i d'erudició demostren la gran i universal cultura del mestre del Renaixement.

EL CEMENTIRI DELS ESCALIGERS

En aquesta hora cau sobre la ciutat una pluja d'enervament. Les campanades, que des d'una alta torre pausadament ressonen, vibren intenses en la solejada quietud de la tarda d'estiu, penetren juganeres per l'ombra de les tortuoses i estretes vies, volen per l'ample espai, i es fonen en la gran serenor del cel.

Dos obrers passen, i son pesat caminar retruny sorollosament. Tomben els dos obrers per una cantonada. I tot torna a quedar en gran silenci, dins de la gran claredat.

El cementiri dels Escaligers és al costat de l'església de *Santa Maria Antica*. És de les obres més sumptuoses que ha produït el gòtic italià. Seria aquest un magnífic moment per a fer llarg estudi sobre l'especial caràcter de l'art ogival en aquesta terra en què foren vives en tots temps les

Tomba de Cangrande al voltant de 1910-1916 (The British Museum)

clàssiques tradicions. Més jo espero trobar en altra anàloga ocasió, que no es tracta tampoc de repetir estudiat sermó davant de cada monument notable.

Damunt de la porta lateral de l'església hi ha el sepulcre més senzill, i també el més antic (el de *Cangrande della Scala*), fora del recinte tancat per la magnífica reixa de ferro forjat en què s'alcen els admirables mausoleus de Mastino II i Cansignorio.

Cangrande, senyor de Verona, va morir el 1329 a l'edat de trenta-vuit anys. Estès al cim del bell sarcòfag, l'escultor ens ha donat la imatge del protector de Dant. Quatre columnes, dues d'elles en volada obre el mur, sostenen el coronament format per una piràmide truncada que sosté una admirable estàtua eqüestre.

En el sarcòfag hi veiem, en la cara principal, el bust de Jesús, i a un costat i altre respectivament, la Verge agenollada i l'àngel de l'Anunciació.

Aquest sarcòfag es recolza en dos cans que sostenen els escuts de la família *della Scala*. Entre ells, en caràcters gòtics hi ha aquesta inscripció:

> *«Si Canis hic grandis ingentia facta peregit*
> *Marchia testis adest quan sevo Marte submergit*
> *Scaligeram qui laude donum super estra*
> *Majores in luce mores si parca dessidet».*

Molt més sumptuosos són els monuments funeraris dedicats a Mastino II i a Cansignorio. El d'aquest darrer és acabat model en el seu estil. El sarcòfag, en què hi ha també l'estàtua jaient, és sota un tabernacle sostingut per columnes de marbre amb espirals minuciosament ornamentades.

Descriure punt per punt en la seva estructura i detalls aquest monument seria feina entretinguda i complicada. Historiadors maliciosos no troben al senyor de Verona digne d'estar envoltat de figures de sants i de virtuts. A l'entorn, com guardians del sepulcre que vetllen el somni etern dels Escaligers, sota graciosos baldaquins, hi ha les estàtues dels sants: Jordi, Martí, Quirino, Segimond, Valentí i Lluís, rei de França.

Cementiri dels Escaligers (Circa 1910)

El conjunt ve rematat també per una estàtua eqüestre. Aquest mausoleu fou executat en vida de Cansignorio pel milanès Bonino da Campione. Una severa crítica podria trobar-ho complicat en excés. En ell s'inicien les formes del renaixement. Un arqueòleg enamorat del mètode i classificació podria, doncs, incloure'l en l'estil de transició.

Més senzill, i d'un tipus freqüent en l'art medieval, és el monument de Mastino II, de composició arquitectònica excel·lent.

Dins del clos del cementiri dels Escaligers hi ha alguns sarcòfags d'altres individus de la família. La tomba de Giovanni della Scala, adossada al mur, és una obra molt bella.

L'ARQUITECTURA RELIGIOSA

A Verona es troben les més belles esglésies romàniques de la Itàlia del nord.

San Zeno Maggiore és una bella basílica de tres naus, comparable als millors edificis de la seva època. El fet d'estar coberta amb sostre de fusta l'hi treu certa importància, des del punt de vista arquitectònic, ja que la resolució del problema de cobrir un gran espai és el que caracteritza l'evolució de les formes constructives i el desenvolupament de les estructures. Si en aquest ordre la basílica de *San Zeno Maggiore* no és més que un tanteig, estèticament és una obra molt digna de ser admirada. Podrà mancar-li ardidesa, però no la gràcia.

Basílica de *San Zeno Maggiore* (Circa 1880)

El portal de la façana (reminiscència de l'atri de les primitives basíliques cristianes) té els característics lleons ajaguts que sostenen les columnes. Són aquestes de marbre, llises i esveltíssimes. El capitell recorda el de l'ordre corinti. Són importants per a la història de l'escultura els relleus que formen l'ornamentació de la portada. Hi ha a la part alta de la façana un gran rosetó per on la llum penetra a l'interior en abundància.

Curiosa és la disposició del presbiteri, més elevat que la resta del temple, formant-se així una cripta semi subterrània.

Molt poden estudiar en aquest edifici l'arqueòleg i l'arquitecte. Molt hi pot admirar el simple turista curiós.

La Catedral de Verona té, com la basílica de *San Zeno Maggiore*, un porxo d'una sola arcada davant de la porta principal, més aquí és de dos pisos, d'ornamentació més abundant i tot ell de més complexa i estudiada composició. Els finestrals gòtics de la façana desentonen en un edifici romànic (segle XII).

Catedral de Verona (Circa 1910-1914)

Interiorment té tres naus separades per esplèndids pilars de marbre.

Annexa a la catedral es troba el baptisteri (*San Giovanni in Fonte*) magníficament conservat, sense adicions d'època posterior ni restauracions perjudicials i mal enteses, com en gairebé tots els temples de Verona.

De l'època romànica en altres esglésies es conserven algunes parts, més en son conjunt han sigut tan modificades que és millor considerar-les com a edificis d'altre estil.

Cal apuntar, tanmateix, abans de cloure la sèrie, la petita església de *San Sirio e Libera*, del temps de Berenguer I (888-924), i la de *San Stefano*.

En el període gòtic van finalitzar-se moltes de les esglésies començades en temps anterior. La més interessant i més acabada és la de *San Fernando Maggiore*. En la façana es presenten filades alternades d'obra amb faixes de marbre. L'arc de la portalada és de punt rodó, i a sobre d'ell s'eleven quatre estrets finestrals d'arc apuntat, rematant en la part alta per una finestra trigeminada i dues petites obertures circulars.

Té aquest temple una sola nau molt ample, i és coberta per una enginyosa combinació d'arcades de fusta. La construcció fou començada pels benedictins en els primers anys del segle XIV. La cripta és romànica.

No gaire lluny de la *Piazza dei Signori*, i a prop del riu Adigio, que en corba ràpida i videnta travessa la ciutat, es troba la plaça tranquil·la de Santa Anastàsia. En mig de la plaça, el monument a Paolo Cagliari, pintor insigne dit el Veronès, i al fons la façana inacabada de l'església que va començar-se en el segle XIII. El portal, dins del seu gènere, és obra excel·lent, i també l'interior, de tres naus, de l'estil dit «flamíger» (gòtic del darrer període).

Si diverses esglésies romàniques foren acabades dins de l'estil ogival, també algunes d'aquestes ho foren en temps en què la nova tendència del renaixement s'imposava. *San Giorgio in Braida*, *Santa Maria in Organo*, *San Nazaro e Celso*, en són exemples.

L'església de *San Bernardino* fou construïda en el segle XV. La bella capella Pellegrini, de planta circular, és l'obra més fina i delicada del famós arquitecte San Micheli. Plau-me en ella cloure aquest breu resum.

De les moltes obres d'art que es troben en tots aquests temples, seria inacabable la descripció.

Església de Santa Anastàsia (Circa 1900)

ELS MUSEUS

En els jardins Giusti, els dels alts xiprers, passen insensibles les hores. Dels arbres centenaris a l'ombra, en temps d'estiu, quin serà el metòdic programa de turista que no s'espatlli? Cronomètricament repartides sol dur el viatger les jornades i les ciutats. Més en aquell lloc el temps tan mansament i suau passa que venen les ombres al capvespre i ve la nit ràpidament i inesperada, com si de la tardor o de l'hivern fóssim ja en els curts dies. I així cal deixar pel següent una part de l'assenyalada tasca. I aquesta feina ajornada és la visita dels museus.

Verona és una de les ciutats d'Itàlia més escassa en col·leccions d'art, donat de la seva importància (té més de 65.000 habitants). Tot i que és veritat que en les esglésies s'hi troben en abundància les obres dels grans mestres.

De Pisanello (Vittore Pisano, 1380-1451) hi ha a *Santa Anastasia* un fresc representant la llegenda de Sant Jordi, notabilíssima composició del cèlebre artista de Verona, escultor medallista universalment celebrat.

Seria suficient aquesta pintura (són molt poques les obres d'aquest gènere que es conserven de Pisanello) per a fer la reputació del mestre.

«Sant Jordi i la princesa» a l'església de Santa Anastàsia

«La imatge de Sant Jordi —diu Peyre—, ros cavaller d'arrissats cabells, més enèrgic que fort, de clara mirada, ardit i melancòlic, és una figura d'una originalitat excepcional, d'un sentiment gairebé modern».

És interessant l'arquitectura dels edificis agrupats en l'últim terme de la composició: torres quina silueta recorda la dels palaus de la Senyoria, de Florència i de Siena, gòtiques edícules i templets a la manera de les tombes dels Escaligers, curiosos campanars, muralles i castells. I —singular detall— davant les portes de la imaginària ciutat, en una força tràgica, com pèndols esgarrifosos oscil·lant al vent, dos homes penjats.

En la mateixa església de Santa Anastàsia hi ha frescos notables d'Altichiero de Zevio, i quadres de Giovanni Battista Caroto, Cavazzola, Girolamo dai Libri i Francesco Benaglio.

Les més antigues pintures que es conserven de l'escola de Verona són de les esglésies de *San Nazzaro e Celso*, bizantines, i els frescos de *San Sirio e Libera* del segle X. A la catedral hi ha un famós quadre de Ticià («L'Assumpció»), i altres de Liberale da Verona i Niccolo Giolfino, essent notables també els frescos de Giovanni Maria Falconetto i Francesco Torbido. Els frescos de Caroto a *Sant'Eufemia*, i els de Morone i Giolfino a *San Bernadino* són importants. D'Andrea Mantegna, a l'església de *San Zeno*, veiem el famós tríptic, una de les obres més perfectes del mestre de Pàdua.

En ple període del renaixement la pintura pren el lloc a l'arquitectura en la decoració de les façanes dels palaus. Així és que no tan sols en els museus i en els temples poden estudiar-se els caràcters i evolució de la pintura veronesa. No es limitava aquest embelliment pictòric dels edificis a la imitació més o menys fidel de l'arquitectura adaptada a portes i finestres, sinó que prenent els grans panys de paret com a quadre, les més variades escenes en els més diversos paisatges s'hi representaven.

Mantegna, durant el seu sojorn en la ciutat d'Adigio, va executar moltes d'aquestes pintures, per dissort desaparegudes. Algunes existents l'hi són atribuïdes, més no ha pogut demostrar-se l'autenticitat. La influència d'aquest mestre en l'escola de pintura de Verona fou molt gran, ja que mai una escola local, pels seus propis recursos, sol arribar a esplendor i engrandiment.

***

Verona és una ciutat agradable, simpàtica i pintoresca. La seva accidentada topografia (és situada en gran part sobre turons), les torres i els campanars, els xiprers que s'eleven de les tanques dels jardins perfumats i enigmàtics, els ponts (algun d'ells antiquíssim), les importants ruïnes clàssiques, les magnífiques basíliques cristianes, els esplendorosos palaus de l'antiga noblesa i els notables edificis públics, o els episodis romàntics de llur història (quin serà el turista que no dediqui un record a Romeu i Julieta, herois d'amor en temps de lluita i odi), tot fa que sigui aquí l'estada plaent i grata, i que es deixin passar els dies sense pensar en l'hora inevitable d'abandonar la ciutat, o que s'hi pensi amb pena.

Al llarg del riu s'han format modernament els amples passeigs, que el mateix que a Roma, Pisa i Florència, prenen d'ell son nom (*Lungotevere*: al llarg del Tíber; *Lungarno*: al llarg de l'Arno).

En el *Lungadige Sanmichel*, dedicat al famós arquitecte, i en el palau Pompeii —per ell construït—, es troba instal·lat el «*Museo Cívico*», l'únic de Verona on pot admirar-se la pintura d'aquesta escola.

Les col·leccions que guarda aquest museu no són molt nombroses, més hi ha algunes obres dignes d'admiració. En la planta baixa es conserven objectes prehistòrics, fragments d'arquitectura romana i de l'edat mitjana, escultures, inscripcions, i, a més, una secció destinada a història natural. La secció de pintura és la més important. Feina costosa seria apuntar-ne una per una totes les obres, i feina interminable descriure-les o comentar-les.

La «Verge voltada de Sants» de Benaglio és de l'escola de Mantegna. De Liberale da Verona (1451-1515) hi ha una «Adoració dels Reis Mags».

Palazzo Pompeii, seu del Museu Cívic

Francesco Morone (1474-1529) era fill de Domenico, autor de les pintures de la capella de Sant Antoni i de les del refectori del convent dels franciscans. La fama del fill feu oblidar ben aviat la del seu pare. La seva obra més rellevant es troba en la nau major de *Santa Maria in Organo*.

Girolamo dei Libri (1474-1556) deu el seu sobrenom al seu ofici de miniaturista o il·lustrador de llibres. Fou un dels més avantatjats deixebles de Rafael de Urbino. El seu quadre representant «L'Adoració de Jesús» és una visió plena de religiositat i al mateix temps de sincer realisme.

En el «Devallament de la Creu» de Cavazzola (1486-1522) ja s'inicia la manera veneciana en el colorit, encara que per la precisió i acurat contorn de les figures, per les fisonomies i els robatges, s'hi nota la imitació de Mantegna, tan freqüent en els pintors veronesos.

De Domenico Riccio Brusasorci, autor de la famosa cavalcada de Carles V del Palazzo Ridolfi, no hi ha cap obra en el museu, i una sola («La Verge amb l'infant Jesús»—) d'Antonio Badile, mestre del Veronès.

D'aquest últim, que mereix més detingut estudi, veiem el retrat de Quarienti, amb riquíssima armadura, nua la testa de noble esguard. El casc del cavaller és damunt d'un pedestal. En ell, una inscripció ens detalla la qualitat del personatge: Pasius Guarientus – Gulielmi Utriusque – Iuris Doctoris.

El «Concert en el parc» és una obra encertadíssima i d'un colorit excel·lent.

Una «Verge entre Sants» i un «Enterrament de Jesús» són les altres obres del gran mestre que veiem en el *Museo Cívico*.

La col·lecció de gravats i medalles de Pisanello mereixen especial atenció de l'enamorat de les belles arts, i no poden deixar d'estudiar-se per l'artista.

Fa pocs anys va celebrar-se a París l'exposició d'una nodrida col·lecció de medalles de diverses èpoques. Les de l'artista de Verona hi eren en gran nombre. L'eminent crític Carles Sannier, parlant-ne, diu: «Ningú va saber fins aleshores, ni ha sabut després d'ell, expressar amb tanta elegància i concisa veritat una fisonomia, ni trobar per a decorar el revers de les medalles al·legories que millor responguin al gust del retrat, a son esperit, i a son caràcter».

Observa, a més, que és possible que s'inspirés en alguns baix relleus del temps de Fídies, trobats en unes excavacions, ja que s'aparta essencialment de tots els seus antecessors i en res s'aproxima a la manera romana.

PAOLO CAGLIARI, «EL VERONÈS» (1528-1588)

El Veronès, fill de l'escultor Gabriel Cagliari, nasqué en la ciutat de Verona l'any 1528.

Els seus mestres foren, a més del seu pare, Antonio Badile i Giovanni Carotto, notables pintors. En el taller d'un oncle seu, gran decorador, va aprendre la perspectiva, que gràcies als treballs de Piero de la Francesca i Leonardo da Vinci feu grans progressos en l'època del renaixement. En els grans conjunts arquitectònics que es complau a posar en llurs composicions el mestre de Verona, s'hi adverteix la gran pràctica i coneixement d'aquest art, tan poc estimat i conegut dels moderns pintors.

Un crític italià resumeix bellament el caràcter del Veronès i del seu art en aquestes paraules:

«Enginy humà, despreocupat, versàtil, trobant el material adequat en la sumptuositat de la vida veneciana i mostrant tots els seus talents. Entendre aquella bellesa fugaç de línies, colors, carns, teles, marbres, flors, fusionar-la en una gamma hàbilment harmoniosa i plasmar-la màgicament en el llenç; això és el que sembla ser un acte espontani i fàcil en el Veronès. Els espais distants dels cels són clars. Quelcom fresc i fragant sembla circular dins dels quadres, gràcies a la pinzellada franca, ràpida i segura de si mateixa».

A l'edat de vint-i-set anys va traslladar-se a Venècia. Ja llavors havia produït obres en què es manifestava el seu talent extraordinari.

En la ciutat de l'Adriàtic és on va deixar les més notables, i com a mestre de l'escola veneciana és considerat. Les esglésies i palaus embellits per llurs pintures, tant per son conjunt com per la sàvia i ordenada distribució, i per la gran mestria de les composicions, són vertaders models.

Burckhart diu d'alguns dels seus quadres que no són més que pretextes perquè el Veronès pugui celebrar i reproduir tota l'esplendor i magnificència de la vida veneciana.

Alguns crítics no li perdonen la despreocupació o poca fidelitat amb què representava les escenes històriques. El 1573 fou cridat davant del tribunal de la Inquisició, demanant-li explicacions per haver pintat en una escena bíblica que l'hi encarregaren uns frares per al refectori del seu convent, soldats i altres figures amb indumentària contemporània.

També en alguna de les seves perspectives se serveix de diversos punts de vista, alterant així les lleis òptiques i geomètriques.

En llur ciutat natal es troba una de les seves obres mestres: «El martiri de Sant Jordi», en l'església de *San Giorgio in Braida*.

Una sèrie de frescos provinents del palau Contarini, representant escenes de la vida d'Alexandre Magne, seran traslladats al *Museo Cívico*, en el que ja hem vist el retrat de Quarienti, l'enterrament de Jesús i el celebrat «Concert en el parc».

En la ciutat de l'Adriàtic va pintar el gran sostre del Palau Ducal, representant en ell una al·legoria del «Triomf de Venècia».

«Martiri de Sant Jordi»

Les «Noces de Canà», avui en el museu del Louvre, eren destinades al convent de *San Giorgio*.

Prop de Venècia, en la *Villa Giacomelli*, construïda per Palladia, s'hi admira l'obra cabdal de Cagliari com a decorador.

Són nombroses les seves obres en els museus d'Itàlia. Son detallat estudi seria feina llarguíssima i entretinguda.

En l'església de Sant Sebastià de Venècia poden contemplar-se admirables composicions del pintor. En ella hi ha també la seva tomba. Com a homenatge, sota d'un bust s'hi llegeix aquesta inscripció:

> *«Paulo Caliario, Veronensis pictori, naturae aemulo, artis miraculo, superstiti fatis, fama victuro»*[16].

Mort Veronès, l'art venecià que havia arribat a son període culminant amb Giorgione, Palma il Vechio, Ticià i Tintoretto, decaigué ràpidament. Darrer reflex del brillant esclat, Tiepolo manté encara son prestigi, ja que no llur extraordinària esplendor.

---

[16] «Paolo Cagilari, pintor de Verona, rival de la natura, meravella de l'art, supervivent del destí, viurà de la fama»

VENÈCIA

Pòrtic d'entrada al *Palazzo Massimo alle Colonne* al Corso Vittorio Emanuele II de Roma.
Dibuix realitzat per Joan Bordàs Salellas l'any 1911
(Arxiu Municipal de Sant Feliu de Guíxols | Fons Joan Bordàs Salellas)

Agost de 1911

Ràpidament segueix el tren la seva marxa. El viatger deixa el paisatge i el llibre —que és son company en les llargues monotonies ferroviàries— i observa en el vagó, gairebé buit, on podria còmodament estirar-se. Podria, però no ho fa. Té una dama i una damisel·la al davant. La jove llegeix —amb la testa inclinada— amb gran atenció. I en la dama sembla dominar un pensament consirós. I així trenca el silenci, dirigint-se al viatger:

—Quines notícies té de Venècia?

—Jo, senyora, molt poques.

—Fa dies que n'és fora?

—Ara és que hi vaig per primera vegada.

—Així vostè viatja?

—En efecte.

—Per plaer, per estudi, per comerç tal vegada?

Bruscament, interromp agitada la seva lectura la gentil damisel·la. *Mamma, mamma, l'aqüedotto e guasto!* —exclama— i davant de son rostre li posa el diari.

No hi ha temps per a la reprensió. La nova sembla haver impressionat profundament a la bona senyora. L'aqüeducte que porta l'aigua a Venècia, passant per sota de les llacunes, s'ha malmès. Té filtracions i, segons sembla, aquest ha sigut l'origen de la gran epidèmia.

El còlera ha fet llur macabra aparició a Venècia, Rímini, Bolonya, etc. Ha envaït les províncies meridionals. En la Pulla i la Calàbria ja es conten per centenars les víctimes.

Mon company Edgar Irving Williams, l'arquitecte nord-americà, per consell del cònsol de son país, s'ha traslladat a Suïssa. Jo he consultat en Pijoan, que és a Ginebra. «Si no va a Venècia, ara que hi és a prop, després li sabrà greu». Aquesta ha sigut la resposta.

Aquesta petita estació solitària —m'informa la dama— és a vegades infinitament pintoresca. L'alcalde de Mestre (aquest és l'últim poble del trajecte abans de Venècia), a tots els mancats de recursos, facilita el viatge fins a la ciutat de l'Adriàtic. I les caravanes de sense sostre munten al tren amb insòlita algaravia. Sembla un instant florir alegria.

Ja passa el tren per sobre la llacuna, llarg pont fantàstic. Oh! Allà les grogues veles, lliscant per damunt de l'aigua platejada! Pàl·lida boira tremolosa, plena de llum. I unes cases blanques damunt l'aigua, i un reflex clar. I més cúpules. Estrident xiular. Trontollar diabòlic, vapor blanc. Fum negre. Per fi el tren s'atura.

Perplexitat. Les companyes de viatge s'han fos. He anat a deixar les maletes al dipòsit d'equipatges, m'he distret un moment. Ja no sé on són. Em trobo abandonat en mig d'aquesta gent atrafegada i inquieta. Surto al carrer malhumorat i amb preocupació.

Tinc davant meu el Gran Canal. Els gondolers s'ofereixen per a conduir-me. Góndoles negres, góndoles brutes, tristes góndoles de lloguer que a plena llum desplauen, com els rebregats ornaments d'un teatre, i que haurien de reservar-se per a les nocturnes passejades, sota la policromia dels fanals, al clar de la lluna. La invitació no accepto, i vaig a peu.

Travesso un pont, i un altre, i un altre. Poca gent hi transita. Escassa remor. Estrets carrers i rònegues cases. Aigües verdoses, espesses, no massa netes, d'una molt discutible transparència. I en elles el reflex d'un cel de plom. Se sol portar en la imaginació pulcra aquarel·la d'artista expert. I això, sens dubte, molt contribueix a la mala impressió.

Mentre camino, forjo un pla decisiu: arribar a la gran plaça, visitar la basílica de Sant Marc, veure el Palau Ducal i la llibreria de Sansovino, visitar les obres de reconstrucció del *Campanile*, i saludar de lluny, des de la *Riva*, l'airosa cúpula de *Santa Maria della Salute*. I en el primer tren de la tarda, abandonar la ciutat.

Passo pel pont de Rialto, sobre el Gran Canal. Ja aquí és la vida més intensa, i contemplo bells palaus de marbres riquíssims, que vora l'aigua ens parlen de l'antiga noblesa veneciana, poderosa en el món.

Pont de Rialto creuant el Gran Canal de Venècia (Circa 1893)

Per l'arc de la Torre del rellotge entro a la plaça de Sant Marc, ampla i deserta. Els austers edificis es reflecteixen borrosos en la humitat del paviment. A mà esquerra la basílica de Sant Marc atreu per llur delicada policromia i singular arquitectura. En el *campanile*, les altíssimes bastides desfiguren tota la gràcia de la portentosa construcció.

Els empleats del municipi escampen, com qui sembra, el blat de moro a tot un exèrcit de coloms. Aquesta feina —m'expliquen— en altres anys era reservada als forasters. Els venedors feien un bon negoci, i el municipi un estalvi gran.

—I enguany —demano— són pocs els que han vingut?

—Són pocs, senyor, i de famílies acomodades no en queda cap. Emigració mai vista, alarma inexplicable, pànic infundat.

No sé per què em sembla que aquesta alada tropa bellugadissa enyora la *miss* rosada i l'estirat milord. I llur tristesa a mi se m'encomana, i mon pensament és envaït de sinistres reflexions. Ah, peregrí impacient, que has vingut fins al temple de Sant Marc mentre el còlera envaeix el país i els turistes prudents s'allunyen de les infectes ciutats! No puc perdre temps. Tot just us conec i ja us deixo, temples magnífics, palaus superbs, canals verdosos, coloms lleugers. Marxa violenta, dolorós comiat, la trista enyorança vindrà ben aviat.

Ha passat ja migdia i camino cap a l'estació. Segueixo estrets carrers on les altes cases fan tornar pàl·lida la claredat del jorn. Obertes té les portes un restaurant. Alegrement s'entaulen els concurrents. Converses, rialles, música de plats i copes, bellugar de cadires, roncar monòton d'elèctric ventilador. Elegància en tot i netedat insospitada. Bah, marxaré en un altre tren!

Tota aquesta gent sembla tranquil·la, poc preocupada. Allà, en aquella taula, uns militars discuteixen alegrement. En l'altre, una dama i un cavaller tenen seriós posat i molt poques paraules. Més sembla que això sigui en ells habitual. Prop d'una gran finestra s'ha entaulat tota una família. Són els que mouen més aldarull. Uns joves, més enllà —potser estudiants—, bromegen satisfets.

—Mosso —demano—, l'aigua d'aquesta ampolla no és pas de l'aqüeducte?

«Platja del Lido – Banys de Mar – Hotels de primer ordre». Això llegeixo, tot dinant, en un cartell plantat a la paret. Un edifici monumental i assolellat, d'infinites finestres, en perspectiva poc violenta. Un mar blavíssim i multitud de figuretes en la platja. I uns núvols rodons, groguencs, de molt caràcter decoratiu. Impressionisme cartellístic. Tots ja el coneixem.

En menys d'un quart, un vaporet fa sovint el trajecte de Venècia al Lido. I allà, potser (penso ple d'optimisme), no hi hauran arribat les ciutadanes malures. Lluny de canals, l'atmosfera és més sana, l'aire més pur. Ja estic resolt! Cada matí, del Lido a Venècia. Cada vespre, de Venècia al Lido. No amb més joia, Arquimedes trobava un dia, de transcendental problema, la desitjada solució!

I ara queda la tarda. Tal com al despertar d'un somni tenebrós rebem amb gran joia el consol i alegria de la llum matinal, així el viatger, tranquil, reposat, comença a caminar a la ventura, i li plau perdre's en el pintoresc laberint de la fantàstica ciutat, i sentir damunt seu, en la serenitat de la clara jornada, volejar els coloms.

Un extrem de la ciutat. L'esguard pot esplaiar-se en l'horitzó. Després d'algunes hores de rondar per no espaioses vies (encara que deliciosament pintoresques), és això plaent cosa. D'aquí surten els vaporets que porten a Murà, l'illa famosa per llurs indústries de cristalleria, i també els que duen els morts al cementiri, en la petita illa de Sant Miquel.

Què és aquella gentada vora de l'aigua? Hi ha caigut algú des del moll? O és l'arribada dels pescadors, amb la multitud de compradors i de curiosos, voltant les paneres curulles del peix que encara salta? No, no és cap accident, per fortuna. Tampoc és escena semblant a la que solem contemplat en les nostres poblacions de marina. Veig que tothom va amb una finalitat determinada. Es reparteix aigua potable. Una gran braçada de ferro és el dipòsit.

Per mitjà d'una bomba s'improvisa una font, i qui amb un càntir, qui amb una galleda o una gran gerra (gentilment duta damunt la testa) tots procuren per la necessària provisió. La marina de guerra s'ocupa d'aquest servei tan indispensable en les actuals circumstàncies, ja que ha sigut prohibit l'ús de l'aigua dels pous i de les fonts públiques. El municipi intervé així mateix en la venda de les aigües minerals per a evitar abusos de poc escrupolosos venedors. Es diu que aquesta aigua que reparteixen la porten de Trieste.

Començo a trobar-me fatigat de la calor i de la llarga caminada. Els darrers raigs de sol pinten de carmí els més elevats edificis, i una ombra càlida plana al fons de les vies, que ni el més feble alè de la marinada ve a refrescar. I em trobo perdut en barri plebeu. Ha vingut ja el capvespre. Els llums van encenent-se a mesura que s'apaguen en el cel les clarors. I és l'altre aspecte dels canals, amb els tremolosos reflexos, que ja no sabria si qualificar-los de tètrics o alegres, en l'hora aquesta i en aquest suburbi pobre i misteriós.

Passa una colla de joves que canten. L'un d'ells els acompanya amb mandolina. Entonen la popular cançó de «Rosina», que comença així:

> *«Quando Rosina scende par il monte*
> *col'amfora lucente suble spalle*
> *si fermano i pastori ai suo passar.*
> *L'amfora splende al sole*
> *con dei rifletti d'oro*
> *e in tanto gli pastori*
> *dicono a coro*
> *dolci parole...»*

És melangiosa la tonada, d'un ritme litúrgic, sense l'espontània alegria dels càntics populars. A un dels cantors interrompo.

—La plaça de Sant Marc, és lluny d'aquí?

—Nosaltres hi fem via —contesta—, si així us plau, seguiu.

Porten bon pas, porten alegria. Passem per un carrer tot blanc, com nevat. Les portes de les cases són obertes, i també les finestres, més ànima vivent no apareix enlloc. No puc amagar la meva sorpresa. Aquí —m'informen— s'han presentat alguns casos de malalties sospitoses. Les habitacions han sigut desallotjades, i els habitants sotmesos a rigorosa observació i aïllament.

La música segueix, i els cantors no s'aturen fins a la plaça de Sant Marc.

Espero en la *Riva degli Schiavoni* la sortida del darrer vaporet que va al Lido. Han tocat ja les deu.

Riva degli Schiavoni (Circa 1900)

Faig sol la travessia, amb el personal de servei. Altra vegada semblen en mi insistir les doloroses preocupacions que tants cops, en la que podia i havia de ser una alegre jornada, m'han assaltat despietadament. I també ara entusiasta optimisme s'imposa, i la contemplació, a mesura que s'allunya, de Venècia en la nit esborra de la imaginació tràgiques imatges i pressentiments cruels. Que tal és la força, poder i prestigi de l'espiritual i estètica emoció, que fins en els moments de més cruel solitud i desolació més espantosa, a l'ànima amiga sustenta i enforteix.

Un tramvia elèctric travessa transversalment el Lido, des del desembarcador als banys, per un ample passeig[17] on es troben a ambdós costats hotels, restaurants i cafès. Avui, tot és desert i fosc. El tramvia s'allunya amb el sol passatge del conductor i el cobrador. Trontolla en la calma de la nit, passejant abundància de llum per l'esgarrifosa foscuedat.

No és aquest l'aspecte i panorama que jo esperava, encara que lògicament podia suposar-lo. M'aturo davant d'un edifici de dos pisos, tot tancat, com tot. En el frontis s'hi llegeix en grans caràcters (que haurien sigut summament visibles de no ser tan densa la tenebra) *Wagner Central Modern Hotel*.

---

[17] Al text no es menciona, però l'ample passeig al qual es fa referència és el *Gran Viale Santa Maria Elisabetta*.

Com una ombra *apatxesca*, sortint del silenci i sense trobar-lo, caminant, se m'acosta un transeünt, nocturn i misteriós vianant. Sembla un obrer.

—Potser cercava...

—Sí, un hotel. Però sembla que han plegat en el negoci, que no deu estar en gran prosperitat.

És parc en la conversa, mon interlocutor. Calla una bona estona, i així, parla per fi:

—Allí, en aquella casa, on vostè veurà llum, viu l'amo del què en diuen «Hotel Wagner», aquest d'aquí al davant. Pot, si li sembla bé, entrar-hi i preguntar.

Ample vestíbul amb cert desordre familiar. En una butaca dorm un minyó d'uns set o vuit anys. Una noia, gairebé de la mateixa edat, en un quadern escriu. Una criada em rep, i no sabent què respondre a la meva demanda, em prega que esperi un moment, que l'amo sortirà. La meva presència ha produït, sens dubte, l'efecte de les coses inesperades. Amb mànegues de camisa (és forta la calor, i aquí inaguantable) se'm presenta un senyor grasset, petit, amb ulleres.

—Ja dispensarà...

—No faltava més. Vostè és a casa seva i és lliure d'estar-hi amb tota comoditat. Desitjava saber si en l'hotel Wagner, o en altre qualsevol, podria disposar d'una cambra per uns dies.

—Prou... sí, senyor... Ja veurà, amb totes aquestes coses i estúpides imaginacions i falses alarmes propalades pels envejosos, arma innoble de la gran competència dels hotels de Suïssa, estem completament desorganitzats. Que ja ha sopat? Justina, Justina. Una cambra per aquest cavaller. Sí, aquí mateix, la número 1 del pis primer.

La noia aplicada deixa l'escriptura, i amb un pessic desperta al que dorm. Son despertar no és gens pacífic, i sembla decidit a venjar-se del traïdor atac. Ella escapa lleugera. De part de dins se senten raons.

—Aquesta és la casa —prosegueix— on nosaltres vivim. Més en els pisos superiors hi tenim també còmodes habitacions per als forasters que en altres anys eren nombrosos. L'hotel és separat, i està muntat amb gran luxe i confort. Però a les deu ja ho tenim tot tancat, i, si això dura, ni obrirem tan sols.

—En aquest billar —m'explica Justina, la cambrera, dona de certa edat, de maneres afables— ara fa dos anys, en el fort de la temporada, convertit en un llit comodíssim, hi dormiren dos joves austríacs, com vostè.

—Austríac no soc.

—Joves, volia dir, excusi.

—No és precís.

A mà esquerra de la sala del billar de les metamorfosis, obre la bona dona una porta, encén la llum elèctrica, i m'invita a entrar. Posa una neta tovallola en el rentamans.

—Aquesta és la cambra —diu—. Dona al passeig. Senyor! Tan animat com era els altres anys! Aquí al davant hi ha un gran cafè. Cada nit tocava un sextet. Aquí hauria vist el més gran luxe que pot haver vist en la més gran capital del món. Fins a mitjanit semblava de dia, tanta era la llum i l'animació.

Obro la finestra. Obscuritat completa. Darrere d'un finíssim vel de boira lleugera tremolen els estels. Remor d'onades. Un llum verd, allà a baix, es reflecteix en l'aigua. I un de més pàl·lid, camina en llunyania, pausadament. Góndola o barca que en la nit vetlla, és tota la vida del misteriós paisatge, tota l'animació d'aquest instant. Tot és calma i quietud. Tot és repòs. Somniant esplendors i jornades de glòria. Venècia dorm.

Gran Viale Santa Maria Elisabetta (Circa 1910)

LA BASÍLICA DE SANT MARC

L'imperi de Roma, que havia dominat el món, envellit i afeblit pel desordre i la corrupció, caminava a la seva fi. Així el sol cap a ponent declina, després de la jornada esplendorosa, i la llum encegadora segueix l'ombra pàl·lida i la nit fosca.

Lluminós capvespre, prodigi de daurada celístia damunt les medievals negrors, l'imperi de Bizanci.

Ja en temps de Marc Aureli, els pobles germànics, els guerrers de Bretanya i les tribus de l'Àsia, amenaçaven en llarga frontera a les legions romanes. Més encara amb freqüència, per sobre de les terres desolades, i en els camps de batalla, les àguiles de Roma volaven victorioses.

Les causes que obligaren Constantí el Gran a traslladar la capital de l'imperi són molt discutides pels historiadors, que rarament coincideixen en les apreciacions sobre aquest fet transcendental. Volia Constantí edificar una ciutat que fos la capital del món. Diu la llegenda que escollit el lloc de Bithynia, mentre traçava sobre el terreny el pla, una àguila va alçar-se emprenent el vol en direcció a Bizanci. Interpretat aquest auguri, canvia l'emperador de propòsit, traslladant-se a aquella petita població del Bòsfor, a la que dona el nom de Constaninoble (Constantino-polis – Ciutat de Constantí).

Era això en l'any 329, i els treballs d'engrandiment de Bizanci foren tan ràpids que el dia 11 de maig del 330, amb gran solemnitat, es consagrava la nova capital cristiana, adoptada ja aquesta regió oficialment en tot l'imperi.

La situació geogràfica de Constantinoble no podia ser més adequada el destí que li era reservat. Entre dos mars, i entre dos continents, esdevingué el centre d'una gran civilització que influí poderosament en les arts de l'edat mitjana. En son jardí les flors darreres de l'hel·lenisme i els orientals perfums sadollaren l'ambient. Més el cristianisme triomfant, als pobles decadents i a les tribus indòmites, assenyalava el camí.

Constantí volia fer de llur ciutat la Roma d'Orient. La disposició de la Ciutat Eterna, s'imità. Tenia Constantinoble set turons, i fou dividida en catorze regions. Va enriquir-se amb monuments meravellosos. Moltes ciutats contribuïren al seu ornament. D'Atenes, d'Esmirna, de Rodes i de Creta, gran nombre d'estàtues foren transportades. Els capitells i les columnes arrancades dels antics temples foren utilitzades en les noves construccions. Va construir-se un capitoli, un hipòdrom a imitació dels amfiteatres romans, i diversos palaus.

El gran fòrum (*Augustoeon*) fou voltat d'un pòrtic amb belles estàtues. Un altre fòrum, dedicat a Constantí, era de forma circular, i tenia en el centre una fontana amb l'estàtua del Bon Pastor.

Tot i haver deixat de ser Roma la capital, es conservà la unitat de l'Imperi fins al temps de Teodosi, que en morir va dividir-lo, donant a Honori l'Occident i a Arcadi l'Orient (any 395). Pocs anys devia sostenir-se l'Imperi d'Occident. Les incursions dels pobles del nord eren cada cop més amenaçadores. Ravenna oferí el darrer refugi als emperadors. Roma era saquejada i tota la Itàlia envaïda. Odoacre, rei dels hèruls, va fer abdicar a Ròmul August i va proclamar-se rei d'Itàlia en l'any 476.

L'Imperi d'Orient visqué encara prop de deu segles. I en ell les arts hi foren florents, entre les més grans vicissituds i les lluites més exasperades.

Quan en el regne del gran Constantí, en els primers anys del segle IV, el culte cristià no fou perseguit, sinó que obtingué el favor imperial, els edificis religiosos es multiplicaren tant a l'Orient com a l'Occident, i totes les arts aportaren la seva per a embellir-los, i tots els artistes s'esforçaren en aconseguir que els nous temples en res desmeresquessin dels que amb tanta magnificència hi havien alçat en altre temps a les falses divinitats del paganisme.

La forma més utilitzada era la que per analogia amb els antics edificis civils destinats a reunions, assemblees i administració de justícia, es designaren amb el nom de «basíliques». També es troben algunes esglésies de planta circular, cobertes amb cúpula, més encara no queden en elles ben definides les característiques de l'art bizantí.

La pintura de les catacumbes, amb son escàs repertori iconogràfic i llur limitació en la representació dels episodis bíblics, no podia satisfer als decoradors dels nous temples. Canviaren els assumptes i la disposició de les escenes. Tota la riquesa bizantina ve manifestada en llurs composicions grandioses.

Els mosaics, que fins aleshores s'havien emprat principalment en els paviments, substitueixen a les pintures murals.

Els orígens de la cúpula bizantina, que del pla quadrat passa al circular mitjançant triangles esfèrics (petxines), són bastant obscurs. A Nínive i Babilònia ja s'havien construït cúpules rudimentàries, i els arquitectes de Síria van imitar-les amb freqüència. També a Pèrsia, sobre un pla poligonal, solien alçar-se cúpules esfèriques per mitjà de les «trompes d'angles».

Quan l'Imperi d'Orient, a la mort de Teodosi, va deslligar-se d'una manera definitiva del d'Occident, les influències orientals augmentaren en les arts cristianes. L'originalitat dels pobles asiàtics, en posar-se en contacte amb l'art romà-hel·lènic, produí noves formes i canvis essencials d'estructura, originant-se un art definit, característic: l'art bizantí. La tipologia per excel·lència d'aquest art, tant des del punt de vista arquitectònic com ornamental, és l'església de Santa Sofia de Constantinoble, avui encara existent, i construïda en temps de l'emperador Justinià (527-565) pels arquitectes Anthemius de Tralles i Isidor de Milet.

«No existeix —diu Bayet— altra església de tan gran importància des del punt de vista de la història de l'art. Notre Dame de París té iguals fins i tot en les províncies veïnes. Sant Pere de Roma és mancat d'originalitat. Santa Sofia, al contrari, té el doble avantatge d'assenyalar l'adveniment d'un nou estil i d'assolir ensems proporcions mai superades en l'Orient».

Té l'església de Santa Sofia setanta-set metres de llargada i altres setanta-set d'amplada. La cúpula que s'eleva en el centre de l'edifici té trenta-un metres de diàmetre, i es recolza en quatre grans arcs sostinguts per massissos pilars. En el sentit de l'eix principal, dos mitges cúpules contraresten l'empenta de la central, i al mateix temps són contrarestades pels hemicicles que formen els absis.

Les dificultats dels problemes constructius resolts en aquest edifici el fan interessantíssim per l'arquitecte. L'estudi de la seva estructura és indispensable abans d'estudiar la basílica de Sant Marc. Més en les notes breus recollides en aquestes «Jornades», no és possible examen més detingut. Veure, per a més detalls, entre altres, l'obra clàssica de Choysi i el llibre de Labarte «*Le Palais de Constantinople et ses abords*».

Tot i que l'església de Santa Sofia de Constantinoble va ser l'obra més admirada i copiada pels arquitectes bizantins, no per això va esdevenir un únic tipus en l'estil. Difícilment l'esperit dels constructors s'hi hauria emmotllat a la còpia servil i a la reproducció fidel.

Mil enginyoses combinacions en la planta i en les cúpules ens demostren la incansable activitat i afany de renovació d'aquells artistes. Escultures, pintors i mosaïcistes donen proves de gran originalitat, malgrat que el formulisme litúrgic posi sovint un fre al lliure volar de la fantasia.

Després del gran temple de Justinià, el tipus antic de la basílica no fou gairebé utilitzat en Orient. Les tècniques constructives avançaven, facilitant l'ús de la cúpula que es prodigà en les esglésies.

La influència de l'art bizantí fou molt gran, tant en Orient com en Occident. Els artistes de Bizanci, seguint als mercaders en els seus viatges, s'escamparen per tot el món. Les conquestes militars contribuïren també poderosament a la difusió de les arts.

Justinià, en son propòsit de reconstruir la unitat de l'imperi, envià a Belisari, son general, a la conquesta de la Itàlia, apoderant-se aquest de tota la península. Allunyat després el cabdill per la intriga, els ostrogots recobraren tot el país. Derrotats més tard pel successor de Belisari, altra vegada Itàlia va constituir-se en una província o *exarcat*, sent Ravenna la capital.

Un altre fet cal tenir en compte. Lleó III, primer emperador de la dinastia isàurica, en prohibir el culte de les imatges (donant lloc a la revolta dels iconoclastes l'any 725), contribuí a l'emigració dels artistes, els quals en diversos països trobaren generós acolliment.

Itàlia, que per les invasions i lluites continuades es trobava en gran decadència, més que servava encara el record i les relíquies de passades glòries, va rebre amb entusiasme als fugitius. Els temples de Ravenna i els de la Itàlia meridional demostren que la llavor no caigué en àrida terra o camp estèril.

Les relacions de Venècia amb els pobles d'Orient foren sempre considerables. En la quarta croada del *Dux* de Venècia, en unió amb el comte de Flandes i el marquès de Monferranto, va apoderar-se de Constantinoble.

Tots aquests fets i circumstàncies expliquen com els venecians, admirats en contemplar les meravelles de la ciutat de Constantí, volgueren imitar-les i reproduir-les en la rica i fastuosa metròpoli de l'Adriàtic.

L'any 823, les relíquies de Sant Marc van ser portades d'Alexandria i des de llavors venerades a Venècia en una petita basílica destruïda en el segle X per un incendi[18]. El 1063 el duc Domenico Contarini va emprendre la reconstrucció del temple, inspirant-se els seus arquitectes en l'església dels Sants Apòstols de Constantinoble. Eren aquests arquitectes vinguts d'Orient? Aquest detall s'ignora. Més coneixien profundament els procediments constructius bizantins, i la seva obra és considerada entre les més notables dins d'aquest art.

---

[18] (Nota de l'autor) En uns mosaics del segle XVII que són a la façana es representa l'embarcament del cos de Sant Marc a Alexandria i l'arribada a Venècia. I en un altre mosaic del segle XIII s'hi veu el trasllat de les precioses relíquies a la primitiva basílica.

La façana és tan extraordinàriament modificada que gairebé res conserva de son aspecte primitiu. Les adicions gòtiques (d'un gòtic de la darrera època d'aquest estil) no són gens recomanables. Des del punt de vista purament arquitectònic, la composició del conjunt de la façana actual de la basílica de Sant Marc no és notable. Ni té la grandiositat de les catedrals del nord, ni la severitat de les esglésies romàniques, ni la gràcia dels temples del primer període del renaixement. Però pel seu cromatisme és superior a totes elles (exceptuant, potser, algunes catedrals del gòtic italià, com les de Siena i Orvieto). Vertadera joia de policromia en què els mosaics, els bronzes i els marbres, canten sota el cel de Venècia un himne a la majestat cristiana, i ens duen ensems el record amable de la pompa oriental.

En la planta baixa cinc grans arcades, la del centre de majors dimensions i més ornamentada, en la que s'obre la porta principal. Una llarga balustrada és dividida en dues parts per l'arquivolta. Cinc arcades més en la part superior, també de majors dimensions la central, amb una gran vidriera per la qual s'il·lumina la nau major. Entre aquestes arcades hi ha uns templets que es resolen en pinacles. L'ornamentació flamígera enriqueix l'acabament dels arcs amb figures d'àngels i sants. I en la part central i més elevada, la noble figura de Sant Marc, patró de la ciutat. Entre els mosaics de la façana se'n troben d'èpoques diverses. Seria curiós comparar els actuals amb els que va pintar Gentile Bellini en el minuciós i detallat edifici que serveix de fons al seu quadre famós que representa una processó en la plaça de Sant Marc en el segle XV.

Basílica de Sant Marc (Circa 1900)

Els quatre cavalls de bronze que es veuen damunt de la porta principal, foren l'acabament de l'arc triomfal de Neró i Trajà a Roma. Constantí els feu transportar a Constantinoble. L'any 1204 van tornar a Itàlia. Napoleó se'ls emportà a París el 1797, encarregant als seus arquitectes Percier i Fontana la construcció d'un arc de triomf a imitació dels de la Ciutat Eterna per a embellir la plaça del Carrusel. Finalment, el 1815, els cèlebres cavalls que coronaven l'arc de Napoleó foren retornats a la basílica de Sant Marc. Amb raó diuen els venecians que altres cavals que tant haguessin corregut no es trobarien en tot el món.

Passada la porta principal ens trobem amb l'atri, galeria que s'adapta a un dels braços de la creu grega formada per la planta de l'església. És cobert aquest atri per una sèrie de petites cúpules que es recolzen en arcades lleugerament peraltades, i en petxines. Tomben les arcades sobre pilastres o columnes amb el típic capitell bizantí.

Des del nivell dels capitells, tota la part superior ve coberta de mosaics. Les crestes són arrodonides, tal com exigeix aquest revestiment. La varietat de colors i l'estat de l'or —abundant sempre en l'obra bizantina— fou d'aquest lloc una meravella de l'art.

«Interior de la Basílica de Sant Marc». Oli pintat per François Vervloet en el segon terç del segle XIX (Hermitage Museum)

Representen els mosaics de l'atri escenes de l'Antic Testament. La creació, Adam i Eva en el Paradís, El Diluvi Universal, La construcció de la torre de Babel, episodis de la vida d'Abraham, de Josep i de Moisès. Així, davant dels ulls dels *catecúmens*, als qui l'atri era destinat, es mostraven gràficament aquestes planes dels llibres sagrats, deixant en els seus cors senzills inesborrable impressió.

No tots aquests mosaics són de la mateixa època. Els més antics daten del segle XII. Altres, executats en ple període del renaixement, en res s'han sotmès a l'estil general. Contrasta llur acabada execució i la finesa del modelat amb la tosca execució dels primitius. Aquest criteri no és el que impera avui. L'hàbil artista, en emprendre la restauració d'un edifici antic (i el mateix que en qualsevol obra d'art) procura igualar les parts noves amb els vells elements. Més no ens estranyarà que els artistes del renaixement no seguissin aquest camí, si tenim en compte que per a ells era titllat de bàrbar tot el dels segles medievals.

Així veiem com en reconstruir el temple de Sant Pere de Roma, la primitiva basílica cristiana que existia en el mateix emplaçament fou del tot destruïda, i empleats com a paviments els marbres, i molts dels relleus com a simples pedres de construcció. Per tal de procedir, al famós arquitecte Donato d'Angelo Bramante se'l coneixia amb el nom de «Rovinante», o sigui, «*el destructor*».

Un dels avantatges dels mosaics de l'atri pel seu estudi analític és la poca distància a què poden observar-se. Això des del punt de vista estètic és potser un inconvenient. La naturalesa del material, en què no són permeses les mitges tintes ni la gradació de valors, fa que forçosament siguin durs i retallats els contorns. Més els mosaïcistes bizantins tan admirablement dominaren la tècnica i saberen treure tal partit de les mateixes dificultats del procediment, que mai ha sigut la seva obra igualada, ni s'ha aconseguit tan perfecta adaptació de les composicions a les línies generals de l'arquitectura.

A un extrem de l'atri s'obre la capella Zeno, dedicada a un cardenal d'aquest nom (mort en el segle XVI) que va deixar tota la seva fortuna a la ciutat amb la condició de ser enterrat en la basílica de Sant Marc.

D'aquesta capella es passa al baptisteri, ornat d'antics mosaics. En el centre hi ha una gran pila amb una coberta de bronze rematada per una imatge de Sant Joan Baptista, obra del segle XVI.

Representació de la cúpula de Sant Pere de Roma. Dibuix realitzat per Joan Bordàs Salellas l'any 1911
(Arxiu Municipal de Sant Feliu de Guíxols | Fons Joan Bordàs Salellas)

NÀPOLS

Representació d'un templet de Roma. Dibuix realitzat per Joan Bordàs Salellas l'any 1911 (Arxiu Municipal de Sant Feliu de Guíxols | Fons Joan Bordàs Salellas)

DESEMBRE DE 1911

En arribar a Nàpols trobarem uns amics a l'estació. Fou breu la passejada per la ciutat ahir a la nit, i ara sent el viatger curiositat vivíssima. S'ha llevat impacient i ha abandonat la cambra confortable. Es dirigeix escales avall i travessa el vestíbul.

Els mossos que estan netejant, poc acostumats tal vegada als hostes matiners, em miren sorpresos. No són les set encara quan surto de l'hotel. El matí és fresc.

Segueixo per la *Via Medina* fins a la *Piazza del Municipio*. A un costat, la massa feréstega i obscura del *Castel Nuovo*. Construït en el segle XIII, fou modificat més tard pels monarques aragonesos i pels virreis espanyols. És avui una caserna.

Piazza del Municipio (Circa 1900)

A l'extrem de la plaça, per damunt d'unes construccions baixes, rítmicament oscil·len les arboradures dels vaixells. Per uns celatges carminosos, tímidament es filtren les clarors matinals. El sotragueig dels carros arriba des del port.

Uns parterres (petits jardins d'urbanització municipal) posen una nota de verdor sobre el paviment gris. Un monument a Víctor Manuel no pot faltar-hi.

Al costat de l'edifici de l'Ajuntament, l'església de *San Giacomo degli Spagnoli*, construcció del cinc-cents. El sepulcre de Pere de Toledo, esculpit per Giovanni da Nola, és darrere de l'altar major.

Fins a l'època moderna no ha existit una vertadera «escola napolitana». Totes les arts eren vingudes de fora i pocs artistes eren fills d'aquesta ciutat.

Cap a mitjans del segle XVIII, Bernardo de Dominici va publicar la seva obra «*Vite dei pittori, scultori et architetti napoletani*». Molt severament ha sigut jutjat Dominici per alguns savis i erudits moderns (entre ells Benedetto Croce). El creuen un fantasiós cronista, més que un veritable historiador. Eugeni Müntz en l'«*Histoire de l'art pendant la Renaissance*» creu que l'art de Giovanni da Nola és inspirat directament del de Miquel Àngel. Altres autors el troben original pel caràcter francament decoratiu de les seves obres. «Nola és el primer escultor napolità —diu Lemonon—, el primer fill de Nàpols dedicat a l'art i que ha adquirit alguna notorietat».

La tomba de Pere de Toledo és rica d'ornamentació. En els angles les quatre virtuts. En el pla superior el virrei i la seva esposa, agenollats en reclinatoris, i en actitud de llegir un llibret devotament.

No és pas sense emoció que el viatger visita aquesta església. El mateix que a Roma, en entrar en el temple de *San Giacomo degli Spagnoli* (allà en la *Piazza Navona*, remorosa de fontanes barroques, tranquil·la de remors ciutadanes), se sent tota l'amargura de les grandeses mortes, dels imperis caiguts, dels pobles humiliats per son advers destí, quan l'hora és arribada de les fatals i inevitables decadències.

M'he dirigit després al *Castel Nuovo*. A la porta el sentinella m'ha deturat. Haig de deixar l'àlbum que porto (company inseparable) si vull seguir endavant. És prohibit en absolut prendre notes i dibuixos dins dels edificis militars.

Manfred, fill natural de Frederic II, fou escollit rei de Sicília. Però el papa Urbà IV va oferir el tron a Carles d'Anjou, germà de Sant Lluís, rei de França. Manfred fou vençut a Benevento l'any 1266. Disgustats els napolitans amb Carles d'Anjou, proclamaren a un nebot de Manfred. Fou aquest derrotat i executat a Nàpols.

El 30 de març de 1282, les famoses «Vespres Sicilianes» foren la causa de la caiguda dels angevins. Llavors fou proclamat rei Pere d'Aragó, casat amb una filla de Manfred. Son fill Frederic consolidà el domini de la casa d'Aragó en l'illa de Sicília.

El regne de Nàpols continuà sota la sobirania de la casa d'Anjou fins que Alfons el Magnànim va apoderar-se'n l'any 1435.

El «renaixement» no troba lliure el camí en el sud d'Itàlia fins als temps d'Alfons d'Aragó.

Castel Nuovo **(Circa 1930)**

El famós Arc de Triomf que commemora la conquesta aragonesa és una obra bellíssima. S'ha discutit molt de temps sobre quin fou el seu autor. L'opinió avui més admesa és que Francesco de Laurana, inspirat en les obres de Leon Battista Alberti (sobretot en el temple d'Issotta, a Rimini) feu el projecte, essent Pietro di Martino, arquitecte milanès, el que dirigí l'execució, tenint sota les seves ordres a Isaia da Pisa, Domenico Lombardo i Paolo Romano. Llarga seria la descripció d'aquesta porta. Essent el primitiu projecte destinat a ocupar el centre d'una gran plaça, en realitzar-lo en l'actual emplaçament —entre les dues torres massisses del *Castel Nuovo*—, degué ser canviat de proporcions i modificat en parts. Així i tot és una bellíssima composició del *Quattrocento*, en la que pot el viatger admirar una vegada més el prodigi d'ordre, mesura, elegància i harmonia de la noble arquitectura del Renaixement italià.

En el port, una clamorosa i bigarrada multitud. Quelcom ha succeït. El viatger és curiós i vol assabentar-se'n. El que ha passat és que els empresaris encarregats de subministrar bestiar pel consum de les tropes d'operacions a la Tripolitània, feien patir de set als animals barrejant amb els aliments gran quantitat de sal. A l'hora oportuna, abans de passar-los per la bàscula, els abeuraven llargament. Molts milers de quilograms d'aigua han sigut venuts així a bon preu. I ara s'ha descobert l'estafa i el poble protesta contra aquests homes poc escrupolosos, antipatriotes i vils mercaders.

El Museu Nacional – 21 de desembre de 1911

És un dia gris. Ha plogut tota la nit. Són els carrers plens de fang (aquest fang negrós de Nàpols) i el cel és de plom. Ciutats que tenen nomenada per alegria i bullici, per suavitat de clima i esplendor de sol, són en dies així més tristes encara que les altres ciutats. I el viatger, que se sent una mica defraudat (tot i no sabent a qui culpar-ne), esdevé malhumorat i descontent.

Honor i orgull, no ja d'una ciutat, sinó d'una nació, són alguns museus. L'Hermitage de Sant Petersburg, el Louvre de París, el Britànic de Londres, el Prado de Madrid, els de Viena, Berlín, Florència, Milà. Les incomparables galeries del Vaticà reuneixen col·leccions de gran valor, vertaders tresors.

No sempre els museus són instal·lats en els edificis que requereixen. El mateix *Museo del Prado*, havent sigut construït en temps de Carles III per l'arquitecte Joan de Villanueva com a seu de les col·leccions d'història natural, és mancat de llum i té poc espai. El *Koninklijk Kabinet van Schilderijen* de la Haia, on es conserven les obres mestres de Rembrandt (entre altres, la famosa «Lliçó d'Anatomia») fou un palau senyorial.

Modernament ja s'acostuma a construir pels museus edificis expressos. El *Rijksmuseum* d'Amsterdam, de l'arquitecte Pierre Cuypers, ocupa una extensió d'onze mil metres quadrats i és d'una arquitectura simpàtica i d'una ben estudiada distribució.

Amb freqüència contribueix a l'atractiu d'un museu l'edifici on s'ha instal·lat. Entre aquests es poden citar els museus Carnavalet i de Cluny a París, el Museu Germànic de Nuremberg i el de les Termes de Dioclecià a Roma.

La construcció d'un museu és un dels més delicats problemes que pot resoldre l'arquitecte modern. L'estudi de la il·luminació i l'orientació, la distribució de les sales, la fàcil vigilància d'aquestes, els sistemes d'agrupació i col·locació dels quadres i escultures, són coses dignes de gran estudi, sobre les quals molt s'ha treballat i escrit en tractats especials.

Tal vegada el primer museu fou la pinacoteca que existia en els *propyleos* de l'Acròpolis d'Atenes.

Era generalment en els temples on es dipositaven les obres d'art, i en les places públiques. Fou seguit a Roma i a Bizanci aquest costum. En la Ciutat Eterna, els emperadors victoriosos feien exposar, a son retorn, els quadres de les seves batalles al llarg de la *Via Sacra*.

En les esglésies de l'edat mitjana els objectes preciosos foren dipositats en sales especials. Eren els cèlebres tresors que en moltes catedrals encara es conserven. En els convents i monestirs es guardaven col·leccions d'art importants.

Fou en l'època del Renaixement que els papes i els grans senyors competien per posseir riques galeries d'objectes d'art antic i modern. Les excavacions que estaven a l'ordre del dia nodrien aquestes col·leccions privades. D'elles han vingut a formar-se en l'època moderna els grans museus oferts per l'Estat a la lliure visita del públic.

La història dels museus d'Itàlia seria interessantíssima, però interminable. Els invasors francesos els saquejaren, emportant-se'n les obres més belles. Afortunadament, es dipositaren a Milà quasi totes. Després de la caiguda de Napoleó, qui primer es va preocupar de fer tornar a Itàlia les riqueses que n'eren sortides fou l'escultor Canova, que feia amb això, segons frase d'un crític eminent, «una obra patriòtica en res inferior a la seva gran obra artística».

Conrado Ricci descriu l'emocionant retorn:

«En els primers dies de gener una llarga cua de carros tirats per bous anava cap a Bolonya. Les campanes de Piacenza saludaven el retorn. Els sacerdots sortien a beneir-los. En tot el trajecte els habitants deixaren les seves cases. Les dones, com si pressentissin que el carregament era d'imatges sagrades, s'agenollaren al llarg del carrer. Prop del *Borgo Sant Donnino* començà a nevar.

Els treballadors, els camàlics i els veïns estengueren sobre els carros mantes perquè la humitat i el fred no arribessin a enrampar els membres de les divines criatures.

També a Parma totes les campanes sonaren i saludaren les obres mestres de Correggio, rescatades de llarg esclavatge. L'emoció davant la visita de les caixes comprimia l'esperit. Iguals successos es repetiren a Reggio i a Mòdena».

El Museu de Nàpols s'ha format amb les col·leccions reials aportades a la corona per Isabel de Farnese, mare de Carles IV, amb els objectes provinents de les excavacions a Càpua, Pompeia, Cumas, Pozzuoli i altres ciutats de la Campània. El museu de Portici, on s'havien reunit les antiguitats d'Herculà, hi ha sigut agregat. Han vingut també a enriquir-lo la col·lecció Borgia, la de Carolina Murat i la del duc de Nola.

Quasi totes les escoles d'escultura grega i romana hi són representades en obres magnífiques de marbre i de bronze sortides de Pompeia i Herculà.

És instal·lat el Museu Nacional en un bast edifici que ocupa una gran àrea rectangular. Té dos grans patis necessaris per a la il·luminació. Fou construït pel fill del famós arquitecte Domenico Fontana, treballant-hi més tard Pompeu Schiantarelli i Ferdinando Fuga. Fou primer una caserna de cavalleria. S'hi instal·là després la universitat. El 1790 hi foren dutes les primeres col·leccions artístiques. És avui un dels primers museus del món.

Museu Nacional de Nàpols (Circa 1900)

El Ministeri d'Instrucció Pública ha aprovat fa poc la «*Guida illustrata del Museo Nazionali di Napoli*». Ella podrà servir de guia a l'estudiós, i serà per a tots d'una indiscutible utilitat.

No sabria el viatger passar en silenci per aquestes sales. No ha d'intentar tampoc fer-ne una minuciosa descripció.

Com ponderar la impressió extraordinària de la galeria dels bronzes, de la dels marbres arcaics i la del Pòrtic dels Emperadors! Gentils figures qui heu dormit tant de temps en les profunditats obscures de la terra. Tal vegada l'oblit dels homes o la seva ignorància us han sigut triomf i salvació! Tal vegada són sorpreses de veure-us aquí, formades en ordre i simetria, i contemplades amb reverència i parsimònia per tants visitants silenciosos i metòdics. Ben segur que enyoren la solemnitat del temple, o el bullici de l'àgora, o la pintoresca algaravia del pòrtic on el filòsof declamava la seva lliçó per damunt de les multituds, i l'orador arengava al poble amb elegància de paraula i gesta d'epopeia. I enyoreu els jardins on els llorers vora la mar florien, i els cignes blancs senyors del llac quiet on es reflectien netament, vora la majestat de les arquitectures clàssiques!

Cantava el poeta en son petit museu d'una ciutat petita:

«Aquí de Grècia l'elegància pura
que en el marbre de Paros esculpida
pogué encarnar eterna la frescor
de la flor de la vida.

Aquí l'augusta majestat togada
de Roma, qui damunt del nostre hemisferi
fins i tot després de caiguda i sepultada
imposa son imperi».

Així ara el viatger pot, com mossèn Costa i Llobera, cantor de Mallorca, anar admirant en plaent vista «grans arnes d'alabastre i de pòrfir on brinda somniadora recordança, i objectes casolans, d'on sembla que espiri domèstica enyorança».

L'ESGLÉSIA DE SAN FRANCESCO DI PAOLA I LA VILLA NAZIONALE

La *Piazza del Plebiscito*, entre l'edifici del Palau Reial i l'església de *San Francesco di Paola*, amb la seva columnata en hemicicle, és d'un aspecte grandiós. Únicament al viatger l'hi recorda a la plaça de Sant Pere de Roma i al Panteó d'Agripa, i en aquesta comparació (car es diu sovint que totes són odioses) la *Piazza del Plebiscito* no hi guanya res.

L'església de *San Francesco di Paola* és edificada en els primers anys del segle passat. Pietro Bianchi és son autor. L'art neoclàssic s'hi manifesta. La imitació dels antics monuments romans era en aquesta època cosa obligada. En son interior, pintors i escultors napolitans ens mostren llurs aptituds en obres que fan honor a les escoles meridionals.

Església de *San Francesco di Paola* (Circa 1900)

Els escultors Canova i Cali representaren amb romanes vestidures d'emperador a Carles III i a Ferran I. Les dues estàtues eqüestres són al mig de la plaça, davant la columnata de *San Francesco*. He llegit fa poc que per les vies de Nàpols, quan Ferran va tornar al seu regne, aparegueren uns pasquins amb un epigrama que feia al·lusió als canvis del monarca: «Va ser quart i després tercer, després segon i ara primer. Si aquesta broma continua, finalment serà zero».

El *Palazzo Reale* és obra de l'arquitecte Domenico Fontana, i fou començat en temps del compte de Lemos, virrei espanyol. És de senzilla façana. Té planta baixa i dos pisos, amb diversos ordres d'arquitectura. Té 170 metres de llargada. Molt entretinguda i profitosa és la visita d'aquest edifici, grandiós conjunt digne del seu reial destí.

Palau Reial de Nàpols (Circa 1900)

Carolina Murat el feu moblar amb tot luxe, traslladant-hi molts preciosos objectes de l'Eliseu de París, on ella havia viscut. El famós ebenista Jacob Desmalter va executar mobles riquíssims i de gran bellesa, que encara avui ocupen el seu lloc.

La *Via Partenope*, immediata al mar, segueix al llarg del *Rione di Santa Lucia*, petit barri modern amb carrers rectes, amples i ventilats, que en el segle passat substituí a una de les més infectes barriades del baix poble quan va començar-se seriosament l'empresa de sanejar la ciutat.

Guillem I començà en el segle XII la construcció del *Castel dell'Ovo*, situat en l'illa Megaris, enllaçada a la terra. La capella fou pintada per Giotto. Res se'n conserva avui dels frescos del famós primitiu.

Seguint el passeig vora del mar arribo a la famosa *Villa Nazionale*, lloc predilecte dels napolitans. Bellament urbanitzada, els elements d'arquitectura s'enllacen amb la vegetació. Entre els jardins, pedestals amb bustos i estàtues segons la manera italiana. Luigi Vanvitelli va projectar-la en el segle XVIII. L'Aquàrium, creat en el segle passat, és un dels més complets i importants de tot el món.

Villa Nazionale (Circa 1910)

Travesso per uns carrers estrets on l'agitada i pintoresca vida popular de Nàpols ofereix el seu típic atractiu.

Envaeixen les botigues amb els seus artefactes l'escassa amplitud de les vies, i transitar és perillós i compromès entre aparadors, caixes i cabassos on semblen haver-ho abocat pròdigament. Passa el vianant com pot entre tants diversos queviures. Cridant els venedors, i els compradors discuteixen a viva veu.

I tot és llum i color en aquest portentós matí sota el cel blau de les terres beneïdes. I en els carrers estrets pengen les robes que s'eixuguen al sol com estendards triomfals de gran festivitat.

Ara he trobat una fira que sembla un campament. Un venedor d'específics imaginaris fa hàbils experiments de prestidigitació. Aquest altre fa combinacions amb tres cartes, i aposta a què no li serà assenyalat el rei. I així als incauts treu moltes pessetes, i tothom n'és meravellat. Aquell té una col·lecció de vistes que a mòdic preu i sense perill es poden contemplar les gestes glorioses dels *bersaglieri* en les ardents terres africanes.

Aquí, un modest llibreter ambulant ha guarnit la seva parada, que resulta el més intel·lectual de tot el conjunt. Seguint el meu costum, he anat repassant els títols d'aquests volums. En un d'ells he llegit «*D'Herculan*» i he tingut curiositat de fullejar-lo.

«Observacions sobre les antiguitats d'Herculà. Amb algunes reflexions sobre la pintura i l'escultura dels antics. I una breu descripció de vàries antiguitats de tot Nàpols».
«Per M.M. Cochin i Bellicard».
«Segona edició».
«A París. A Ch. Ant. Jombert, impressor-bibliotecari del rei en la seva artilleria de la *rue Dauphine*» MDCCLV.

Aquest llibre és dedicat «al *monsieur* marquès de Marigny, assessor del rei en els seus consells, director i ordenador general dels seus edificis, jardins, arts, acadèmies i fàbriques».

Una advertència en la sèptima plana ens fa saber que l'obra es compon de tres seccions. L'autor de la primera és M. Bellicard, arquitecte de les acadèmies de Florència i de Bolonya. La segona part és escrita per M. Cochin, dibuixant i gravador del rei, i guardià dels dissenys del gabinet de sa majestat. La tercera part és del mateix Bellicard.

M'interessa aquesta obra i l'adquireixo. Com que és ja més de mig dia i se'm fa tard, no m'entretinc amb res més.

LA CARTOIXA DE SAN MARTINO

Puja el tramvia un pendent ràpid. Segueix pel *Rione Vomero*, travessa la *Piazza Vanvitelli* i arriba fins al costat mateix del *Castel Sant'Elmo*, fundat en el segle XIV i que és avui presó militar. En son recinte es troba la cartoixa de *San Martino*. En la cartoixa, admirablement situada, hi ha moltes curiositats d'art i d'història.

Ara el viatger hi penetra. Són les deu del matí. El dia és clar, el vent és fort. Una quasi imperceptible fumera s'eleva del Vesuvi, la muntanya que blaveja a l'altra banda de la ciutat. I la ciutat blanca a la tíbia carícia del sol matinal és plena de remors que arriben a l'altura de *San Martino* com el dèbil murmurar de les onades en la platja llunyana.

Inquieta i turmentada imaginació la de l'artista. Escenes de dolor, patiment i martiri, espectacles de violència i terror plens d'amarg realisme. De Josep de Ribera (l'*Espagnoleto*) es troben en l'església de *San Martino* algunes obres importantíssimes.

Es diu que Ribera és fill de Xàtiva. Afirma un crític espanyol que en una de les figures d'apòstols que posseeix la Diputació Provincial de Vitòria, i que s'assegura que foren pintades per a la decoració d'una església de Nàpols, s'hi llegeix «*Josef Ribera, valentiano, febrero de 1637*».

No obstant això, en una obra publicada a París recentment, s'hi troba:

«Ribera és un dels més grans noms del segle XVII napolità. Molt s'ha escrit i discutit sobre el país d'origen i la família de Ribera. Els uns el tenen per espanyol, altres el creuen nat a Lecce, altres, encara a Gallipoli. M. Llorenç Salazar ha pogut establir per alguns registres parroquials que Ribera va néixer a Nàpols, fill d'Antoni Simone, espanyol, i de Vittoria Azevedo, igualment espanyola».

Tota la pintura del segle XVII en la Itàlia meridional ve poderosament influïda per Caravaggio (1569-1609). Sembla que Ribera, en la seva joventut, va estudiar molt les obres del seu mestre, del que va imitar sovint els vius contrasts de clarobscurs, la vida sorprenent de les figures i la manera violenta d'interpretar la natura, escollint assumptes d'horror i crueltat.

La cartoixa de *San Martino* fou fundada l'any 1325 pel duc Carles de Calàbria. A partir de l'any 1580 s'hi feren importants reformes i reparacions, essent dirigits els treballs per Felice, Brigantino, i Fabricio de Guido, entre altres. Cosimo Fanzago, natural de Bèrgam, va encarregar-se de les obres com arquitecte el 1623, edificant el claustre i projectant el decorat que veiem encara en l'església. Fanzago és l'autor del *Palazzo de Donna Anna* en el Posilipo, i de molts altres palaus i monuments de Nàpols.

Claustre de la cartoixa de *San Martino* (Circa 1910)

A més de les obres de Ribera («La Comunió dels Apòstols», «Moisès i Elies», «El Davallament de la Creu» i «Els dotze profetes de la volta»), hi ha en aquesta església pintures de Lanfranc, Aripino, Guido, Stranzioni i Caravaggio.

El sostre de la sala del tresor és de Luca de Giordano, conegut entre els napolitans per «*Luca fa presto*» per la rapidesa amb què dibuixava i pintava. Francesco Solimena (pintor napolità de renom) va escriure de Giordano: «Va veure la imatge com hauria de ser, abans de començar. També va haver-hi tanta rapidesa d'execució que va sorprendre i encantar els admiradors».

Molt dividida es troba l'opinió de la crítica respecte a aquest pintor, ja que mentre alguns consideren les seves obres com un orgull de l'escola napolitana, i tan magistralment executades «per donar a la il·lusió pictòrica la vivacitat d'una visió real», un autor diu:

> «Giordano és un dels pintors més mediocres del segle XVII. Ignora i desconeix qualsevol element de dibuix. La seva pintura és suau, sense vida, sense forma, sense idea. És un dels menys dignes del seu nom».

Luca Giordano és deixeble de Ribera. Va estudiar també a Roma amb Pietro di Cortona. A més de les moltes obres que es troben disseminades en esglésies i palaus de Nàpols, pot estudiar-se aquest discutit pintor a Montecasino, en el palau Ricardi de Florència, i en l'església de Sant Llorenç de l'Escorial. Nasqué l'any 1632, morint el 1705.

El Museu de *San Martino* és molt visitat per l'element popular. Són encant dels napolitans, de totes edats i condicions, les figures que representen amb ses virolades i autèntiques indumentàries els més fantàstics i pintorescs personatges del teatre regional. El pessebre i els retalls de la història de Nàpols tenen també molts espectadors.

En una de les sales decorada per Raffaellino del Garbo, es poden admirar les cèlebres porcellanes de Capodimonte. Algunes temptatives per a la fabricació de porcellanes es feren en el segle XVI a Ferrara, Florència i Venècia, imitant les de procedència oriental. Les primeres conegudes són les

Atri del Museu San Martino (Circa 1910)

de la Xina, de les que deriven les del Japó, on va començar-se la fabricació l'any 660 aC. Aquesta indústria prengué increment a França en el segle XVII, creant-se primer les manufactures de Rouen i Saint Colud, i més tard les de Vicennes i Sévres. També eren molt estimades les porcellanes de Faubourg, Saint-Lazare (París), Villeroy, Mennecy, Orleans, Arras i Chantilly. Gran fama tenia la manufactura del *Buen Retiro* a Espanya. A Suïssa, Anglaterra i Rússia s'estengué també aquesta fabricació.

Les porcellanes angleses de tant renom per llur transparència, eren compostes d'una barreja d'argila blanca i sorra fina amb pols de vidre.

A Itàlia trobem aquest art a Treviso, Venècia i Torí. La manufactura de Doccia, a prop de Florència, fundada pel marquès de Ginori el 1735, fou una de les més importants.

També es trobava en primera fila la Reial Fàbrica de Capodimonte, estudiada per Luigi Mosca en la seva obra «*Napoli e l'arte ceramica dal XVIII al XX secolo*».

Molt es preocupen els italians del renaixement d'aquest art. S'ha proposat la creació d'una Escola Nacional de Ceràmica, i la formació de Museus d'Art Industrial dedicats especialment a la ceràmica en totes les seves especialitats.

Pèrdua dolorosa, irreparable i de fatals conseqüències pel desenvolupament i prosperitat de l'art de la porcellana, és l'emigració de quasi tots els exemplars que podien considerar-se com obres mestres, adquirits a bon preu pels col·leccionistes i museus estrangers.

LA CATEDRAL DE NÀPOLS

La consumada experiència adquirida pels mestres constructors de les esglésies gòtiques de França feu que de totes parts fossin sol·licitats.

Un arquitecte parisenc marxà a Itàlia l'any 1389 per a dirigir els treballs del *duomo* de Milà. També en la Toscana s'hi observa la influència francesa. Frederic II confià a un francès la direcció de les seves construccions. Pocs anys més tard, Carles d'Anjou té al seu servei a Jean de Toul i Pierre d'Angicourt. Segons ens explica Henri Stein en la seva obra «*Les Architectes des Cathedrales Gothiques*», «a ells es deuen alguns dels nombrosos edificis religiosos construïts llavors a Nàpols amb els mètodes francesos, com la catedral de Nàpols i la de Lucera».

A San Genaro, Bisbe de Benevento, «conciutadà i protector» dels napolitans, segons resa una inscripció de l'arquitrau de la seva magnífica capella, és dedicada la catedral. Té tres naus i, malgrat els molts canvis que ha sofert, conserva en algunes parts el seu primitiu caràcter gòtic. Pierre d'Angicourt, el cèlebre arquitecte francès, es trobava a Nàpols en els darrers anys del segle XIII i en començar el segle XIV, i amb seguretat és el seu autor. Niccolo Pisano, al qui Vasari atribueix sense fonaments la construcció d'aquest temple, va morir el 1278.

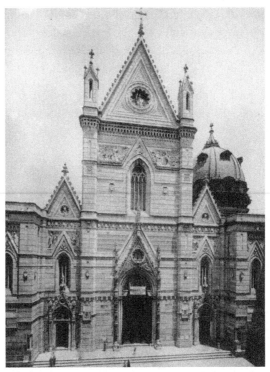

Catedral de Nàpols després de la finalització de les obres de la nova façana (Circa 1910)

Belles pintures de Luca Giordano, Solimena, Forti, Santafede i Vasari. Les tombes de Carles I d'Anjou, Carles Martel, rei d'Hongria, etc. Molt de temps caldria per anar apuntant una per una totes les coses dignes de menció que aquí pot observar el visitant. Fatigosa tasca que no ha d'intentar el viatger, sempre mancat de temps en son agitat pelegrinatge.

En la *Cappella di San Gennaro* es conserva la sang del màrtir. El miracle de la liqüefacció, que cada any sol verificar-se en la diada assenyalada, atrau gran multitud. Hi acudeixen estrangers, hi acudeix el poble piadós i tirbulant, hi acudeixen escèptics i curiosos, hi acudeix tothom. La impaciència és gran. Desventures vindran a la ciutat i males anyades si, per dissort, el miracle no es compleix. Alegria i càntics ressonen per les naus del temple un cop el miracle s'ha verificat.

Ara la capella —rica de marbres i sumptuosa d'ornamentació— és solitària. Velada llum i resplendor de ciris fan brillar l'or dels altars en les barroques penombres primorosament treballades. Les pintures de Domenichino i Ribera són quasi invisibles.

Els angevins introduïren a Nàpols l'art gòtic, llavors dominant en el seu país. Un autor francès assegura que «el gòtic de França i el que es veu a Nàpols són molt diferents: el gòtic napolità no és tan rígid com el nostre. S'ha dit, justament, que els arquitectes i escultors que treballaren a Nàpols en els segles XIII i XIV havien sofert la influència del clima del migdia. La seva manera fou menys severa, més graciosa que la dels artistes francesos de la mateixa època».

Els monuments funeraris i escultòrics de l'època angevina són a Nàpols nombrosos, però la major part són executats per artistes del nord d'Itàlia. Paccio i Giovanni, florentins, són els autors del monument sepulcral del rei Robert en l'església de Santa Clara. Molts deixebles d'Orcagna i d'Andrea Pisano vingueren a la Campània. A la cort de Robert d'Anjou acudí Giotto, sol·licitat pel monarca. Vassari ens explica que treballà a Nàpols des del 1329 a 1332. Cridats també pel rei vingueren Giovanni Cosmati, de Roma, i Tino Camaino, de Siena.

La cripta que es troba sota l'altar major, construïda per Malvito, de Como, és una magnífica obra del Renaixement. En la capella hi ha la tomba de San Genaro.

Algunes esglésies he visitat a més a més, en les que es pot estudiar perfectament l'art gòtic, adaptat ben sovint a l'especial sentir dels artistes italians.

Així com de les arts cristianes anteriors al segle XII queden pocs vestigis en aquesta ciutat, tenim a *San Lorenzo*, a *San Domenico Maggiore* i a l'*In coronatta*, exemplars remarcables que fan honor a les escoles medievals, i als sobirans a qui a les arts belles dispensaren tanta protecció i acolliment.

LA PORTA CAPUANA

«Sembla que l'atenció a les obres i coses del passat apartin sovint de la que mereixen els artistes d'avui, i la seva tasca esforçada», deia l'amic. I prosseguia: «Dura empresa la del treball sense estímul ni encoratjament. Heroica actitud la del que oblida la indiferència dels homes i sap mirar amb indiferència el seu oblit». Continuava: «Gran inquietud dona als moderns artistes d'Itàlia l'afany creixent de la investigació arqueològica i altres semblants estudis. Tot el que és contemporani és com postergat, relegat a un lloc secundari». Uns obrers de la brigada de neteja alcen gran polseguera, la qual cosa ens obliga a cloure la boca i accelerar el pas. Restablerta la normalitat del nostre deambular i conversa —sobtadament trencada de manera tant inoportuna com antihigiènica—, el viatger s'ha acostat a l'amic, i ha dit:

«Paradoxa de la gent d'art és aquesta. No sentireu a voltes als qui creuen la seva obra incompresa, o l'imaginen de més alt mèrit i valer dels que se li dona, apel·lar al judici de la posteritat. Posteritat justiciera, posteritat exacta, posteritat infal·lible i generosa de reparar reputacions frustrades, esperança i consol de genis desvalguts, única llum que guia en son camí de tenebres als qui són caiguts en fracàs i no perden la fe! Doncs bé, amic meu caríssim, la posteritat... som nosaltres».

Callava l'amic, i el viatger d'aquest silenci en prenia ardidesa: «Ens cal complir abans de tots els nostres deures com a posteritat, de la millor manera possible, i esmerçant-hi seny i disciplina. Altrament defraudem sense amor ni consideració ni agraïment als homes gloriosos qui tal vegada en son camí de lluita i desventures ens invocaren com a suprems àrbitres de llur immortalitat, de llur victòria».

Seguíem per la ciutadana via, i seguia en son silenci l'amic. «En gran mancança de lògica cauran els qui gosin confiar en el fet que els homes futurs han de complir de grat la tasca que a ells tant desplau i enutja». En tal conversa estàvem, de trivial raonament i vulgar ironia, que hem arribat al punt mateix on es troba la Porta Capuana. Ha dit l'amic que mai en ella havia parat esment, ni —en molts anys que és a Nàpols— n'havia sentit parlar gran cosa.

La transició de l'art de l'edat mitjana al Renaixement, es manifesta a Nàpols, sobretot en detalls de l'arquitectura religiosa i funerària. El sepulcre del rei Ladislau en el cor de *San Giovanni a Carbonara* és una bellíssima obra d'arquitectura i escultura que recorda al viatger algun monument —que ara precisar no sabria— de les ciutats enyorades de la Itàlia del nord. També en alguns palaus s'hi adverteix aquesta indecisió d'estil: el *Palazzo Penna*, atribuït a Bambocio, el *Palazzo Carafa* a la *Via San Biagio*, obra d'artistes toscans i que té alguns detalls que recorden els edificis florentins.

En aquesta època els artistes del nord d'Itàlia feien sentir a Nàpols la seva influència. Quan no venien ells mateixos, eren les seves obres que arribaven. De Donatello i Michelozzo és la tomba del cardenal Brancaccio, treballada a Pisa, i que admirem ara en l'església de *Sant'Angelo a Nilo*.

La dinastia d'Aragó atragué molts artistes toscans que ompliren les terres meridionals del subtil i refinat esperit florentí. Els autors francesos fan justícia als monarques de la casa d'Aragó: «més encara que la cort angevina, la cort aragonesa, molt fastuosa, estimava les arts i els artistes, i Alfons I i Ferran I foren per a ells mecenes generosíssims». L'arc de triomf del *Castel Nuovo* n'és una prova magnífica. La Porta Capuana n'és una altra prova.

La Porta Capuana és obra de Giuliano de Maiano, florentí, germà de Benedetto, autor del *Palazzo* Strozzi. Ferran, fill d'Alfons, la feu construir l'any 1482. L'arc, de complicada i fina ornamentació, minuciosament treballada, és entre dues pilastres corínties que sostenen l'entaulament. El fris és elevat, la cornisa meravellosa. Un àtic corona la bellíssima porta. En la part superior hi ha afegit un altre arc lamentable en temps modern. Algunes de les escultures són també posteriors a la construcció. Giovanni de Nola va executar-les al segle XVI.

Porta Capuana (Circa 1865)

Va substituir la Porta Capuana a una antiga porta famosa en la història de Nàpols. Per ella van entrar Alfons d'Aragó, Roger de Normandia, Anníbal, etc. En aquest lloc precís, Sant Pere va convertir a Santa Càndida. Avui és aquest un barri bulliciós i animat, no massa propici per a la meditació, ni per a l'observació tranquil·la i reposada. No creix pas l'herba ni la molsa entorn dels monuments de Nàpols, com en els silenciosos carrers de Lecce, o en les escalinates solitàries de la ciutat d'Urbino.

Entre els famosos artistes que han sojornat a Nàpols, el que hi feu més curta estada fou el turbulent florentí que en pàgines delicioses ens ha deixat escrita la narració de la seva vida agitada i laboriosa.

Benvenuto Cellini n'havia fet a Roma una de les seves. Perseguit per la justícia, fou protegit i ocultat per Giambattista Sogliani, qui l'hi aconsella partir a Nàpols. Poc preocupaven a l'excels florentí les ires de la justícia, per quan havent trobat en la ruta un company, emprengueren alegrement la caminada. Benvenuto fou molt ben rebut. Un joier amic va atendre'l sol·lícitament i, a més, va presentar-lo al virrei Pere Álvaro de Toledo, marquès de Vilafranca.

Va mostrar-li Cellini un bell diamant muntat en or del qual el virrei l'hi va fer gran elogi, i creient-lo obra seva va dir-li que altre joier al món no es trobaria que fes treball semblant, al que ell va replicar amb son aire habitual, enemic de diplomàcies i hipocresies, que ell es creia capaç de fer-ho molt millor, ja que no era muntat per ell el que l'hi mostrava.

Tornant al seu allotjament va trobar cartes del Cardenal de Mèdici, pregant-li que tornés a Roma amb gran diligència. Immediatament es va posar en camí, no sense prendre certes precaucions. La pública seguretat i vigilància és evident que no estaven pas en aquell temps a l'altura de les belles arts. Cellini, almenys, en dubta.

EL SANEJAMENT URBÀ DE LA CIUTAT

Gian Lorenzo Bernini, fill de Pietro Bernini, va néixer a Nàpols l'any 1598. Pietro Bernini era florentí. L'ànima florentina dominarà a Nàpols en aquell temps.

Lorenzo Bernini fou en art un revolucionari. Què n'hi resta de l'esperit florentí? «Sense l'art de Joan Bologna —diu Marcel Raymond— l'art de Bernini semblaria una aparició massa brusca i vertaderament inexplicable». Un pintor, el *Domenichino*, va influir també poderosament en el seu art.

Amb Bernini, l'arquitectura esdevé monumental. El baldaquí de l'església de Sant Pere de Roma, el pòrtic de la *Piazza della Scala Reggia* del Vaticà o l'església de Sant Andreu del Quirinal són obres d'esplendor i gran magnificència. Tots els papes a Roma, a l'estranger els més grans reis, Carles I a Anglaterra, Lluís XIII i Lluís XIV a França, es disputaren la glòria de tenir-lo al seu servei.

Bernini, jove encara, passà a Roma. Més ja el barroquisme que transformava la Ciutat Eterna, i l'hi donava la seva actual fisonomia, a Nàpols es manifestava clarament, no trigant a triomfar en tot lloc.

No respectava de les arts d'altres temps, ni els monuments més venerats. L'església de Sant Llorenç fou devastada. Molts sepulcres medievals van ser torcejats. L'art gòtic anava desapareixent. Les columnes foren recobertes d'estuc. Els arcs, les finestres, tot fou modificat.

Amb més criteri alguns artistes edificaren bells palaus i temples dignes d'admiració i elogi. La pintura es caracteritzava, i l'Escola Napolitana s'anava definint. Noms i noms podrien citar-se, però el viatger no se sent prou disposat per a semblant empresa.

En la ciutat moderna, teatres, places monumentals, amples vies, edificis grandiosos. La *Via Toledo* animada de nit. Vaga melancolia per a l'espanyol, en mig de la joia de la llum, i el transitar dels elegants i les dames luxosament mudades. Son nom és ara *Via Roma*. Però encara per molts anys no s'esborra el seu títol gloriós. I el viatger de les terres d'Espanya podrà venir aquí, com si no es mogués de casa seva.

Via Toledo retratada per Giorgio Sommer a l'alçada de la *Piazza Carità* (Circa 1880)

Després de l'epidèmia de còlera de 1884, el municipi va decidir emprendre grans reformes amb l'objectiu de sanejar la ciutat. Per una galeria de vuitanta quilòmetres es conduïren a Nàpols 170 000 metres cúbics d'aigua diàriament. Amb aquesta nova conducció es podia disposar ja de 200 litres diaris per habitant.

Per a l'establiment de les clavegueres, fou dividida la ciutat en tres zones:

o   El col·lector general de la primera desembocadura en la platja de Cumas, a trenta quilòmetres de Nàpols i a uns dos metres sobre el nivell del mar, alçada que alguns tècnics han cregut exagerada, i que segons ells perjudica el bon funcionament del sistema.

o   El col·lector de la segona zona, que va fins a un gran dipòsit —en l'istme del Posillipo— des del qual passa al primer col·lector.

o   La tercera zona (la part més baixa de la població) té una canalització especial, i després és elevada fins al col·lector de la primera.

Les antigues clavegueres serveixen únicament per a les aigües de la pluja, i van directament al mar.

La canalització de les aigües pluvials s'ha disposat en molts barris a sobre de les clavegueres (Sistema Waring, emprat a Torí), amb absoluta separació i amb especial disposició perquè les aigües de la pluja passin a la claveguera inferior quan es cregui necessari per a la neteja.

Molt i molt resta encara per fer en la ciutat moderna i en els barris populars respecte a higiene i sanejament. En l'obstinada lluita contra els perills d'infeccions que tan durament castiguen a la ciutat, encara la victòria definitiva és incerta i llunyana.

Era aquest passat estiu a la platja de Rímini. Miràvem ajaguts en la sorra les acolorides veles de l'Adriàtic flamejar el darrer raig de sol. Jugaven els infants en la sorra. Les brunes donzelles de tènues i blanques vestidures, colorades pel sol de l'estiu i els aires de la mar, vora de les onades conversaven bullicioses. I en l'aire encalmat de la tarda moridora, floria l'alegria de rialles argentines.

Més greu i dolorosa conversa era la nostra. A tots inquietaven i alarmaven les noves rebudes des del sud d'Itàlia. L'epidèmia creixia. L'epidèmia era el còlera.

A Verbicaro, greus successos. Informacions esgarrifoses en la premsa. El poble s'havia amotinat. Armat amb totes les eines de treball agrícola, havia assaltat la casa de l'Ajuntament. L'alcalde en son mateix despatx fou mort. El secretari, un jove de poc més de trenta anys, aconseguia fugir enfilant-se per les teulades. Els segadors més hàbils i destres seguiren amunt. Les eines que tallen les daurades espigues en el mes de juny feren la seva feina. Fins a la plaça fou arrossegat el cadàver.

De bella nit la multitud envaïa el llatzeret. L'edifici era entregat a les flames. L'exaltada comitiva tornava cap al poble en tràgica cavalcada a la llum de les torxes i a la resplendor sinistre de les flames. Els malalts, en son llits, eren portats en processó. Amb desmaiades veus gemegaven. Molts d'ells moriren en el camí. Verbicaro podia cantar victòria! Els emmetzinadors de les aigües, els qui robaven els malalts de les cases, l'havien pagada ben cara!

Pausadament l'alegre multitud desfilava. Les amigues s'havien allunyat. Les onades besaven mansament la platja.

De la finestra entreoberta d'un *villano* n'eixien femenines veus. Unes mans àgils teclejaven com el preludi d'una dansa. Seguíem nosaltres preocupats.

Ja en els temples s'anunciaven rogatives. Ja els carrers eren desinfectats en les altes hores de la nit. Ja un ban de l'alcaldia donava consells i dictava ordres severes. Ja en els hotels hi havia gran precaució.

«Els pobles meridionals no coneixen la neteja» —deia un estudiant milanès que era de la nostra colla. «Una vegada jo vaig ser a Nàpols...» i aquí seguia una anècdota que ja ens havia repetit infinites vegades. Nosaltres ni escoltàvem. Érem profundament abstrets i pensatius.

I va insistir: «A veure si per fi aconseguiran a què sigui un fet aquella famosa frase que repeteixen a tota hora, *"Vedere Napoli... e poi moriré"*».

EL POSILLIPO – 23 DE DESEMBRE DE 1911

S'ha ennuvolat el cel ràpidament. L'alegria del sol de mitja tarda s'ha esvaït. I han començat a caure, sense advertència, unes gotes grosses i pesades que es fonien amb la pols del camí, i feien un gran estrèpit sobre un cobert de zinc que allà a la vora m'ha aixoplugat piadosament. El viatger no portava paraigües i s'ha recollit en el cobert d'un hostal.

Com el vent i la inclemència de tots els elements persistia, he penetrat tímidament en la penombra tèrbola d'una sala més llarga que ample, més repulsiva que confortable i pulcra.

Uns carreters o terrassans bevien i jugaven a les cartes. Una mossa feia un simulacre de neteja en un armari. En les parets, unes litografies on el rastre de diverses generacions de mosques hi era ben manifest.

He sentit desitjos de tornar-me'n a fora. He sentit com un sinistre pressentiment i evocació de criminals llegendes de bandolers i assassins. Jo em trobava allunyat de tota protecció en un antre refugi tal vegada de *camorristes* o facinerosos.

Anava a retirar-me, però la serventa ha interromput la feina i ha vingut cap a mi. «Si per casualitat —he demanat— tinguéssiu aquí llibrets de paper de fumar o una capsa de llumins». Totes dues coses —per a mi ben inútils— es trobaven allà. I he sortit —tot mirant de reüll als jugadors de cartes, que ni tan sols han fet esment de la meva visita— de la penombra ingrata i sospitosa a la llum freda i pàl·lida de la jornada grisa.

Segueixo el camí del Posillipo que tants records té dels temps passats. L'antiga *grotta*, de més de 700 metres de longitud, és citada amb freqüència pels autors romans, i fou atribuïda a Virgili. M. Bellicard diu que aquesta gruta, per on passa per sota de la muntanya un camí que condueix de Nàpols a Pozuoli, «és tan antiga que el seu origen és bastant obscur», i que les discussions que ha ocasionat entre diversos autors són prou conegudes. Fou també refugi dels malfactors que infestaven la contrada, fins que Felip II d'Espanya els en va treure, retornant la gruta al seu primitiu destí. En temps de M. Bellicard (1755) es conservava en bon estat. «Als viatgers només els incomoda una pols que ho enfosqueix tot sempre, i que els obliga a advertir-se amb la veu quan s'apropen a altres per por a xocar».

«La Gruta de Posillipo», obra pintada per Gaspare Vanvitelli a inicis del segle XVIII
(Museo del Prado)

La *Grotta Nuova*, feta en el segle passat, dona pas al tramvia i és il·luminada elèctricament.

Altres curiositats trobarà l'excursionista en el seu passeig pel Posillipo (l'antic *Pausilypon*), entre elles la tomba de Virgili (columbari romà) i el *Palazzo Donn'Anna*, obra del segle XVII.

El mar és agitat i baten amb fúria les onades en els penyals, desfent-se en blanca escuma. Un darrer raig de sol il·lumina la mar i les humides terres. L'illa de Nisida és tan pròxima que es perceben els més petits detalls, i es veuen els homes que descarreguen en el moll, i el llatzeret on són traslladats els malalts de Nàpols en temps d'epidèmia.

Renuncio a entrar en unes altres grutes que diuen que són molt visitades pels forasters. No lluny d'aquí es troba la famosa caverna que descriu M. Bellicard, arquitecte de les Acadèmies de Florència i de Bolonya, d'una manera ingènua:

«De la Cova del Gos.
Aquesta cova, que mesura cinc peus d'alçada, quatre d'ample i set o vuit de profunditat, és tancada, no sigui que algun viatger fatigat vingui a descansar i s'adormi. S'anomena la "Cova del Gos" perquè si agafes un gos per les potes i el col·loques de costat contra el terra en aquesta cova, només durant dos minuts, l'agitarien unes convulsions que el matarien si el retinguessis allà durant més temps. És retirat mot. Però també tan aviat com prengui l'aire i se'l submergeixi en el llac *Agnano*, que es troba només a vint passos del mar, torna a la vida, surt de l'aigua i s'escapa».

EL CONVENT DEI CAMALDOLI – 24 DE DESEMBRE DE 1911

Fa una bona tarda, i havent dinat sortim amb un amic meu de Nàpols. Després d'una llarga caminada, sempre ascendint per corriols i dreceres, travessant torrents i boscos entapissats de fullaraca morta, arribem al convent *dei Camaldoli*, lloc on tot bon napolità acompanya al foraster, per poc que tingui una tarda lliure. He sigut presentat a un dels frares, que és espanyol.

A la petita cel·la austera, a peu pla, s'hi entra pel jardí. Totes les coses són en ordre i pulcritud. En una lleixa hi ha llibres enquadernats de pergamí, en groga filera, de lloms arrugats i títols borrosos. A sobre de la taula unes revistes i un devocionari entreobert. Uns rosaris voluminosos pengen del respatller d'una cadira de balca. I en el mur —blanc de calç— la imatge dolorida, severa, tràgica, de Jesús clavat en la creu.

Parla el bon religiós, hoste de les altures. Són d'alegria les seves paraules. Parlem d'Espanya —la pàtria llunyana—. Ja fa alguns anys que no hi ha estat, però llegeix alguns diaris que l'hi envien i es troba al corrent. Comenta amb entusiasme un sonet de Ricardo León, que publica *La Lectura Dominical*. Em llegeix aquest sonet. Conversem de coses variades. En son llavi floreix una rialla bondadosa. Son esguard és intel·ligent. La seva paraula, concisa i clara, greu i reposada, és plena del prestigi de les grans reflexions obstinades i de les llargues hores silencioses.

Sortim al jardí. Amable jardí conventual, correcte i ben cuidat. L'extraordinari panorama que des d'ell s'admira és universalment famós. En un extrem, un banc de pedra en hemicicle, de cara al mar. En aquest banc —em diuen— s'hi va asseure l'emperador d'Alemanya no fa pas molts anys.

Interior del convent *dei Camaldoli* (Circa 1900)

I ara, l'irreverent viatger, més entregat a la contemplació de les meravelles de la natura que a la consideració de les humanes glòries, seu sense mirament ni cortesia en el banc famós on han reposat emperadors, viatgers i peregrins.

El golf de Nàpols, entre el cap Miseno i Punta Campanella, descriu una ampla cursa accidentada. Aquí, les illes d'Ischia i Procida. Allà, l'illa solitària de Capri. Té la primera trenta kilòmetres de circumferència i 30.000 habitants. Tota és en un terreny volcànic. Els cràters són nombrosos. L'any 1489 va néixer a Ischia el marquès de Pescara, Ferran Francesc d'Ávalos. Heroi de Ravenna i Pavia. Morí de les seves ferides a Milà el 1525. És enterrat a Nàpols, en l'església de *San Domenico Maggiore*. En la seva tomba hi ha un epitafi d'Ariosto. La seva vídua, Vittoria Colonna, va trobar en aquesta illa un retirat refugi. Vittoria Colonna era poetessa. Son pare era Fabrici Colonna de Paliano i de Tagliacozzo. La seva mare era Agnés de Montefeltro.

Fou el marquès de Pescara qui envià a França el cadàver de Bayard, el cavaller, mort en el camp de batalla. Fou qui decidí la victòria de Pavia.

Miquel Àngel va dedicar a Vittoria Colonna molts dibuixos, sonets i altres poesies. Morta el 1547, el gran escultor escrivia: «La mort iniqua i malvada ha cregut destruir les seves virtuts i ofuscar la llum de la seva ànima. Els seus escrits il·luminen sa imatge, que és per nosaltres més viva i gloriosa encara».

La petita illa de Procida, entre Ischia i el cap Miseno, és també formada per diversos cràters de volcans extingits, i no té més de 5.000 habitants.

Capri, davant de la *punta Campanella*, a l'altre extrem del golf, és l'illa de moda en l'estació d'hivern. És la *Capreae* dels romans. No té més de 7.000 habitants. Fou una de les primeres colònies gregues de la Campania. En temps d'August fou pròspera colònia romana. L'any 27 de l'Era Cristiana s'hi va retirar l'emperador Tiberi, morint deu anys després. És el seu palau (la famosa Vil·la de Tiberi), avui en ruïnes, la més gran curiositat de l'illa.

Darrere, el *Lago Averno*. Prop de la platja, Cumes, la colònia grega més antiga d'Itàlia. L'any 1050 aC els grecs s'establiren a Cumes, Ischia, Capri i Sorrento. Una petita expedició vinguda de Rodes va edificar el Partènope (la Ciutat de la Sirena). Destruïda aquesta pels cumans, fou reedificada amb el nom de Neàpolis. De l'organització municipal d'Atenes, Neàpolis va copiar-la. Esdevinguda romana, es conservaren els antics costums. Els emperadors romans l'engrandiren i s'hi edificaren villes, el mateix que els grans senyors de la noblesa. August, l'emperador, hi residí molt de temps. Neró, segons explica un historiador, «es complaïa de rebre en son teatre els aplaudiments de la multitud». Ciceró i Virgili hi sojornaren, escrivint a Neàpolis llurs composicions més celebrades. Romulus Augustulus hi fou enviat per Odoacre. El darrer emperador d'Occident aquí fou exiliat.

Belisari se n'apodera l'any 535. Fou un temps independent fins que va ser presa per Roger de Normandia. Aquesta era Nàpols, que ara és populosa ciutat, i que mirem allà a baix, sota el sol de la tarda, estendre's per la plana i ondular dolçament sobre els tres turons del Vomero, Posillipo i Capodimonte.

I allà a baix, Pozzuoli, d'on s'extreuen les terres tan conegudes que donen a la calç propietats hidràuliques[19], i els *Campi Flegrei* («Camps Ardents»), on, segons la tradició, es troben les portes de l'infern. Vasta planura de volcans extingits, plena d'emanacions sulfuroses.

---

[19] (Nota de l'autor) Són les *puzolanas* (terres de Pozzuoli), laves volcàniques compostes de silici, alumini, peròxid de ferro i lleugeres proporcions de calç, magnèsia, potassa i sosa. Es fabriquen també artificialment.

Allà a la llunyania, sota el Vesubi, Porticci, Herculà, Torre del Greco, Torre Annunciata, Castellamaré, Pompeia, Sorrento, etcètera.

La llum declina, i l'ombra s'estén per la gran plana i va enfilant-se per la serra, suau, pausadament. Fulgura una finestra amb l'encegador reflex dels seus vidres. Van apagant-se els vius colors i resta la ciutat submergida en una atmosfera freda, platejada. Destaca el mar, d'un blau intens, sota el cel, d'un verd clar. Un petit núvol soterrat sembla avergonyit de veure's en indiscreta solitud dins de la serenitat immensa de l'espai infinit.

POMPEIA

Representació de la cúpula de Sant Pere de Roma. Dibuix realitzat per Joan Bordàs
Salellas l'any 1911
(Arxiu Municipal de Sant Feliu de Guíxols | Fons Joan Bordàs Salellas)

DESEMBRE DE 1911

Aquest matí seguim la ruta de Pompeia, un bell matí. Sol brillant, aire pur, cel serè i mar blava. Són al llarg de la costa els pobles blancs, amarats de claror i alegria mediterrània. Entre ells (punyent contrast) dolor de ruïnes i vivents records de tràgiques jornades.

En les costes del golf de Nàpols els potentats romans, prínceps i emperadors edificaven llurs morades sumptuoses. Descriu Staci un dels palaus, ornat de pintures i escultures dels grans mestres de Grècia. Si hem de creure la narració, en ell s'admiraven les obres mestres d'Apel·les de Colofó, Fídies, Policlet, etcètera.

Vestigis d'aquestes construccions existeixen encara, més tots els objectes d'art, que foren reunits en petits museus, són avui en el Museu Nacional de Nàpols, facilitant-ne així el coneixement als curiosos de les belles coses del temps antic.

Dionís d'Halicarnàs explica que Hèrcules, després d'haver derrotat i aniquilat als brigants que infestaven Espanya i les Gàl·lies, i d'haver civilitzat les nacions salvatges que habitaven aquests països, va obrir-se en els Alps un camí que mai ningú havia seguit, i tornant a Itàlia va deturar-s'hi prop d'un any. La flota que va acompanyar-lo fins a Espanya, retinguda per vents contraris, no pogué aconseguir-ho fins a les riberes del Sarno, al peu del món Vesuvi. I allí fou que havent consagrat als déus el botí que portava, va construir primer Pompeia en el lloc mateix on va acampar i on havia celebrat ses victòries amb gran solemnitat (com el nom mateix de la ciutat indica), i després *Herculaneum* en el port on s'havien refugiat les naus. Sembla que això fos en l'any 1238 aC. Herculà ocupava el lloc mateix on avui es troba Resina.

Una primera convulsió sísmica va deixar-se sentir des del 5 de febrer de l'any 63 de l'Era Cristiana, que durà diverses jornades i fou notada en quasi tots els pobles de la Campània. Les construccions de Pompeia sofriren molt en aquest terratrèmol. Una part d'Herculà fou també destruïda. «Estem parlant d'una estàtua —diu M. Bellicard— que es va partir en dos peces de sota cap a dalt en aquesta tremolor. Però nosaltres no diem si és en Herculà o en alguna altra ciutat d'aquesta regió».

Pocs anys més tard, Pompeia i Herculà eren sepultades en la famosa erupció del Vesuvi de la que Plini en les seves lletres ens ha deixat emocionant descripció.

L'any 1689 uns obrers obrien un pou pels voltants de Portici, i descobriren alguns marbres i els murs d'un edifici. Seguides les excavacions per ordre del príncep Elbeuf, es van desenterrar també un temple circular i nombroses estàtues que foren enviades a Viena. En temps de Carles III d'Espanya va treballar-se activament i d'una manera metòdica.

Moltes discussions s'originaren al principi sobre la ciutat descoberta. Alguns insistiren que es tractava de Pompeia. Altres l'anomenaren «Retina».

«El primer no va fer cas a què Pompeia es trobava a la vora del Sarno, i que fins i tot la tradició del país encara conserva el record de la seva situació, cap a la desembocadura d'aquest riu, a prop d'un lloc anomenat *"Torre dell'Annonciata"*, a deu u onze milles de Portici, massa lluny per trobar-se avui sota Portici mateix».

Visita de Carles VII de Nàpols —Carles III d'Espanya— a una excavació pompeiana (1751)

Així parla M. Bellicard abans que Pompeia fos desenterrada. Si el bon humor de l'arquitecte de les acadèmies de Bolonya i de Florència és extraordinari, ho és més encara son instint d'orientació, i la seva habilitat en recollir tradicions del país ignorades de molts que venien obligats a conèixer-les i aprofitar-les.

Les inscripcions trobades resolgueren la qüestió. En el pedestal de l'estàtua eqüestre de *Nonius Balbus* s'hi llegeix:

M. NONIO – M. BALBI – F. PP. HERCULANENSES

Estudia M. Bellicard en la seva obra el teatre, el fòrum, alguns temples, les tombes i objectes d'usos variats, que en el seu temps es coneixien. En el segle passat les excavacions s'han prosseguit amb èxit. Les ruïnes són avui poc visitades.

Torre del Greco i *Torre dell'Annonciata* són dues ciutats marítimes florents, molt castigades pel foc devastador del Vesuvi, eterna amenaça i continua inquietud de tots els pobles que troba el viatger en anar seguint vora el blau Mediterrani la ruta de Pompeia.

La ciutat era primitivament envoltada de muralles. La seva planta dibuixava aproximadament una el·lipse. El diàmetre més gran mesurava 1.200 metres, el menor 700.

La construcció de les muralles és digna d'atenció i estudi. Dos murs paral·lels formats per grans blocs de pedra, i disminuint de gruix amb l'alçada, eren a una distància d'uns sis metres. L'espai entre aquests dos murs era massissat de maçoneria als fonaments, i superiorment terraplenat. Uns contraforts, també de carreus, contribuïen a augmentar l'estabilitat. El mur interior era més elevat. Així s'evitava que els projectils llançats contra els defensors que ocupaven el seu lloc en la part alta de la muralla caiguessin dins de la ciutat. Als ensems feia possible recollir dits projectils, i aprofitar-los novament.

Són les muralles d'una època remota. Foren modificades amb freqüència. Els romans no les cregueren necessàries en la part de la costa, per ser allà el terreny accidentat i de fàcil defensa. Torres quadrades (de més moderna construcció) sobresurten de les muralles, distribuïdes sense simetria, i tenint en compte únicament les necessitats de la defensa.

Les portes d'entrada a la ciutat de Pompeia eren vuit, tres d'elles completament desenterrades en l'actualitat. El nom que tenien aquestes portes és avui ignorat. Els moderns les han batejat així: «Porta d'Herculà», «Porta del Vesuvi», «Porta de Càpua», «Porta de Nola», «Porta del Sarno», «Porta de la Marina», «Porta de Nocera» i «Porta de Stabia». Per la Porta de la Marina és per on entrem a les ruïnes amb tanta curiositat com emoció, entre alegres i apesarats per l'evocació trista de fatals esdeveniments, i per la joia de poder contemplar el que tantes vegades ha aparegut en la nostra vista en llibres, il·lustracions, pintures i panorames.

Les ciutats llatines i etrusques tenien dues vies principals tallant-se en angle recte. En el punt d'unió s'establia el fòrum. Pompeia no reuneix aquestes condicions perquè la influència grega dominava tant en les arts com en els costums abans de la colonització romana.

Les notícies de la catàstrofe de Pompeia produïren a Roma gran sensació. S'enviaren auxilis promptament, i a l'any següent el mateix emperador Tit visità la Campània.

Així com Herculà havia quedat quasi a trenta metres de profunditat, les construccions de Pompeia, al contrari, sobresortien de la capa de lava i es podia circular encara entre elles, ja que les vies no eren desaparegudes. Fou el pes que gravitava sobre els terrats i els sostres que contribuí a enfonsar moltes cases, sent abandonada la idea d'una reconstrucció que, de primeres, s'havia concebut.

Els supervivents reconegueren llurs morades, penetrant-hi alguns en recerca d'objectes abandonats. El fet de no haver-se trobat en les modernes excavacions les estàtues dels temples i les que ocupaven els pedestals existents encara en el fòrum i en els pòrtics demostra que ja els emissaris de Roma havien desenterrat moltes obres d'art i ornaments de valor. Probablement, molts materials foren utilitzats per a la construcció de cases-refugi, i, fins i tot, en edificis que en els voltants s'edificaren posteriorment.

De mica en mica s'aniria abandonant aquest lloc, i verdes prades i ufanoses vinyes sorgiren en les riberes del Sarno que feren oblidar als homes el lloc on havia estat Pompeia. I en tota l'edat mitjana, vagues reminiscències i confoses idees en tenien els camperols d'aquelles contrades. I les gents de sapiència no en sabien tant com els camperols.

Quan l'any 1594 el cèlebre arquitecte Domenico Fontana va construir una conducció d'aigües subterrànies, travessà, d'una part a l'altra, per sobre de la ciutat, tocant algunes restes de construccions sense ni tan sols imaginar que es tractés dels edificis de Pompeia.

L'any 1748 Giacchino de Alcubierre, que dirigia les excavacions d'Herculà, examinant l'estat de la conducció d'aigües traçada per Fontana cregué haver descobert la ciutat de Stabia. Carles III va fer interrompre els treballs a Herculà, traslladant als obrers al lloc indicat per Alcubierre. Començaren a desenterrar-se estàtues, pintures, esquelets, joies, utensilis variats, inscripcions nombroses, etcètera.

Fins a l'any 1763 no es tingué convicció que es tractava de Pompeia. En una inscripció s'hi va poder llegir «*republica Pompeianorum*».

Continuaren les excavacions amb entusiasme. L'any 1860 Giuseppe Fiorelli s'encarregà de la direcció d'una manera metòdica i científica. Procedí a la consolidació dels edificis que amenaçaven ruïna. Fins llavors era molt freqüent que es comencés per deixar lliures les vies. L'empenta de les terres acumulades en l'interior de les cases tombava les parets. També quan es creia que el que es descobria no era important, es tornava a enterrar. Fiorelli, amb gran habilitat i bon criteri, procedí diferentment. Va protegir també contra la intempèrie les parts delicades, pintures i estucs. Va establir la continuïtat entre les parets excavades, aconseguint que fos possible la circulació i la visita de les ruïnes.

Vista d'unes excavacions a Pompeia (Circa 1900)

Fiorelli fou qui emmotllà les figures que es conserven en el petit museu que s'ha format en una antiga cripta, a prop de la Porta de la Marina. Les actituds violentes de l'agonia, les mans crispades, els visatges[20] alterats per sofriments terribles, s'han conservat en consumir-se els cossos i en endurir-se i petrificat les cendres. Dins d'aquests motlles —dels que s'han obtingut les figures de pompeians que ara amb esglai mirem en les vitrines—, els ossos s'hi han trobat solament.

A LES PORTES DE POMPEIA

M. Bellicard, arquitecte, descriu breument la catàstrofe horrorosa amb aquestes senzilles paraules:

«Quinze anys i nou mesos més tard, el primer de novembre del 76, sota el sisè consolat de Tit, primer any del seu imperi (que va començar en el mes anterior d'agost), Herculà va morir en el famós incendi del Vesuvi.

---

[20] *m.* [LC] Aspecte del rostre d'una persona.

Feia uns quants dies que ja s'havia sentit una calor extraordinària i tremolors més dèbils en alguns indrets, més violents en d'altres, acompanyats de sorolls com trons i rugits en l'aire, sota la terra i sobre el mar. El soroll va augmentar de sobte, i del buit del Vesuvi van sortir masses de pedra i terra que es van elevar en una altura prodigiosa. Després un gran foc i un fum terrible que enfosquí l'aire i el cel. Al foc s'ajuntava una increïble quantitat de cendres barrejades amb terra i pedres que omplien no només l'aire i el sòl, sinó també el mar, del qual aquestes matèries ocuparen una part i retrocediren significativament les vores. La ciutat de Pompeia, que s'havia restablert, la d'Herculà morí completament i quedà soterrada sota les ruïnes del Vesuvi».

M. Bellicard no és prou just i exacte en la data del cataclisme. Plini el Jove, en una de les dues cartes que va dirigir a Tàcit, afirma que tingué lloc en «el jorn novè abans de les calendes de setembre, cap a l'hora sèptima». Fou el 24 d'agost del 79 quan Pompeia i Herculà sucumbiren[21].

Les dues cartes de Plini el Jove tenen l'inapreciable valor de ser escrites per un testimoni ocular, poc amic de l'exageració i fantasia. Comença la primera:

«Em demaneu, a fi de poder transmetre a la posteritat, una fidel relació que us expliqui la mort del meu oncle. Jo us ho agraeixo, ja que sé que pel vostre relat la seva memòria viurà per sempre.

Era a Misenum comandant les naus. El jorn novè abans de les calendes de setembre, cap a l'hora sèptima, la meva mare va advertir-lo que es veia de lluny un núvol d'estrany aspecte i magnitud mai vista».

Segueix Plini relatant com el seu oncle, qui havia menjat i pres el bany, i s'havia posat a treballar, va demanar les sandàlies i va pujar a un lloc on poder còmodament observar l'estrany fenomen. «Més que un altre arbre, el pi pot donar idea de la forma i aparença d'aquest núvol».

L'espectacle era digne de ser contemplat de més a prop.

---

[21] Realment Bellicard no anava mal encaminat quan menciona que l'erupció del Vesuvi va ser al mes de novembre. Tot i que segons les fonts la data oficial va ser el 24 d'agost del 79, pels materials trobats en les diverses excavacions arqueològiques (fruites de temporada, brasers, monedes, túniques gruixudes, etc.) es creu que l'erupció podria haver sigut el 24 d'octubre del 79, i que aquesta data es va transcriure malament en algun moment de l'edat medieval.

«El meu oncle fa aparellar una de les naus més lleugeres i em diu que si és tal el meu desig, que puc acompanyar-lo. Jo l'hi responc que treballar és el que més em plau. En sortir de casa rep un missatge de Rectina, esposa de Coesius Bassus, que li demana auxili. Ell canvia llavors de pensament, i amb gran serenitat es dirigeix cap als llocs d'on tots fugien. Ja les cendres plovien sobre la nau, més càlides i denses cada vegada, i amb elles pedres negres, calcinades i roentes».

La mar s'ha retirat i la profunditat no és suficient per aproximar-se a la terra. Les pedres caigudes fan inaccessible la platja. És impossible salvar a Rectina i als seus! Pensen un moment a tornar enrere, però finalment acorden dirigir-se a Stabia, on habitava Pompenius, i on el perill no era gran.

Pompenius havia carregat tots els mobles als vaixells. El troben tremolós, espaordit. L'oncle de Plini, amb rialleres i confortants paraules, l'anima i l'encoratja. Per a tranquil·litzar-lo més el fa dur al bany. Menja després amb gran alegria. Segueixen les flames del Vesuvi, que amb la nit resplendeixen més encara. L'oncle de Plini diu que allò és el foc d'unes cases abandonades a l'incendi, i es retira a un dormitori. Des de fora de la cambra se sent llur respiració, forta i sonora. Dorm tranquil·lament. El pati de la casa es va omplint de cendres i de pedres, i la sortida ja és quasi obstruïda. Corren a despertar-lo. Es lleva i discuteix amb Pompenius si és millor restar allà o si era preferible fugir camps a través.

Les cases agitades per freqüents i perllongats tremolors, i com arrencades de llurs fonaments, s'inclinaven a dreta i esquerra, i tornaven després a la natural posició. Protegint-se contra la pluja de pedres com era possible, decideixen abandonar la casa. Llavors ja era vingut el jorn, més era tot nit, la més fosca i negre de totes les nits.

Il·luminats per torxes, s'acosten cap al mar, que era contrari i agitat. «Allà mon oncle jeu sobre una manta, demana aigua fresca i beu. Ben prompte el foc i l'olor de sofre fan fugir a tots, i obliguen el meu oncle a alçar-se. Recolzat en dos joves esclaus, es redreça, més cau tot seguit. Quan va tornar la llum, tres jorns després d'haver-lo vist per darrer cop, va trobar-se intacte el seu cos, sense ferida, sense alteració en les vestidures. Semblava més un home que dormia que no pas un home mort».

En la segona lletra diu Plini el Jove que son oncle va seguir el treball i la vida ordinària. Des de molts dies abans es notaven tremolors de terra, sense que ningú sentís inquietud «perquè a la Campània ja es té per costum». Aquella nit les convulsions eren més fortes. La seva mare corre a avisar-lo, en tant que ell anava també a despertar-la, «per si de cas dormia». S'asseuen al pati. Un amic, en mirar-los tranquils, els recrimina. Per fi es decideixen a abandonar la casa. Una multitud els segueix espantada. La pluja de cendres no és pas massa forta.

El jove Plini es gira i veu darrere seu una fumera espessa que segueix per terra com un torrent. «Entrem pels camps mentre hi veiem encara, dic a la meva mare, poruc que en el camí, en fer-se les tenebres, siguem aixafats per la multitud». En tant la nit esdevé negra com no s'hagi vist mai. «No se senten més que els crits esgarrifosos de les dones, el plor dels infants i el clamor dels homes. Els uns criden als seus parents, altres als seus fills, altres a la seva esposa, no reconeixent-se més que per la veu».

Plini conserva la seva envejable i magnífica serenitat. «Jo puc alabar-me de no haver proferit una queixa en tan greu perill, ni un mot, tan sols, que demostrés feblesa».

Era en aquestes hores mateixes que les cendres i el foc plovien sobre la ciutat de Pompeia. La majoria dels habitants fugiren. Altres, indecisos o cobdiciosos de salvar els seus tresors, hi perderen la vida.

Gravat on es recrea l'erupció del Vesuvi (Circa 1890)

EL FÒRUM DE POMPEIA

Seguim per la *Via Marina*, deixant a mà dreta les ruïnes del temple de Venus Pompeiana, i entrem en el fòrum de Pompeia entre la basílica i el temple d'Apol·lo.

Era el fòrum, en temps dels romans, una gran plaça, centre de la vida ciutadana. Allà es feien les eleccions, es pagaven els impostos, s'adjudicaven les obres públiques, es fixaven els avisos, anuncis, ordres de policia, etcètera.

Primitivament, en el fòrum de les ciutats romanes s'hi efectuaven els mercats, instal·lant-s'hi en aparadors provisionals els venedors vinguts de la rodalia. També abundaven els ambulants. El costum de reunir-s'hi els desocupats, o fer-s'hi actes públics, originà conflictes amb els venedors. El municipi els obligà a limitar-se als pòrtics. Més a mesura que al voltant del fòrum s'anaven construint grans i sumptuosos edificis públics, mancava l'espai. Per fi es pensà en la construcció de mercats completament independents.

També en el fòrum era costum celebrar-s'hi espectacles i combats de feres i gladiadors. Així es feu durant molt de temps a Pompeia, abans de la construcció del teatre i de l'amfiteatre.

El primitiu fòrum de Pompeia, abans de la colonització romana, era una simple plaça en el punt d'encreuament de diverses vies. Ja en el segle II aC aquesta plaça va regularitzar-se, voltant-la d'un pòrtic de dos pisos amb columnes d'ordre dòric, acanalades només en la part alta. A l'arribada dels conquistadors romans, l'espai actual del fòrum (un rectangle de 157 metres de llarg per 33 metres d'amplada) era ocupat per algunes vies que quedaren interrompudes i per construccions diverses que foren ensorrades.

Alguns edificis importants que van conservar-se no es presentaven en la convenient alineació, per la qual cosa es regularitzà la plaça mitjançant un pòrtic amb galeria superior. En la part baixa, les columnes del pòrtic eren dòriques. En la galeria alta eren jòniques. Tres escales pujaven fins aquesta. Una sola comunicava amb la plaça. Les altres dues baixaven directament als carrers exteriors.

La circulació de carruatges era prohibida en el fòrum, i en les grans festes era també privada al públic, que per dues de les escales pujava directament a la galeria.

El paviment era d'amples lloses rectangulars. Ara som nosaltres en l'angle sud-est, al costat d'una gran àrea d'aquest paviment, que es troba en estat perfecte de conservació.

Mirem a l'altre extrem de la gran plaça assolellada i deserta, les sis columnes trencades del temple de Júpiter a sobre del basament. A mà esquerra, una gran arcada. Més al fons, a mà dreta, un arc, i més lluny encara un altre. En últim terme, la blava silueta del Vesuvi sobre la claredat de l'horitzó. Tal devien mirar-la en la pau de les tardes tranquil·les els ciutadans ociosos de Pompeia en deambular plàcidament en la quietud provinciana del fòrum, comentant les notícies darreres arribades de Roma o discutint de les eleccions pròximes i dels incidents de les festes passades mentre un vol lleuger de coloms blancs venia a reposar en les lloses mateixes de la plaça, o en les altes cornises del pòrtic.

Vista del fòrum de Pompeia des de la perspectiva descrita per Joan Bordàs Salellas (Circa 1910)

El temple de Júpiter, situat en la part alta del fòrum, fou el primer edifici construït pels romans. Empraren els materials i procediments del país. S'eleva aquest temple sobre un basament o podi de tres metres d'alçada. S'hi puja per una gran escalinata, que té una plataforma central i dos pedestals, un a cada costat. Weichard, en la seva restauració, col·locà un altar en el centre de la plataforma, i en els pedestals estàtues eqüestres.

Els temples romans tenen molta analogia amb els grecs, sobretot exteriorment. Solen ser de majors proporcions i tenen el peristil més profund. També es diferencien en les escalinates que els precedeixen.

Té el temple de Júpiter sis columnes corínties en la façana. La *cella* ocupa quasi tota l'amplada del basament. A l'interior, i paral·lelament als murs laterals, dues fileres de columnes jòniques (que existeixen, encara, algunes amb els seus capitells) sostenien altres columnes corínties, i aquestes recolzaven la coberta. Les estàtues de Júpiter, Juno i Minerva eren al fons. Tota la part interna era recoberta d'estuc i pintures imitant el marbre de la singular manera que acostumaven els antics, que res té a veure amb certes actuals imitacions.

Temple de Júpiter des de la façana (Circa 1910)

Per a donar al fòrum una entrada monumental es construïren dos arcs de triomf, un a cada banda del temple de Júpiter. Del de la part esquerra queda només el nucli de la construcció. Les estàtues i el revestiment de marbre ha desaparegut. L'arc de l'altre costat, caigut en el primer terratrèmol, no fou reconstruït. Sols apareixen en el sòl senyals dels fonaments. Més al fons se n'edificà un de major, que, també sense els ornaments, encara existeix.

El més majestuós i bell de la ciutat era el temple d'Apol·lo, també en el fòrum i paral·lelament col·locat en la seva màxima longitud. L'entrada és per la *Via Marina*, i és tancat dins d'un gran pati rectangular envoltat d'un pòrtic amb galeria alta.

La construcció d'aquest temple és anterior a l'arribada dels romans. És situat, com l'anterior, a sobre d'un podi. La *cella* era voltada d'un pòrtic de trenta columnes d'ordre corinti. Sis en corresponien a la façana principal. Més belles estàtues en pedestals de marbre eren davant d'algunes columnes del pòrtic.

Temple d'Apol·lo des d'un dels pòrtics laterals (Circa 1910)

Cosa singular, i que demostra fins a quin punt consideraven els antics innecessària la rígida observança de les normes que els acadèmics conceptuen primordials i indispensables en tota obra de clàssica arquitectura, és que essent jòniques les columnes, tenia el fris els característics tríglifs d'ordre dòric.

Deliciosa irreverència que plau al viatger qui ha cregut sempre que és l'esperit que deu habituar-se i emmotllar-se a la clàssica harmonia, i que es pot perfectament, un cop en possessió de l'essencial principi de puresa que es deu contenir en tota obra bella, prescindir de teories absurdes que han inventat maliciosos tractadistes per al contentament i profit dels fabricadors de les arquitectures que han portat desoladora monotonia a les modernes desventurades ciutats.

També al costat del fòrum trobem els edificis de la cúria, el temple de Vespasià (descobert l'any 1818), el gran edifici d'Eumàquia, el *comici* (quin destí no queda ben determinat i que alguns creuen que era un col·legi electoral), els tribunals (que ocupen tot el costat oposat al temple de Júpiter), etcètera.

La construcció d'un mercat es feia necessària. Va edificar-se en la proximitat del fòrum, en l'angle nord-est, entre la cúria i la *Strada degli Augustali*. La porta d'entrada (en el pòrtic del fòrum) dona accés a una plaça rectangular de trenta metres per vint-i-set, que era voltada d'un pòrtic avui desaparegut. En el centre es destaca un polígon de dotze costats en l'interior del qual es veuen dotze pedestals que es creu que sostenien cada un una columna, i en totes elles descansava una coberta circular. Era el *tholus macelli*.

Mercat del fòrum de Pompeia (Circa 1910)

No puc entretenir-me detallant en totes les seves parts aquest curiós edifici. Cal apuntar tan sols que era ricament ornat de marbres, estàtues i pintures al fresc. No hi mancava tampoc instal·lació apropiada per a comprovar l'exactitud dels pesos i mesures, necessitat que s'ha conservat fins als nostres temps. De les decoracions murals, marbres i escultures sí que ja acostumem a prescindir-ne.

Un dels més singulars edificis del fòrum de Pompeia és la basílica. Eren les basíliques romanes els edificis on es reunien els tribunals de justícia. També hi tenien lloc assemblees, reunions, conferències, s'hi tractaven assumptes de comerç i s'hi feia política, intriga o murmuració. A totes hores s'hi podia circular lliurement.

La basílica de Pompeia és antiquíssima. Pel seu estil i per la pedra utilitzada en la construcció es creu que pot ser dels darrers anys del segle II aC. Les basíliques del fòrum romà no són gaire més antigues que aquesta.

Des del pòrtic del fòrum s'hi entra per cinc portes. Té el vestíbul tota l'amplada de l'edifici, i, des d'ell, per altres cinc portes corresponents a les primeres, es passa a la gran sala, la qual tenia un pòrtic de vint-i-vuit columnes d'ordre jònic. Sembla que modernament s'ha comprovat que la part central d'aquesta basílica era descoberta. Jo vaig dibuixar ja fa alguns anys una restauració d'aquest edifici, i la coberta de la part central era de fusta. A l'extrem oposat a l'entrada, una plataforma alta de dos metres era el lloc del tribunal, i al davant —com es veu encara— hi havia un pedestal que segurament tindria alguna estàtua.

Basílica del fòrum de Pompeia (Circa 1930)

Durant molt de temps s'havia cregut que els primers cristians, en refusar pel seu culte els temples del paganisme, no trobaren inconvenient —després de Constantí— en servir-se dels edificis civils, principalment de les basíliques. Segons aquesta opinió, dits edificis donarien el nom i el model als temples cristians.

Sembla, no obstant això, que la paraula «*basílica*», d'origen hel·lenístic, no es refereix al destí d'un edifici, sinó a la seva disposició.

«Si en el segle IV les esglésies cristianes són designades amb aquest nom, d'això se'n dedueix tan sols que a partir d'aquesta època han adoptat la disposició de grans sales cobertes».

Aquestes paraules i arguments interessantíssims es troben en l'obra que Raymond Lemaire ha dedicat a «*L'origine de la Basilique Latine*», i que acaben de publicar els editors Vromant en la ciutat de Brussel·les.

El FÒRUM TRIANGULAR I ELS TEATRES

En la proximitat de la Porta de Stabia (a la banda de la ciutat que mira al litoral), en el límit mateix de la muralla i al començament de la regió abrupta que els romans cregueren necessari fortificar, el fòrum triangular és un altre nucli important de vida ciutadana, una bella plaça triangular amb pòrtic i bells edificis, oberta per un dels costats a la contemplació dels amples panorames, i pròxima al mar, que avui és apartada.

Els dos teatres de Pompeia són al costat d'aquesta plaça. I no caldrà al viatger extraordinari esforç de fantasia per a imaginar-la envaïda de gran multitud en els jorns en què els edils generosos i agraïts, després de l'elecció, oferien al poble extraordinaris espectacles als quals solien acudir forasters nombrosos atrets per la gran popularitat de les festes pompeianes.

I en les primeres hores del matí, devia ser aquest un lloc tranquil on els artistes que omplien els murs de meravelloses fantasies devien trobar inspiració. I els filòsofs la solitud propicia per a les meditacions profundes. I els enamorats de les gestes històriques podien evocar la memòria dels primers habitadors de Pompeia davant de la gran tomba, als peus del dòric temple brillant de policromia, de noble proporció i d'austera elegància.

En arribar a la *Strada del Tempio di Iside*, venint per la *dei Teatri*, ens trobem davant de quatre esveltíssimes columnes jòniques que sostenen un entaulament de gran sobrietat. Era aquesta l'entrada del fòrum triangular i les columnes eren sis. Les dues restants són trencades.

Fòrum triangular (Circa 1900)

Darrere d'aquestes columnes, un mur amb dues parts que donen accés a la plaça. S'entra al fòrum per una de les puntes del triangle, que no és igual que la figura geomètrica, però que s'hi aproxima molt.

Aquest lloc va ser escollit pels colonitzadors grecs per situar l'acròpolis. El que queda del temple grec (una plataforma esgraonada, alguns deteriorats capitells, l'escala de la façana principal i algun fragment de columna) és del segle VI aC. Era aquest temple perípter i heptàstil. Probablement fou dedicat a Minerva.

També són de la mateixa època les restes de la tomba, davant del temple, i els altars o pedestals, situats lateralment. És estrany que enlloc més de la ciutat s'hagi trobat ni un sol vestigi de l'època grega de Pompeia, que tant va influir en la vida i en els costums d'aquesta ciutat.

Un pou molt profund és de l'època samnita. Les restes de vuit columnes dòriques que l'envolten són posteriors.

Quan en el segle II aC va edificar-se el *Teatro Scoperto*, en el fòrum triangular s'hi va construir el pòrtic. Era aquest tan sols en una part de la plaça, i tenia en conjunt una llargada d'uns dos-cents metres. Les columnes eren dòriques. La galeria superior no existia.

Els romans erigiren en aquest fòrum una estàtua a Marcelius. Davant d'una columna de la qual brollava una fontana, hi havia una elegant pica circular de marbre.

El banc semicircular (*schola*) que veiem encara en un dels angles del basament del temple fou construït pels duumvirs Herennius, Epidianus i Sepumius Sandillanus.

Dels dos que existien a Pompeia, el *Teatro Scoperto* (nom que avui l'hi donen els italians) era el més gran. Totes les parts característiques del teatre grec poden estudiar-s'hi, ja que la seva construcció és anterior als romans. És edificat, en part, sobre un pendent natural.

Teatre gran de Pompeia (Circa 1900)

Les excavacions fetes en aquest teatre per Wilhelm Dörpfeld han comprovat que s'hi havien fet una sèrie de restauracions. Una inscripció ens indica que l'arquitecte Artorius Primus va dirigir-les.

El fons de l'escenari és construït d'obra, i era revestit de marbre.

En un punt elevat (dins del recinte de l'edifici), una torre de quatre metres d'alçada servia de dipòsit d'aigua per a usos diversos. Quan en l'anunci dels espectacles era indicat «*Sparsiones, vela erunt*», a més del *velàrium* que protegia als espectadors dels rajos de sol, una finíssima pluja perfumada refrescava l'atmosfera durant l'espectacle.

El teatre més petit, situat al costat de l'anterior, sabem que era cobert per la seva disposició, i també perquè en una inscripció així ve indicat.

La planta és la general dels teatres romans. Més aquest és construït en un quadrat format per grans murs que seccionen l'hemicicle en la *summa-cavea* o part més alta de la graderia. Aquests murs recolzaven la coberta, que era de fusta i en forma de piràmide. Es troba molt millor conservat que el *Teatro Scoperto*. Com quasi tots els teatres coberts, estava destinat a audicions musicals.

Teatre petit de Pompeia (Circa 1900)

En els dos teatres de Pompeia, durant la dominació romana, s'hi donaven encara les obres d'autors grecs en el seu idioma original.

Visitem també altres importants ruïnes d'edificis relacionats amb els teatres o amb el fòrum triangular.

Els temples d'Isis i Asclepi no es troben gaire separats tampoc. El primer, d'original disposició i de reduïdes dimensions, es troba en l'interior d'un pati que té un pòrtic d'ordre dòric. El temple és corinti i tenia quatre columnes en la façana i dos edicles als laterals.

El culte egipci d'Isis i Osiris va ser dut pels grecs d'Alexandria. Les dues estàtues d'aquestes divinitats eren en aquest temple al fons de la *cella*. Les curioses cerimònies d'aquest culte i el famós oracle han donat lloc a grans discussions entre els savis moderns.

Temple d'Isis (Circa 1900)

El temple d'Asclepi és el més petit de tots els de Pompeia. Era d'ordre corinti. Se'n conserva molt poca cosa. Al peu de l'escalinata, un altar que recorda al sepulcre de Publius Cornelius Scipion que es conserva en el Museu del Vaticà.

L'AMFITEATRE

Quinctius Valgus i M. Porcius, escollits duumvirs per segona vegada, testimoniaren al poble la seva gratitud oferint-li'ls l'amfiteatre. Va ser això en el segle I aC, convertint-se, per tant, en el més antic dels edificis d'aquesta índole d'origen purament romà. Es troba en un dels angles de la muralla (a la banda de les portes de Nocera i Sarno) i és protegit per tres torres.

És de forma el·líptica (adoptada en tots els edificis semblants), mesurant cent trenta i cent dos metres els dos diàmetres. Podia contenir 20.000 espectadors. El podi té dos metres d'alçada. A cada extrem del diàmetre major, una gran porta d'entrada a l'arena. En el diàmetre menor, a un costat la presidència de l'espectacle, i en l'altre una petita porta, la *porta libitinensis*, per on eren trets els gladiadors morts.

Amfiteatre (Circa 1870)

Els detalls de disposició, forma i estructura són anàlegs als de tots els monuments d'aquesta espècie.

En visitar a Roma l'amfiteatre Flavi —fet construir per l'emperador Flavius Vespasianus al seu retorn de la guerra contra els jueus—, conegut també per Colosseu, una de les coses que més poderosament atreu l'atenció —després de les grandioses proporcions de l'edifici— és el gran nombre de galeries subterrànies que hi ha en el subsol. En l'amfiteatre de Pompeia res hi ha sota l'arena.

Tampoc presenta aquest l'aspecte imposant ni la magnífica arquitectura exterior del de la Ciutat Eterna. Gran part de la *cavea* és enfonsada en una excavació artificial de les terres, per a major economia en la construcció. Així és com des de fora té poca alçada. I no es veu més que un mur sostingut per arcades. És singular que l'entrada a la *summa-cavea* es fes per la part alta. Cinc escales de doble rampa són adossades per la banda de fora a l'edifici.

Els qui ocupaven la *infima cavea* (lloc preferit) i la *cavea media* entraven per una galeria situada a sota de les grades. També en alguns anuncis d'espectacles s'indica que aquí no hi mancaven *sparsiones* d'aigua perfumada. Un gran *velàrium* cobria tot l'edifici.

En algunes pintures murals s'han trobat detalls dels combats de gladiadors i de les lluites de feres. No farà el viatger comentari sobre això (els combats i lluites poc humanes), com guardarà en altres coses gran silenci també. I seguirà llegint en el gran llibre obert de la ciutat desventurada, les lliçons profitoses.

ENTRE LES RUÏNES

Els carrers de Pompeia són rectes i de poca amplada. Les voreres són molt elevades perquè l'aigua de la pluja pogués córrer lliurement per les vies a causa de la insuficiència de clavegueres. Per a travessar els carrers en dia d'aiguat hi ha unes passeres d'un costat a l'altre fetes de blocs regulars que ofereixen un pas fàcil i còmode sense destorbar el trànsit dels carruatges. Les marques produïdes per aquests en les lloses de l'empedrat es veuen encara en els grans blocs poligonals de pedra volcànica que forma el paviment. Davant d'algunes portes, la pedra de la vorera és incrustada de mosaics i marbres, i també té a vegades gravades les paraules «ave» i «salve», que són més freqüents en els vestíbuls. Quan la vorera és massa alta té un graó en el seu mateix gruix. Quan han d'entrar els carruatges a la casa, la vorera fa pendent.

Via i temple de la Fortuna (Circa 1900)

162

Les façanes de les cases són senzilles. Tot el marc de les obertures sol ser de pedra. Les portes de fusta van ser destruïdes, però, igual que les figures humanes, van deixar el motlle pel qual han pogut ser reproduïdes. En algunes pintures murals venen també detallades. Tenien generalment dos batents, però n'hi havia també de tres i quatre. La porta principal s'obria poques vegades. Una petita porta lateral era la més utilitzada.

Cases de la *Via dell'Abbondanza* (Circa 1940)

Les finestres de la planta baixa són rudimentàries i tancades sovint per reixes de ferro. En el pis superior (que no sempre existeix) tenen majors dimensions. En algunes cases hi havia balcó a manera de tribuna, recolzant-se sobre bigues de fusta que sobresurten del mur.

Les botigues posaven el gènere a la vista del públic. Són moltes les tavernes que s'han conservat i les fondes i hostals a l'estil de les modernes *trattoria* on es venien menjars cuits i preparats, vi, fruites i altres queviures i *quebeures*. En els aparadors que donaven a la via pública, el taulell era de maçoneria revestida de plaques de marbre. Algunes vegades hi eren emparedats grans recipients de terra cuita per a conservar certes viandes.

Segons s'explica en les històries, l'animació de certs barris igualava a la de la Nàpols moderna. Si s'ha de jutjar per l'aparença, dirà el viatger que en altres no havia de ser gran el bullici, ni la vida intensa, per quan es troben llargues parets de tanca sense obertures de cap mena.

Petits altars es troben en la via, probablement lararis.

Les fonts públiques són totes d'anàloga disposició excepte les que formen part dels arcs de triomf. Venien les aigües a Pompeia per un aqüeducte que servia a diverses poblacions. L'aigua a pressió s'emmagatzemava en uns dipòsits col·locats a sobre d'unes columnes, en les que es veuen encara els senyals de les canonades de pujada i de baixada. Cada barri solia tenir un d'aquests dipòsits. Un de molt més gran es troba al costat de la Porta del Vesuvi, que té tres compartiments. Dels laterals parteixen les conduccions per als banys públics i per al servei particular. El sobrant de les aigües d'aquests dos compartiments, i el central, servia per alimentar les fonts públiques i els rentadors. Aquest gran dipòsit comunica directament amb l'aqüeducte.

Font pública a la *Via dell'Abbondanza* (Circa 1900)

Quan vingué l'erupció l'any 79, s'estaven construint en la *Strada de Nola* unes grans termes amb tot el refinament que aquests establiments de banys requerien a l'època romana.

Encara el solar no estava del tot aplanat i molts blocs de pedra s'estaven treballant. Alguns capitells s'han trobat a mig esculpir. Magnífiques plaques de marbre no eren col·locades encara. Pel que es veu, haurien sigut, sens dubte, les termes més importants de Pompeia.

La instal·lació de grans establiments de banys l'aprengueren els romans dels grecs. I si pels grecs van ser un lloc d'exercici i esport, sota la influència romana es convertirien en acadèmies d'ociositat i en un lloc de reunió i passatemps.

Les termes de Stabia, a les que arribem per la *Via dell'Abbondanza*, són anteriors a les més antigues de Roma —segle II aC.

Travessant un vestíbul ornat de pintures entrem en un gran pati irregular i porticat en tres dels seus costats. Té en l'altre una gran piscina en la qual se submergien els atletes després dels jocs a la *palestra*. Des del pòrtic passem a un segon vestíbul, que té una volta recoberta de bellíssims estucs. A mà esquerra, una porta que dona al *frigidarium*, sala circular ocupada per una piscina. Les pintures del *frigidarium* volien donar al banyista la il·lusió de trobar-se a l'aire lliure, en mig del camp. Seguien el consell de Sèneca, que considerava necessari des del bany «mirar a la llunyania els camps i el mar». Sens dubte és en aquestes i en altres pintures pompeianes semblants que va inspirar-se l'autor d'un «*Manual del Perfecto Constructor*» per a ús de contractistes i paletes, que fa algun temps va venir-me a les mans:

> «*Salón. — Techo imitación a cielo en día claro, pudiendo intercalar alguna figura. La imitación a un campo con espigas es un elemento que se emplea en superficies de gran extensión porque disimula bien los defectos de la superficie decorada con tal procedimiento. Se aplica a baños, comedores, bibliotecas y gabinetes de trabajo*».

Aquí la volta no imitava un «cel en dia clar», ja que era puntejada de platejats estels. Va oblidar l'autor del manual d'aconsellar que es fes així en els dormitoris.

En l'*apodyterium* es preparaven els banyistes. Un servei d'esclaus guardaven les vestidures dels parroquians en uns calaixos que es veuen en el mur situat entrant a mà esquerra. La volta de punt rodó d'aquesta sala és notable pels seus estucs.

A continuació el *tepidarium*, que per la suau temperatura del seu ambient era una preparació per a entrar en el *caldarium*, la més gran de les sales, que era ornada de belles estàtues. Té en un extrem aquesta sala un absis circular on hi ha una gran pica rodona (*labrum*). En l'altre costat hi ha la piscina per als banys calents. En la volta de l'absis, una obertura de ventilació.

Sota els paviments del *caldarium* i del *tepidarium*, un espai per on circulava el vapor o aire calent (hipocaust). També en l'interior dels murs, uns conductes de terra cuita s'utilitzaven per al mateix objectiu. Els forns i les calderes, en departament isolat, es conserven encara.

Els banys eren dobles, ja que els sexes no eren separats en absolut.

Altres dependències d'usos variats hi ha en aquestes termes, més no és necessari insistir en això.

Interior de les termes de Stabia (Circa 1940)

Les termes del fòrum són quasi iguals a les anteriors. Únicament la *palestra* hi manca. El *tepidarium* no té hipocaust. La calefacció en aquesta sala s'obté mitjançant un braser encara existent.

Les figures d'atlants de terra cuita que sostenen l'estructura on es recolza la volta són dignes d'atenció.

Eren les termes edificis monstruosos, però la llum hi mancava en les sales. En les que s'estaven construint en la *Strada de Nola* aquest defecte era resolt.

Tepidarium **de les termes del fòrum (Circa 1940)**

«Mai hauria dit que aquest mur fos tan resistent que aguantés sense desplomar-se el pes de tantes coses estúpides com s'hi troben escrites». Delicada ironia la d'aquestes paraules que un pompeià va escriure en una paret, indignat per l'increment que en la ciutat prenia la «literatura mural». I, no obstant això, gràcies a la «literatura mural» molts costums fins avui desconeguts han vingut al nostre coneixement, i molts detalls interessantíssims que d'altra forma s'haurien ignorat.

Fa alguns anys va ser descobert a Roma, en el Palatí, un *grafito* que tingué la virtut d'apassionar els historiadors de tot el món. Maruchi sostenia que aquest dibuix —fet toscament en la paret— representava la crucifixió de Jesús. Les inscripcions que acompanyaven al dibuix van ser molt diversament interpretades.

Jo no m'he pas entretingut a anar llegint o desxifrant els escrits de les parets de Pompeia. Però he llegit fa poc en una revista d'art un article que tractava sobre això.

Suplien a vegades aquests escrits certes seccions dels moderns diaris. «Deu sestercis es donaran a qui ens entregui una àmfora que ha desaparegut de la botiga de Julius Claudius». Altres indicaven un cert esperit interessat i egoista: «Per molts anys salut al qui a la seva taula em convidi». N'hi havia de simples com aquest: «Aquí vaig deturar-me». Altres d'algun enamorat filòsof: «No hi ha bellesa sense amor». Referint-se a les lluites de gladiadors: «Officiosus fou vençut». El comiat a un actor predilecte: «Actium, torna aviat». A un taverner, com a tots els taverners: «Que els déus et donin el càstig que et mereixes, taverner, que tu ens dones a nosaltres l'aigua i tu et beus el bon vi».

Alguns propietaris indicaven que en els murs de les seves cases no era permès posar inscripcions. Era aquest un costum general en totes les ciutats romanes. Un d'aquests avisos deia així: «Sigues ben feliç, oh pintor!, més guarda't d'escriure res en aquestes parets».

LA CASA POMPEIANA

Lucius Caecilius Iucundus, Cornelius, Marcus Lucretius, opulents senyors de les sumptuoses morades de Pompeia, dormiu tranquils! Que en les vostres cases hi ha gran vigilància. La incurable cleptomania dels turistes aquí no troba camp per als seus experiments. Tots són en gran mesurament i cortesia (no obliden pas que es troben en casa d'un altre) i desfilen correctes, silenciosos. Gosaria afirmar que emocionats.

Jo he mirat a una dama gentil, alta i rosada, de daurats cabells i ulls d'un esguard claríssim, tafanejar en tota cosa. I l'he vista seure laxament en una gran pedra caiguda, i recolzar en la mà la inclinada testa en actitud de gran melancolia. I he vist també com guardava piament entre les pàgines d'un llibre algun bri d'herba o alguna flor humil que pel seu peu lleuger havia sigut trepitjada.

Les antigues construccions de Pompeia eren de pedra calcària de gra fi i d'un color groguenc. S'anomena «pedra del Sarno» i és utilitzada generalment fins al segle II aC. En les façanes es posava en grans blocs escairats. En els murs interiors en fragments units per un morter fet de terra, col·locant-se de tant en tant filades o cadenes fetes amb pedres de major dimensió, alternativament horitzontals i verticals.

A partir del segle II aC es valgueren d'una pedra més tova i que es deixava treballar millor amb les eines, per la qual cosa les columnes i els capitells van ser més finament executats. Era aquesta el *tuffo*, d'origen volcànic i que també abunda a Roma. El color fosc d'aquesta pedra i les irregularitats que presenta es corregien amb l'estuc i la pintura. La pedra del Sarno se segueix utilitzant en els interiors, sobretot en els marcs de les portes i les finestres. En els murs interiors es feia servir l'*opus incertum*[22].

El marbre no era utilitzat encara ni en l'escultura ni en l'arquitectura. Amb el domini romà (els exèrcits de Sul·la assetjaren la ciutat l'any 69 aC) variaren no tan sols els materials, sinó els procediments constructius. Una pedra blanca, calcària, d'aspecte de marbre, i que per la semblança que té amb la emprada a Roma es coneix avui per «travertí», es posà de moda. El *tuffo* seguia en els murs interiors, que eren d'*opus reticulatum*[23].

També van portar els romans el costum de construir els marcs de les obertures amb pedres tallades a mida dels maons, que alternaven amb maons vertaders. En el segle I ja es construïen les parets d'obra i després eren revestides de pedra o marbre.

Les cases importants tenien a Pompeia l'aparença de vertaders palaus. Les portes eren altes i els sostres elevats. La porta d'entrada solia ser flanquejada per altes pilastres de poc ressalt, amb elegantíssims capitells corintis que recorden a l'art del *quattrocento*, quan encara l'austeritat de Bramante i la força de Miquel Àngel no havien eliminat de l'arquitectura les ornamentacions minucioses i delicades.

La fisonomia llatina sempre es mantingué en la casa pompeiana, no obstant això, la influència grega era ben manifesta. El nucli, la part principal, és l'*atrium*, provinent de les primitives cabanes en què era l'única habitació. Al fons de l'*atrium*, en el lloc on més tard se situà el *tablinum*, hi havia al principi la cambra-dormitori. Més endavant, al voltant de l'*atrium* s'hi anaren situant habitacions diverses.

---

[22] Antiga tècnica constructiva romana que utilitzava carreus tallats de forma irregular, col·locats aleatòriament dins d'un mur fet de morter i de pedres de tota classe.

[23] Tècnica de maçoneria emprada en l'arquitectura romana que es compon de maons de tova volcànica en forma de rombe col·locats al voltant d'un nucli de morter i de pedres de tota classe.

Una de les cases més antigues de Pompeia, la Casa del Cirurgià, no té més que l'*atrium* i al voltant totes les dependències domèstiques.

Variada era la construcció de l'*atrium*. A Pompeia en trobem de quatre tipologies diferents: toscà, tetràstil, corinti i *testudinatum*, noms una mica arbitraris, és cert, però sobre això no cal insistir.

Els tres primers sistemes tenen en el *compluvium* una obertura central quadrada per on entra la llum i l'aire. Les aigües de la pluja tomben en l'*impluvium*, piscina que correspon també al centre de l'*atrium*.

El tetràstil i el corinti tenen columnes. Quatre el primer, sis o més el segon. El *testudinatum* no té *impluvium* ni *compluvium*.

De cases n'hi havia amb dos *atriums*. Un d'ells, amb freqüència, era per al servei.

Reconstrucció de l'*atrium* tetràstil de la Casa Pansa de Pompeia. Dibuix realitzat per Joan Bordàs Salellas l'any 1912
(Arxiu Municipal de Sant Feliu de Guíxols | Fons Joan Bordàs Salellas)

Bells mosaics en el sòl d'aquest departament, i plantes i flors entorn de l'*impluvium*. En aquest, un brollador o belles fontanes amb exquisides figures. Estàtues amb pedestals de marbre i altres ornaments. Sovint trobem el bust de l'amo de la casa.

Des de la porta d'entrada a l'*atrium*, un corredor anomenat *fauces* o *ostium*. Abans del corredor i desprès de la porta, sovint un *vestibulum*. A dreta i esquerra les *cubicula* o cambres-dormitori.

Completen les parts relacionades amb l'*atrium* les *aloe* (*destra* i *sinistra*), quin vertader destí no queda ben determinat i que no sempre existeixen. I el *tablinum*, que es troba en el fons de la part oposada a l'entrada i que servia de sala de recepció o despatx. Era ricament decorat de mosaics i pintures.

Les antigues cases no tenien, passat el *tablinum*, més que el jardí amb un pòrtic al costat de l'edifici. En augmentar-se les necessitats i ser la casa insuficient, algunes dependències (cambres del servei, cuines, etcètera) es traslladaven al jardí.

Primerament, el menjador i la cuina eren en el pis superior (*cenaculum*) i amb freqüència eren traslladats també al jardí. Aquest fou envoltat d'un pòrtic, i queda convertit en el peristil. El menjador així situat prengué el nom de «*triclinium*». L'*oecus* era una sala decorada de bella arquitectura ubicada al fons del peristil, lloc ocupat moltes vegades per l'exedra.

En les cases que tenien peristil, la vida domèstica es desenvolupava al voltant d'ell. La part de l'*atrium* quedava reservada a les relacions exteriors. La cuina era separada, però quedava pròxima al menjador. El bany, en les cases particulars, no solia quedar gaire distant de la cuina, per a facilitar així la calefacció. En algunes de les cases principals, els banys tenien —com en els establiments públics— *tepidarium* i *caldarium*. Més escàs era el *frigidarium* a l'aire lliure. L'*apoditerium* o sala de *toilette* tampoc abundava.

Casa del Faune (Circa 1900)

Algunes vegades es feien soterranis i s'hi baixava per una rampa de suau pendent i també per escales. Rebien llum a través de lluernaris que donaven a la via pública o bé al peristil.

Quasi tots els pisos superiors es troben destruïts. Solien ocupar tan sols una part de l'extensió del pis inferior. Les escales eren de pedra o bé d'obra destinada a ser recoberta de marbre. Les de fusta han desaparegut, però es conserven els senyals de la seva col·locació. Quan el primer pis era llogat es comptava amb una escala que baixava al carrer directament.

Les aigües pluvials eren conduïdes a les cisternes per tubs de plom. Els vidres eren utilitzats, però no de forma general.

Cada casa tenia la corresponent latrina. Les foses profundes eren generals i les clavegueres eren escasses.

El larari, on es rendia culte als déus familiars i als protectors (Lares i Penates), no solia tenir un lloc fix. Sovint era un nínxol o altar obert en un mur. A vegades era ricament decorat. Del primitiu costum de tenir el larari vora la llar es va passar a traslladar-lo a la cuina. També hi havia amb freqüència altars en els jardins i en el peristil.

Vil·la de Diòmedes (Circa 1890)

Als afores de les ciutats romanes, les vil·les oferien un lloc de repòs i de plaent estada als rics senyors de la ciutat. La Vil·la de Diòmedes, la que s'ha cregut que era la Vil·la de Ciceró, a prop de la Porta d'Herculà, o la de Boscoreale, són exemplars curiosos. Tenien jardins i grans terrasses amb balustrades, galeries i pòrtics. No solien tenir *atrium*. Totes les habitacions eren al voltant del peristil. La magnificència, el luxe i la comoditat en res desdeien de l'opulència dels seus posseïdors.

En fer les excavacions, un gran nombre d'objectes han sigut trobats en les cases pompeianes. Ceràmiques usuals de les fàbriques de la Campània i d'Arezzo, estris de cuina de coure i bronze, aliments (que en una sala especial es conserven en el Museu de Nàpols), balances de l'estil de les que avui anomenem «romanes», brasers de variadíssimes formes i amb delicats ornaments, làmpades de bronze de gran enginy, riquíssims vasos i tasses amb baix relleus d'execució excel·lent, bells trípodes de bronze amb un finíssim treball d'escultura, orfebreries alexandrines, monedes, joies d'or, miralls de plata o bronze, etcètera.

Algunes d'aquestes joies eren lluïdes en el moment de la catàstrofe, ja que s'han trobat entre els ossos, i alguns anells en les mateixes mans.

Els mobles de fusta van ser consumits, més alguna reconstrucció se n'ha fet per l'empremta deixada en les cendres.

Donen, a més, molta idea d'ells les pintures que cobreixen les parets dels edificis de Pompeia, les quals es conserven admirablement.

Les excavacions de Pompeia han donat molta llum en l'estudi de la casa romana. Els plànols d'habitacions que es veuen en la «*Forma Urbis Roma*», plànol de la ciutat gravat en marbre descobert en el Palatí, tenen gran analogia amb els de la casa pompeiana.

Les primeres assemblees de cristians se celebraren en les cases romanes per ser aquestes un refugi, l'únic que oferia seguretat als perseguits. En la primera epístola de Sant Pau dirigida als Corintis es fa menció d'aquestes esglésies en l'interior de les cases.

Raymond Lemaire, en «*L'origine de la Basilique Latine*», arriba a la conclusió que la casa romana amb peristil és l'únic model en el qual s'han inspirat les esglésies cristianes, i afirma amb convicció —després d'una anàlisi minuciosa i profunda— que és aquesta l'única hipòtesi lògicament acceptable per a explicar l'origen de la basílica llatina.

LA VIA DELS SEPULCRES

Completaven l'efecte de les pintures, els mosaics. Fruites, garlandes, dibuixos geomètrics de variada combinació i fantasia inesgotable, finament executats, cobrien el paviment, distribuïts per totes les dependències de la casa. Un dels mosaics és famós. Es troba en l'exedra de la Casa del Faune. Representa la batalla d'Issos, i, probablement, és fidel reproducció d'un quadre més antic. La flora i fauna exòtica del país, aliments i màscares teatrals són també assumptes dels mosaics. Un d'ells és firmat per Dioscòrides de Samos.

De les estàtues que ocupaven els pedestals del fòrum, les places i els temples, poques se n'han trobat, ja que van ser extretes després de la catàstrofe. Algunes que s'han descobert no són pas precisament obres mestres. La majoria es troben en el Museu de Nàpols.

Moltes estàtues ornaven els jardins, els atris i els peristils. L'any 1863, dirigint Giuseppe Fiorelli les excavacions, va trobar-se la cèlebre figura del Narcisso amb la testa separada del tronc. Aquesta estàtua, que avui es troba en el Museu de Nàpols, ha sigut diversament interpretada. Per uns és Pau escoltant l'Eco, per altres és Bacus jugant amb una pantera (la fera havia sigut aquí suprimida).

El Dorífor de Policlet va ser trobat a la *palestra*, i és una bellíssima còpia de l'original grec.

S'havia cregut que les estàtues de marbre no eren executades a Pompeia. Les excavacions del temple de Júpiter han donat com a resultat el descobriment d'un taller en què algunes d'elles eren encara a mig esculpir.

Alguns retrats en bust, trobats en els atris i peristils, demostren l'habilitat amb què es cultivava aquest gènere.

Les terres cuites emprades com a detalls d'arquitectura són nombroses. Jo he dibuixat en la nostra Escola d'Arquitectura, ja fa temps, unes canals per a la sortida d'aigües fetes per aquest procediment. Una d'elles representa una testa de lleó estilitzada. Altres són uns caps amb casc, i entre ells un fris de palmetes a l'estil grec. Jo vaig buscar-les a Nàpols, en el museu, i he mirat també si les veia en algun altre lloc de Pompeia. No les he pas sabut trobar.

Seguim per la *Strada di Nola*, un dels carrers més amples de Pompeia. Arribem a la *Strada di Mercurio*. En l'encreuament entre les dues vies es troba el temple de la Fortuna Augusta. Tornem a ser a prop del fòrum. Passem pel costat de les termes i, continuant per un carrer que comença al costat de la Casa de Pausa, arribem fins al recinte de la ciutat.

La Porta d'Herculà tenia tres arcades. La central (avui destruïda) corresponia a la totalitat de l'amplada del carrer. Les laterals són simples passadissos que corresponen a les voreres. Existeixen encara. Passada aquesta porta, quieta, tranquil·la, la Via dels Sepulcres. Tots els camins que anaven a Pompeia, abans d'entrar a la ciutat, eren vorejats de tombes, com la *Via Appia* a Roma. A un costat, algunes restes de botigues on es venien vasos, làmpades i altres objectes que els parents solien portar als seus difunts.

Porta d'Herculà (Circa 1900)

En un alt basament, un altar de marbre. Dins del basament, la cambra sepulcral amb nínxols en els quals es col·locaven les urnes que contenien les cendres. Altres tombes tenien la forma d'un banc semicircular, i algunes imitaven la façana dels temples. En moltes hi havia estàtues.

Leon Battista Alberti diu en el seu llibre d'arquitectura (Llibre 8, capítol I):

«Què creieu que van fer els vianants quan passaven per la *Via Appia* o per alguna altra carretera principal, trobant-les totes meravellosament plenes d'una multitud de tombes? No creieu que van tenir gran plaer oferint-los davant els ulls, o això, o allò, i després aquell altre, o més l'altre d'aquests sepulcres, molt ornats sense mesura, per on reconeixien les efígies dels meus ciutadans famosos? No us sembla que d'una multitud tan gran de records de cases antigues no sorgeixi una gran oportunitat de poder raonar sobre les grans gestes fetes pels grans homes i de poder alleugerir la molèstia de viatjar i d'augmentar la dignitat a la ciutat de Roma?»

Ja empal·lideixen les claredats del jorn. Diries que el repòs de la nit ha vingut abans que els estels en la volta infinita. Són els xiprers immòbils darrere de les altes tombes, i la via del dolor és solitària.

Via dels Sepulcres (Circa 1920)

Si ja tota la ciutat de Pompeia és un sepulcre, serà aquí doblement amarga l'elegia del viatger, una mica vençut també per la fatiga? És dolç aquí el repòs i el fet de meditar suau.

Els horitzons són amples a la discreta llum de la celístia. Tot en la natura és ple d'una gran harmonia. El silenci és august. I en mig de l'harmonia i el silenci no semblen sentir-se les doloroses paraules de l'epitafi de Macial a les desolades terres de la Campània (*Hic est pampineis modo Vesubius umbris*), sinó les confortants i optimistes paraules de Leon Battista Alberti.

LES PINTURES MURALS

Els noms que actualment s'han donat a les cases pompeianes són variats. Sovint es refereixen als dels seus propietaris quan s'han trobat en inscripcions (Casa de Pansa, quina planta sol prendre's com a model; Casa dels Vettii, excavada fa pocs anys i en la que s'han trobat bellíssimes pintures).

En simples conjectures es basen els noms d'altres, com la Casa del Poeta Tràgic, on unes pintures representen a un actor que llegeix unes poesies. És en aquesta casa on en el vestíbul trobem el celebrat mosaic que presenta un gos lligat amb una cadena i que té la inscripció «*Cave canem*». Algunes vegades s'han tingut en compte particularitats de l'arquitectura o alguna estàtua que s'hi ha descobert, com per exemple la Casa dels capitells amb figures, la Casa de la paret negra, la Casa de la gran fontana, la Casa del Faune, etcètera.

Les pintures pompeianes eren executades al tremp d'ou, al fresc i, segons indicis, és molt possible que algunes fossin en taules de fusta sobreposades i fetes a l'encàustica.

Moltes vegades semblen sobreposats també els quadres que ocupen el centre de les composicions. El que és indubtable és que els quadres i les ornamentacions que envolten a aquests no eren del mateix autor.

En la Casa dels amors daurats s'han trobat pintures sobre vidre.

La pintura al fresc exigeix molta seguretat i fermesa, segons ens diu Vassari «perquè els colors, mentre el guix és fresc, mostren alguna cosa que quan s'asseca ja no es veu».

No se sap del cert si els grecs coneixien aquest procediment, però de la distinció que fan entre la pintura mural i la feta sobre taula es dedueix que per aquella devien tenir una tècnica especial.

Segons Plini, damunt de la paret s'hi donaven tres capes de calç i *puzzolana*, i dues capes de calç i estuc de marbre. Vitruvi, després d'un revestiment general, exigeix les tres capes de calç i *puzzolana* més tres de ciment marmori, donades aquestes darreres a mesura que les anteriors comencin a assecar-se, i sent percudits els murs amb pales de fusta. No sempre se seguien al peu de la lletra aquests preceptes.

Springer ens diu que la pintura al tremp d'ou era ja coneguda pels grecs, que n'atribueixen la invenció a Apol·lodor d'Atenes.

L'antiga tècnica de la pintura a l'encàustica ha donat lloc a grans discussions. Executada mitjançant la cera i el foc, sembla que va ser inventada per Pàmfil d'Amfípolis, mestre d'Apel·les (segons Plini). Hi ha qui afirma que aquest procediment era aplicat sobre els murs. Altres ho neguen fundant-se en les paraules del mateix Plini: «La cera és pintada amb els mateixos colors que els quadres que estan marcats a les parets estrangeres, però d'una classe familiar».

Per a protegir les pintures murals de la humitat, a més de la preparació acurada dels revestiments, a vegades s'utilitzaven maons d'especial fabricació o bé planxes de plom sòlidament clavades.

Diu un autor que ha estudiat amb profunditat les arts del temps antic: «L'art de Pompeia no era pompeià. No era sinó un art grec modificat per les influències d'Alexandria. Un art viu, lleuger, espiritual, però no un gran art». I afegeix que «generalment l'execució de les pintures era mediocre».

Vitruvi, parlant de l'arquitectura que col·locaven aquests pintors en les seves composicions, ha dit que representen construccions «que no existeixen, que no han existit mai, ni fora possible que existissin».

Els temes de les pintures pompeianes són variadíssims. La llegenda i la mitologia oferien camp ample a la fantasia dels artistes. Els treballs d'Hèrcules, les Nròbides, la caiguda d'Ícar, la guerra de Troia, Bacus i Ariadna, el rapte d'Europa, el judici de Paris, etcètera, són representats amb freqüència. També els mites egipcis i escenes de culte se solen veure.

Els quadres de costums tampoc manquen. Pintors treballant, un emblanquinador, una cursa de braus, etcètera. Abunden també els petits amors alats que s'entreguen als jocs i a la cursa, lluiten, munten carros tirats per dofins, treballen en diverses arts i oficis. Un d'ells intenta col·locar-se el casc de Mart, que no li ve massa a mida. Altres cavalquen en tigres o centaures. Uns pesquen amb xarxa o bé amb canya. Algun, castigat per Venus, té les mans lligades. Retrats, caricatures, natures mortes, paisatges, repertori extens.

Fresc que representa la lectura dels rituals dels misteris nupcials de la Vil·la dels Misteris

Fins i tot les cases més modestes eren decorades amb pintures. S'explica que no totes fossin excel·lents, ni tots els pintors mestres consumats i artistes de geni.

Tant o més que les pintures mateixes interessa el seu arranjament en els interiors, la seva combinació amb els ornaments múltiples i enginyosos, els enquadraments i els accessoris. L'atenta observança de la decoració pompeiana ha fet separar o agrupar més o menys lògicament les tendències dominants en diferents períodes, i classificar les pintures de Pompeia en estils.

En això molts autors discrepen. No recolliran aquestes «*Jornades*» l'opinió d'uns i altres. Cosa magnífica, el mètode i les normes, que en tot formal estudi es fan indispensables. Més jo crec als artistes pompeians poc preocupats en períodes i estils. Segueixin també els d'avui el seu camí sense desmai. Metòdics o inquiets, clàssics o romàntics, decadents o primitius, típics o exòtics, cuidin de posar en l'obra el seu esperit, i en la seva tècnica tota la perfecció possible. Que no ha de mancar qui —un dia o altre— els analitzi, ordeni i classifiqui. Encara que es vegin sepultats per la indiferència i apatia dels seus contemporanis, talment com les gentils i arbitràries pintures de Pompeia ho foren un jorn per les ardents laves del Vesuvi.

Fresc de la Vil·la dels Misteris de Pompeia

SALERN

Representació d'una escultura i una façana d'un edifici. Dibuix realitzat per Joan Bordàs
Salellas entre els anys 1911-1912
(Arxiu Municipal de Sant Feliu de Guíxols | Fons Joan Bordàs Salellas)

26 DE DESEMBRE DE 1911

Vora el mar, llarg passeig. Muntanyes pròximes en hemicicle. Antic castell en un cim. Tortuoses vies de pendent pronunciada. Empedrats relliscosos. Transitar acrobàtic. Gran panorama del golf de Salern. Matí de sol. Aire tebi i tranquil. En el mar, calma.

Corso Garibaldi de Salern (Circa 1910)

Una de les més interessants i curioses aplicacions del mosaic fetes a Itàlia és la incrustació de l'esmalt en el marbre. L'antiga catedral de Salern, construïda en temps de Robert Guiscard (a principis del segle XI) conserva alguns exemples d'aquest art que en temps dels normands va ser tan utilitzat en Sicília.

Diu Lucien Magne que la incrustació del vidre colorit en altres matèries és molt antiga. Des de la dinastia V, els egipcis feien servir els vidres i les pastes vítries per animar les estàtues, els ulls de les quals eren fets d'aquesta matèria, o bé d'esmalt. Així es troba també en les figures de fusta dels sarcòfags.

No era pas novetat l'ús de l'esmalt incrustat en el marbre, però l'aplicació feta a la decoració arquitectural, a les càtedres, ambons i cadires arxiepiscopals oferí a l'art nous recursos que foren hàbilment aprofitats.

El que és característic és la substitució de la decoració en relleu per la de color. S'obtenen així efectes extraordinaris que molt devien plaure a les poblacions semiorientals conquerides pels prínceps normands, i que amb tanta habilitat se saberen atraure i identificar políticament i artísticament.

Els petits cubs de vidre formen columnes, entrellaçats, frisos, i s'alternen sovint amb bells fragments de rics marbres policromats, tot dins de grans plaques que fan de revestiment general. Pot en això observar-se com, per manera curiosa, l'art bizantí dels mosaics ve a unir-se amb la romana labor *cosmatesca*. Els mosaics dels marbristes romans dels segles XI al XIII (als que impròpiament es dona aquell nom) segueixen les tradicions clàssiques, emprant com a únic material el marbre que extreien en abundància de les ruïnes dels antics edificis (pòrfir, basalt, serpentina, *giallo antico*, *rosso antico*). Que en els primers mosaics de Roma no hi fos utilitzat l'esmalt ho demostren alguns altars de l'època, com el de *Santa Maria in Cosmedin*, alguns fragments descoberts fa poc en el soterrani de *Santa Maria in via Lata*, els de *San Marcelo in Corso*, i els de *San Lorenzo in Lucina*. Inversament al que va succeir als països meridionals, tan sols més tard es van barrejar en els cubs d'esmalt i vidre.

Els colors dominants en aquestes composicions són el verd fosc, el negre, el blanc, el vermell i el daurat.

La catedral de Salern va ser completament reformada en el segle XVIII. Pugem una escalinata i arribem a l'atri envoltat de columnes antigues procedents de *Pestum*. Pot aquí observar-se la disposició característica de les primeres basíliques cristianes. En el centre de l'atri, com era costum general, hi havia una font o piscina. La de la catedral de Salern era de granet i és avui a Nàpols, en el passeig nacional. En els murs laterals, antics sarcòfags utilitzats per a sepultures en l'època normanda.

Abans d'entrar en el temple ens aturem observant les magnífiques portes de bronze fetes a Constantinoble, d'on procedien quasi tots els treballs d'aquesta mena.

Moltes obres dignes de menció guarda aquesta catedral. En la sagristia, el més gran ivori del segle XII (més de seixanta baix relleus representant escenes bíbliques). Bells mosaics. La tomba del papa Gregori VI, mort en aquesta ciutat l'any 1085. Altres sepulcres notables. En la cripta es veneren les relíquies de Sant Mateu Evangelista, portades d'Orient l'any 930. A més, hi ha alguns frescs d'Andrea da Salerno.

Atri de la catedral de Salern (Circa 1930)

Entre altres coses d'art citades, són vertaderes obres mestres una de les trones —en què belles escultures destaquen sobre un fons de mosaic— sostinguda per quatre lleugeres columnes de marbre amb capitells corintis, el candeler del ciri pasqual en el qual el mosaic munta en espiral, i els ambons púlpits on es llegia en la litúrgia cristiana l'Evangeli i l'Epístola. També rebien el nom de *suggestum, auditorium, tribunal, pergamus, ostensorium*. Eren situats generalment entre l'absis i la nau principal, o s'incorporaven a la *Schola Cantorum*.

De la Itàlia meridional, l'art del mosaic va propagar-se per la resta del país. Venècia i Ravenna van rebre, no obstant això, directament la influència oriental. Bellíssims són a Roma els del cor de *San Lorenzo fuori le mura, Santa Maria in Aracoeli,* i els dels claustres de *San Paolo fuori le mura* i de *San Giovanni in Laterano*.

En temps dels Hohenstaufen i dels Angevins, l'escola de medicina de Salern era cèlebre en tot el món. En això res entén el viatger d'aquestes «*Jornades*», més és el doctor Mousson qui parla:

«La medicina àrab va exercir una persistent i real influència sobre l'Escola de Salern, germana major de les facultats de Montpellier, de Bolonya i de París. L'Escola de Salern va ser un dels punts més intensos d'erudició científica, i meresqué el nom de *Civitas Hippocrática*. Eminentíssima des del segle XI fins al XIII, decaigué a partir del segle XIV
Situada en el camí de les croades, es troba per aquesta circumstància en relació amb les dues civilitzacions, la llevantina i l'occidental. En aquest anar i venir d'homes i pensaments rebé tots els corrents intel·lectuals que travessaven llavors el vell món».

En el llarg passeig, vora el mar prenen el sol els ciutadans pacífics, o en algun cafè l'aperitiu. Una altra havia de ser la vida en la *Civitas Hippocrática* en el seu temps florent. Estudiants alegres i turbulents, doctors sapientíssims, forasters nombrosos vinguts de totes les parts de la terra, àvids de ciència o de guariment, etcètera.

Ara els turistes ni s'hi deturen. Ara els anglesos passen de llarg fins a la veïna ciutat d'Amalfi. I veient-los passar, els ciutadans pacífics que en algun cafè prenen l'aperitiu, o simplement el sol en el llarg passeig, vora del mar s'hi encanten.

ILLA DE SICÍLIA

Representació de la façana d'un edifici de Roma. Dibuix realitzat per Joan Bordàs
Salellas l'any 1911
(Arxiu Municipal de Sant Feliu de Guíxols | Fons Joan Bordàs Salellas)

DESEMBRE DE 1911 – GENER DE 1912

BARCELLONA POZZO DI GOTTO I CEFALÚ

Des que hem entrat a l'illa de Sicília, plou d'una manera torrencial. El paisatge que ens esforcem a observar des de les finestres, a través dels vidres entelats, se'ns mostra vagament difuminat, com un panorama d'aquari.

Així hem travessat l'estret de Messina en el *Ferri-Boot*. Ens hem aturat en l'estació de la ciutat desventurada. Hem seguit a tota marxa paral·lelament a la costa septentrional de l'illa, tan aviat acostant-nos com allunyant-nos de les onades impetuoses, blanques d'escuma, que baten infatigables els penyals solitaris i es desfan en les platges eternament tranquil·les i abandonades.

Ens acostem a una vil·la que ja des de fa temps esperàvem visitar, i que desvetlla en nosaltres una extraordinària curiositat: Barcellona. Baixem del tren. Segueix la pluja. L'estació és allunyada del poble, i el camí és ple de fang. Es va fent fosc.

Els carrers són tristos i solitaris. La il·luminació és escassa. Ingrat és caminar entre rònegues construccions per les vies desertes. Passem la vetlla escrivint als companys de Barcelona. Segurament se sorprendran al rebre des d'aquí noves dels amics viatgers. Sopem aviat. Som els únics en el gran menjador de la fonda, no massa esplèndida ni confortable, A l'hora d'anar al llit, llampega. No sabem pas quina serà en aquestes terres la invocació utilitzada en els casos de tempesta. Però trobant-nos a Barcellona bé podem aplicar la nostra popular pregària: «Sant Marc, Santa Creu, Santa Bàrbara, no ens deixeu».

De bon matí emprenem la marxa cap a l'estació. No plou, però el temps no és pas massa segur. De la banda de mar sembla que s'aclareix. De tant en tant les ratxes de vent humit fan bellugar les branques seques de les quals cau un ruixat de gotes.

Via del Littorio (Circa 1920)

A mig camí ens girem per a contemplar per darrera vegada la Barcellona de Sicília. Passa un núvol baix que fa una blanca besada de boira a les teulades obscures de les cases pobres.

Llarg silenci de decepció. Seguim caminant entre bassals intransitables. Tot de cop, dirigint-me al company, amb to de convenciment i pretensió de gran sentència, l'hi exposo el meu criteri definitiu: «Aquí el que els hi fa falta és un Rius i Taulet».

«Vora la mar eternament inquieta floreix immòbil la pomera blanca i el presseguer vermell, que riu i brilla prop la mar inquieta». Vora d'aquesta mar s'hi endevinen la fúria dels elements i l'eterna inquietud dels homes.

Ara passem per davant de les ruïnes de Tindaris, colònia grega fundada per Dionís I. Què en resta de la magnificència de la ciutat hel·lènica i de les massisses i sòlides construccions romanes? Un jorn la força titànica de les onades enfonsava el seu barri marítim. I la ferocitat dels homes destruïa més tard, i saquejava bàrbarament la ciutat.

Ruïnes de Tindaris (Circa 1895)

La vil·la de Patti, que veiem des del tren, guarda en la seva catedral les despulles d'Adelaisa, mare de Roger el normand. El més jove dels fills de Tancredo d'Hauteville, en el mes de maig de 1061, passava l'estret i vencia als musulmans de Messina.

La Sicília d'aquell temps era dominada pels àrabs, encara que era el cristianisme la religió de la majoria dels seus habitants. Deu anys més tard, Roger s'apoderava de Palerm, fent-hi una entrada triomfal. En la catedral, transformada en mesquita pels àrabs, però novament consagrada al culte cristià, l'arquebisbe grec rebia solemnement al príncep normand. Aquest fou el cop definitiu. La completa submissió de Sicília no era segura. No obstant això, la lluita va durar encara prop de vint anys.

El seu successor, Roger, II ajuntava als seus dominis tota la Itàlia meridional. Durant un segle (regnant Guillem I i Guillem II) es desenvolupava en l'illa mediterrània «la civilització més original, més atraient i refinada de l'edat mitjana, no sols de la Itàlia sinó de tot el món». Obres nombroses i monuments d'incomparable arquitectura són encara avui l'admiració dels estudiosos i dels artistes.

Uns minuts en l'obscuritat d'una foradada[24]. Novament, la claror del jorn, que ens sembla més serè i més pur. L'aigua del mar és roja a prop de la costa a causa de les fortes avingudes dels rius i dels torrents en les pluges passades. Més lluny, verd esmaragda, blau ultramar. En l'horitzó platejada claredat, o algunes veles blanques.

Via Roma de Sant'Agata di Militello (Circa 1910)

---

[24] *f.* [LC] Forat que travessa una massa rocosa, especialment túnel.

A Sant'Agata di Militello tenim temps de baixar del tren i anar a recórrer el poble. Carrers empedrats de palets de riera, rodons i relliscosos, que fan el fet de caminar desagradable. L'arc circular amb aparell que recorda el típic gòtic català, es veu en moltes portes. La policromia dels carros és interessant i curiosa. Són vertaderes obres d'art popular.

En moltes cases, en la porta d'entrada, unes faixes de tela negra són clavades obliquament. És el senyal de dol per la mort d'algú de la família. Costum estranya que sorprèn el viatger inadvertit.

Roger II —tal com diu la llegenda—, tornant de Nàpols, fou sorprès per una tempesta. Veient en greu perill la seva vida, feu la promesa de construir un temple en el lloc on toqués terra. La catedral de Cefalú s'alça majestuosa en record del vot de Roger. Ja els normands —més poderosos— en aquell temps havien dut del seu país els constructors i arquitectes, no valent-se per a llurs obres dels artistes d'Itàlia, com en el comerç atzarós de la seva aventura.

«Així com en la majoria dels edificis religiosos de Palerm —fa notar un savi autor francès— les influències septentrionals no es manifesten més que d'una manera discreta, la catedral de Cefalú, al contrari, és essencialment una obra d'arquitectura normanda. Les dues torres massisses al costat del porxo, els col·laterals estrets, l'alt transsepte que precedeix als tres absis del santuari, les arcades entrellaçades que decoren sota la cornisa l'exterior del monument, i a l'interior la presència d'aquesta galeria que a Anglaterra és coneguda amb el nom de "cleristory", són caràcters incontestablement normands, ja que molts d'ells es troben a l'extrem oposat d'Europa en les esglésies de Normandia, d'Anglaterra i d'Escandinàvia».

Indubtablement, algunes restauracions d'èpoques posteriors han modificat el seu primitiu aspecte. Les voltes ogivals del cor no poden ser anteriors al segle XIII.

La decoració en mosaic de l'absis, obra d'artistes grecs seguint l'estil bizantí (que era el més estès per Europa), fou executada, segons una inscripció, l'any 1148. Els mosaics de Cefalú són dels més antics de l'illa, i són també els més purs d'execució i els menys restaurats. Desgraciadament han desaparegut alguns fragments, entre ells les imatges del rei Roger, de Guillem, de l'emperadriu Constància i del seu fill Frederic II.

No tinc temps de detallar els assumptes d'aquest vast conjunt compost en la seva major part de figures aïllades. El bust de Jesucrist, colossal, ocupant tota la semiesfera de l'absis, domina des de les altures tota l'església, beneint als fidels amb noble i majestuosa actitud.

En tornar cap a l'estació, insisteix un vailet per acompanyar-nos al cim de la *Rocca*, promontori que domina el mar i la ciutat de Cefalú. «És impossible, impossible del tot!», li responem. Falten deu minuts per arribar el tren. Ens apressem per a no fer tard. Arribem acalorats, recollim ràpidament les maletes, i... ens hem d'esperar encara tres quarts! Havíem oblidat que érem a Sicília, on els trens no són pas un prodigi de puntualitat.

PALERM – 29 DE DESEMBRE DE 1911

És un dia d'hivern clar i assolellat. Tot té una frescor de matí ciutadà. Qui havia d'imaginar tant de refinament, allà al fons de l'illa, darrere de l'austeritat dels aspres paisatges i de les vil·les rònegues i tristes!

Palaus amb grans portalades i patis grandiosos. Fontanes de marbre en mig de les places. Obres plenes de la pompa i gallardia dels segles XVII i XVIII que fan perdonar imperfeccions i errades en virtut de la seva gràcia pintoresca i gentil.

Un dependent matiner rega i escombra la vorera, malhumorat i somnolent. La porta ondulada de ferro és encara a mig alçar. Tot és submergit en una amable i humida claredat de matí ciutadà.

Aquesta és la plaça de la Catedral. Visió sorprenent i magnifica. Un dels aspectes més majestuosos del Palerm monumental. El temple és a la dreta, i se'ns mostra al llarg de la seva façana lateral. La penombra blavosa i emboirada és en la part baixa. Les altes torres i la cúpula reben el triomfal coronament de la llum daurada.

La *Piazza Vittoria* és grandiosa i tota envoltada d'arbres. Al fons, en la part alta, la massa obscura del *Palazzo Reale*. La que és avui la façana és una imitació no massa encertada de la del *Palazzo Farnese* de Roma. A mà dreta, la torre massissa de *Santa Ninfa* domina les construccions que l'envolten.

Passem la porta principal, muntem a la galeria del primer pis i ens dirigim a la *Cappella Palatina*.

Flaira d'encens penombra l'ambient, i una subtil boirina litúrgica embolcalla la part alta de les arcades, l'absis i la cúpula. Encara una vella endarrerida fa la seva última pregària, i un escolà diligent apaga els ciris de l'altar. L'Ofici és acabat, i l'indiscret viatger, amb l'habitual irreverència —que per l'amor de les arts l'hi és perdonada— pot dedicar-se al seu examen amb tota llibertat.

Aquesta capella fou fundada per Roger II i dedicada a Sant Pere Apòstol. El 1132 ja era finalitzada la construcció, sent totalment decorada l'any 1143, tal com indica una inscripció grega en la base de la cúpula. Segons autoritzades opinions, és un dels monuments més característics del món, una obra única.

El conjunt no és pas de grans dimensions: té 33 metres de llargada per 13,25 d'amplada. La cúpula no té més de 18 metres d'alçada. La seva planta és la d'una basílica de tres naus. La central és el doble d'ample que les laterals. Al final d'elles trobem els tres absis, el del mig més profund. Les columnes tenen el capitell corinti i sostenen arcades d'arc peraltat i agut.

Cappella Palatina (Circa 1895)

El santuari és més elevat que el paviment general. Aquest és de pòrfir i de rics marbres multicolors, dibuixant un mosaic d'entrellaçats geomètrics.

La cúpula és esfèrica, passant del pla quadrat al circular mitjançant trompes d'angle formades per tres arcs en ressalt. Làmpades d'argent pengen de les voltes. En els murs, en les arcades i en la cúpula, els mosaics amb llurs magnífiques coloracions. I cada detall una obra d'art i una meravella.

És ja vell axioma que en totes les arts és necessari tenir en compte els materials utilitzats per a valer-se dels mitjans d'expressió que els hi són propis. El mosaic té per objecte recobrir la construcció quan aquesta ha sigut executada amb materials pobres i d'un efecte estètic poc recomanable.

Estudia l'arquitecte la planta i concep l'estructura de l'obra segons els principis de tradició i conveniència, tenint en compte les lleis de la mecànica, i de conformitat amb el seu sentit artístic i el bon gust. Ve després la decoració mitjançant el mosaic, adaptant-lo als elements constructius i fent ressaltar les línies i les masses.

Té el mosaic, des d'aquest punt de vista, admirables qualitats. És, a més, inalterable. La discontinuïtat del color, que impedeix el modelatge suau i la degradació de tintes, no és pas un defecte. No és recomanable reduir la mida dels fragments amb l'objectiu d'imitar amb ell la pintura, perquè això, a més de ser contrari als principis establerts, fa el revestiment molt més feble. L'ús de l'or —obtingut mitjançant làmines finíssimes recobertes d'esmalt— es va prodigar fins al punt d'exigir un estudi especial d'il·luminació dels temples per a evitar que amb el seu brillant esclat enfosquís les figures i destruís tot l'efecte de la composició. Les obertures practicades en la base de la cúpula són les més utilitzades en els edificis bizantins. Aconsegueixen conservar un ambient de misteri i penombra favorable a l'harmonia i entonació general.

Aquest sistema emprat a Santa Sofia de Constantinoble i a Sant Marc de Venècia, el veiem també aquí a la *Cappella Palatina*. Les finestres són vuit, de poca alçada, alternades amb les vuit figures d'arcàngels que envolten el medalló central que conté el bust de Jesucrist.

No se sap que el mosaic s'hagi aplicat a edificis d'importància abans de Constantí. Produeix el seu màxim efecte quan tot l'edifici és recobert (em refereixo sempre a l'interior). Arrodonint les arestes vives dels arcs i dels pilars, i de tots els angles, dona una aparença de continuïtat i un modelatge tan singular i agradable que són impossibles d'oblidar.

No sol col·locar-se fins a tocar el paviment. Comença a una alçada a la qual no es pot arribar amb les mans. El basament de plaques de marbre, a vegades amb belles incrustacions, revesteix el sòcol. És aquesta una encertadíssima manera digna d'atenció.

La disposició dels assumptes i figures és bizantina. En el centre de la cúpula, ocupant la part còncava d'un casquet esfèric limitat per una inscripció en lletra grossa, el bust de Jesucrist, de proporció major que la resta de les figures. En la zona esfèrica restant, fins a completar la semiesfera, vuit figures senceres d'arcàngels envolten la imatge central. Entre aquestes, les petites finestres de les quals he parlat anteriorment.

Mosaic de la cúpula

En les petxines rudimentàries que recolzen la cúpula, aconseguint el pas de la planta octogonal a la circular, trobem vuit profetes (només en bust).

En la concavitat de les trompes d'angle que obtenen el pas de la planta quadrada a l'octogonal, trobem els quatre evangelistes asseguts sota tres arcs en ressalt ornats d'inscripcions. En els panys de murs que formen les altres cares corresponents a les del primitiu quadrat de la planta, Zacaries, David, Sant Joan Baptista i Sant Salomó sota una arcada fictícia de mosaic. En l'absis central, un altre bust grandiós de Jesucrist, anàleg al que hem vist a Cefalú. En la part cilíndrica, la Verge entre dos sants. En l'arcada anterior els arcàngels Miquel i Gabriel. En els absis laterals, Sant Pere i Sant Pau.

L'«Anunciació», la «Presentació», episodis de l'Antic Testament, àngels, medallons amb sants i escenes de la vida dels apòstols Sant Pere i Sant Pau, ocupen els espais lliures de les estructures constructives, sempre adaptant-se a elles sàviament i deixant acusades les línies generals d'una manera perfecta.

A més d'inscripcions nombroses, en molts llocs s'hi veuen noms grecs, el que demostra llur procedència bizantina. No és així en els mosaics de les naus, que porten llegendes llatines, i que observats amb deteniment mostren notables diferències d'estil. Foren aquests executats en temps de Guillem, fill de Roger II, per artistes italians dels mestres orientals.

Moltes restauracions posteriors han sigut fetes modificant el seu aspecte primitiu. Els reis aragonesos restauraren la capella. I en els segles XVI i XVIII s'hi feren transformacions lamentables. Per a col·locar una tribuna reial, part dels mosaics va ser destruïda estúpidament.

Avesada la vista a la semi obscuritat de la capella, descobrirà el viatger amb sorpresa que el sostre de les naus és de fusta, i que és àrab en el seu estil. Volta extraordinària i singular d'estalactites amb tot un món de petites composicions pintades: caçadors, músics, dansaires, lluitadors, entrellaçats de vegetació estilitzada, ocells diversos i altres animals amb naturalíssimes actituds. Per tot minuciosa observació de la realitat i fantasia inesgotable.

Molt s'ha discutit sobre la repulsió de les arts de l'islam a representar la figura humana i dels animals. «Desventurat del qui haurà pintat un ésser vivent! El dia del Judici Final els personatges representats sortiran de la tomba i vindran a ell per a demanar-li una ànima. Llavors aquest home no podrà donar vida a la seva obra i serà cremat en les eternes flames». Així consta en l'*Hadith*, llibre religiós musulmà que conté una col·locació d'opinions de Mahoma recollides pels seus deixebles.

Les influències orientals (perses, sobretot) fan oblidar a l'artista els seus preceptes. La decoració dels sostres de la *Cappella Palatina* és un dels més bells exemplars de la pintura àrab.

L'Orient i l'Occident s'han reunit en les meravelles del seu art. Estils oposats, idees antagòniques, estructures variades, multiplicitat de materials, procediments diversos, teories contradictòries, tot s'ha unificat, tot s'ha confós en una divina harmonia, en aquesta *Cappella Palatina* de Palerm, donant una prova eloqüent i magnifica de la solidaritat del que és perfecte.

Sostre de la *Cappella Palatina* (Circa 1940)

San Giovanni degli Eremiti, no gaire lluny del Palau Reial, és una construcció del segle XII. L'abat Gravina, en la monografia del *duomo* de Murriali, sosté que un dels cenobis benedictins fundat en el segle VI pel papa Gregori Magne, ocupà el mateix lloc amb el mateix nom de *San Ermete*. Altres creuen que el seu nom ve del temps de Roger II, el qual va cridar als benedictins de Monte Vergine (Puglia) invitant-los a restaurar l'antic convent, i posant-lo sota la protecció de Sant Joan Evangelista.

La seva planta forma una T. És coberta amb quatre cúpules semiesfèriques, peraltades, de diferents dimensions. El seu aspecte és oriental. Un bell *campanile* rematat per una cúpula, i el seu claustre, en què els arcs lleugerament ajaguts es recolzen

Claustre de *San Giovanni degli Eremiti* (Circa 1910)

en petites columnes aparellades —excepte les de l'angle, que són en nombre de quatre— són també dignes d'atenció.

Poca cosa resta de l'època normanda en la catedral de Palerm: els tres absis amb llur decoració d'arcuacions entrellaçades, i el mur de la nau central que es veu des de la plaça, amb els alts finestrals d'arc ajagut, una faixa de mosaics i l'acabament imitant l'estil dels edificis àrabs.

Walter of the Mill, arquebisbe de Palerm que va fundar aquesta catedral, és possible que no reconegués avui la seva obra. El portal lateral amb les seves tres arcades gòtiques, les quatre torres esveltes dels angles de l'edifici, el coronament del *campanile* i altres elements d'importància són del segle XIV. Modificacions considerables es van dur a terme en el segle XVI, desapareixent en la interioritat del temple els darrers vestigis de mosaic.

A l'època moderna són degudes les més fatals i lamentables reformes. El sostre de fusta, bellament decorat, és substituït per voltes emblanquinades. La nova cúpula no harmonitza amb el caràcter general de l'edifici. Quelcom sensible, que una de les més grandioses construccions de la seva època, malgrat el seu monumental aspecte i el seu conjunt magníficament pintoresc, no ofereixi a l'estudiós de les coses d'art més que una importància secundària.

A l'interior s'hi troben les tombes de Frederic II, Enric IV, Roger, l'emperadriu Constància, Guillem (fill de Frederic III d'Aragó) i Constància d'Aragó. En la cripta, entre antics sarcòfags cristians, el de Gualterio Offamilio, nom amb què els italians conegueren a Walter of the Mill.

Catedral de Palerm (Circa 1940)

Palerm és avui una ciutat pròspera. És envoltada d'una vegetació exuberant i de boniques vil·les, moltes d'elles propietat d'estrangers que hi passen la major part de l'any en una de les més plaents ciutats d'Itàlia. El primer impuls donat per a convertir-la en una població grandiosa i ben urbanitzada fou donat pels virreis espanyols en els segles XVI i XVII.

Pere de Toledo projectà la gran via que avui s'anomena «*Corso Vittorio Emanuele*», travessant tota la ciutat en direcció al mar, i el marquès de Villena feu obrir perpendicularment a l'anterior la «*Via Maqueda*», creant en llur intersecció la *Piazza Vigliena* i decorant-la pomposament amb columnes i estàtues dels reis d'Espanya. Encara avui és aquesta plaça —de reduïdes dimensions— el centre de dita ciutat i el punt més animat durant tot el dia.

Corso Vittorio Emanuele des de la *Piazza Vigliena* (Circa 1920)

Barriades modernes, amb una planta que si presenta certa regularitat, no arriba a la monotonia quadricular, han doblat en poc temps la superfície de Palerm.

Els espais lliures d'edificació, amb arbres i jardins, que segons els moderns higienistes són com els pulmons de l'aglomeració ciutadana, hi són en abundància. La «*Villa Giulia*», parc públic deliciosament traçat i embellit amb petites construccions ornamentals, és el lloc predilecte dels palermitans. El «*Parco d'Ammale*», el «*Giardino Inglese*», l'«*Orto Botanico*» i el «*Giardino Garibaldi*» donen el seu lloc d'esbarjo a cada barriada. Les places públiques són grandioses i amb monumentals edificis. El passeig marítim (*Foro italico*), amb les seves terrasses esgraonades, és un prodigi. A l'art de la urbanització ja no se li pot demanar més.

Ciutat que estima el seu progrés, sap venerar i estimar també les relíquies del seu passat. Sap com les grans empreses són estimulades per l'estudi. Sap com les indústries es nodreixen en totes les arts. I sap que en les fonts pures de la tradició és on l'art troba el seu fonament, i el noble ciutadà la seva major dignitat.

En un antic convent s'ha instal·lat el més interessant museu de Sicília. Poden en ell estudiar-se les èpoques de l'art en l'illa mediterrània perquè reuneix objectes de molt diverses procedències i de grandíssim valor. La seva metòdica agrupació és deguda al professor Salinas, al qui hem saludat en nom d'en Josep Pijoan.

Primer pati del Museu Nacional de Palerm (Circa 1890)

Armes de pedra prehistòriques, treballs de coral, monedes, joies trobades en les tombes, vasos grecs i etruscs procedents de Chinsi (a prop d'Orvieto), ornaments arquitectònics d'estuc, mosaics romans de marbre descoberts el segle passat en la *Piazza Vittoria* (davant del Palau Reial), sarcòfags i inscripcions fenícies, esmalts bizantins, bronzes, ferros forjats, làmpades, restes de finestres i portalades gòtiques dels vells palaus, fragments del Renaixement, carrosses d'un barroquisme refinat, estàtues i fragments trobats en les ruïnes de Tindaris, Solunto, Salemi, Himera, Girgenti i Selinonte, etcètera. Una llista interminable que al viatger ocuparia més d'una jornada.

Les mètopes[25] de Selinonte, que ocupen una sala especial, la més gran del museu («Sala de Selinunte», en la planta baixa), ens mostren els passos progressius de l'escultura grega des dels primers temps. Les més antigues corresponen als inicis del segle VI aC. Altres de finals del mateix segle, i les que provenen de l'Herèon d'Argos són de la primera meitat del segle V aC.

Les excavacions es duen a terme per iniciativa del govern italià. Era aquesta ciutat una colònia grega fundada en el segle VII aC. Les ruïnes dels seus temples són imponents.

---

[25] (Nota de l'autor) La «mètopa» és l'espai que correspon entre dos tríglifs en el fris d'un temple dòric. Aquest espai, primitivament buit, fou més tard massissat amb blocs llisos o esculpits

Mètopes de Selinonte (Circa 1920)

Guerres incessants van ocasionar la seva destrucció. Commocions sísmiques han ajudat a l'obra fatal d'aniquilament. La proximitat del mar i les sorres movedisses de les platges contribuïren a enterrar tot vestigi.

L'any 1822 van ser trobades les primeres mètopes. Cavallieri en 1831, i Salinas en 1892, han descobert les restants. Totes elles han sigut traslladades al Museu de Palerm.

En les més antigues, l'execució és grollera. Són de pedra calcària, i les figures tenen un relleu exagerat. La policromia dissimulava la mala qualitat del material i els defectes tècnics. Les cares, inexpressives, miren de front, mentre que el restant del cos és de perfil. Les actituds són rígides. L'arcaisme no pot ser més manifest. No obstant això, s'hi veu ja una certa habilitat, precursora del geni grec.

Ja en el 409 aC, Hermòcrates, no donant-les-hi importància, va utilitzar-les com a pedres de construcció. Algunes han sigut trobades invertides en els paviments, i altres completament amagades en el gruix de les parets.

En les més modernes, les figures són ja quasi tan perfectes com les dels escultors clàssics. Els rostres, les mans i els peus són de marbre. Les vestidures de pedra, més ordinària. Molts senyals de policromia es manifesten també en elles.

La «Sala Àrab», en el primer pis, és una de les més atraients del museu. Treballs en fusta ricament esculpida i pintada, reixes de finestres, balcons i portes, tot ens parla de l'habilitat d'aquest poble oriental.

El primitiu odi a les imatges originà l'ornamentació purament geomètrica, amb complicadíssims entrellaçats i la intervenció de l'epigrafia, principal factor de l'art àrab.

L'àrab prefereix les idees pures a les formes concretes. En cas de valdre's de forma humana —salvant algunes excepcions, entre elles la que acabem de veure en la *Cappella Palatina*—, poc li importa l'estudi de les proporcions, la vida i el moviment. Persegueix sempre la impressió, la sensació, el símbol. El seu art és meditatiu i enigmàtic, poques vegades real i vivent.

El mateix es pot dir de l'escultura. «Tant si es tracta d'esculpir el bust d'un home com el cos d'un lleó —diu Gayet en el seu estudi sobre l'escultura copta—, l'artista va sempre a la línia dreta, a l'horitzontal i a la vertical, als plans successius completament deslligats. Si es tracta d'un home, el nas és un cilindre, els ulls són rodons dins d'un oval perfecte, els pectorals s'acusen per dues circumferències, etcètera». Els amics cubistes tenen la paraula.

Algunes escultures en bronze són d'una importància cabdal. No tinc temps d'ocupar-me d'elles, ni és tampoc aquest el meu propòsit.

Com a darrera dada curiosa, vull apuntar que en una de les sales de la planta baixa, a prop de la sortida, es conserva un altar que estigué en l'església de *Santa Maria de los Spasimo*. En ell (orfe avui de tan excelsa pintura) hi havia el cèlebre «*Spasimo di Sicilia*», obra de Raffaello Sanzio considerada comuna de les millors del *Museo del Prado* de Madrid.

Migdia. Repiquen campanes en campanars diversos. Callen les campanes un instant, i sembla sentir-se una calma profunda. Un gall llença a l'espai tranquil l'estridència del seu càntic. Una sirena —des del port—, amb sonoritats apocalíptiques, dilata a tots els àmbits la seva perllongada vibració.

Un instant de bullici en les vies més cèntriques. Un tramvia ens sobresalta amb l'avís de les seves campanades. Un altre gall canta. Passa un grup de noies que surten de costura, amb alegria d'infància i llibertat. Un vellet encorbat pren el sol, i vora d'ell un gos dormita. Un sol de primavera cau damunt de la ciutat. I el viatger, amb una lleu fadiga, cerca en refugi grat el repòs d'unes hores.

He visitat les esglésies de *San Cataldo* i *La Martorana*, importantíssimes des del punt de vista arquitectònic. La primera té reminiscències de l'art àrab. Els monuments musulmans servien de model als edificis del període normand, tot i la immigració dels artistes del nord. Diu l'historiador: «els arquitectes i els obrers que havien treballat pels emirs, portaren al servei dels reis normands llur ciència i tot el tresor de les seves tradicions».

La Martorana és una església essencialment bizantina en forma de creu grega. Té una cúpula central. Els seus mosaics —juntament amb els de Sant Marc de Venècia, Sant Vidal de Ravenna i els de la *Cappella Palatina*—, són les més belles pàgines de la història de l'art bizantí. És també aquesta església coneguda amb el nom de «*Santa Maria del Ammiraglio*» perquè l'any 1143 la va fundar l'almirall Jordi d'Antioquia. El *campanile* és una exquisida construcció. Un viatger àrab del segle XII ha escrit: «té a més aquesta església un campanar sostingut per columnes de marbre i coronat d'una cúpula que reposa en altres columnes. És una de les més meravelloses construccions que es puguin veure. Que Déu, en la seva gràcia i generositat, honri aquest temple amb les pregàries dels creients». Llàstima que tot l'edifici ha sofert les més absurdes reformes i les destruccions més increïbles.

La Martorana (Circa 1890)

Amb esplendor oriental (seguint l'exemple dels seus antecessors), els reis normands edificaren en els afores de Palerm les seves residències sumptuoses en mig de parcs i jardins. Una inscripció en estuc d'un d'aquests palaus (*La Zisa*, que significa «La Gloriosa») diu:

«Tantes vegades com vulguis veuràs la més bella possessió del més esplèndid dels reialmes del món. Veuràs al gran rei del segle en bell sojorn, car a ell convé magnificència i alegria. Aquest és el paradís terrenal que s'obre davant dels teus ulls».

Avui es troben aquests edificis completament transformats, i fins i tot alguns en ruïnes. No en queda res dels seus jardins, amb els sorprenents brolladors i els llacs tranquils —cantats pels poetes—, més que la pàl·lida imatge del record.

L'arquitectura d'aquests palaus no és, en essència, diferent de la dels temples que hem estudiat. L'art sícul-normand té una fisonomia pròpia, malgrat ser una combinació de diferents estils. Podran ser diferents els ideals i els mètodes en construir un temple que en projectar una residència reial, però els artistes són els mateixos, i encara que les disposicions i les formes variïn, es manifesta entre elles certa correspondència i analogia.

Aquesta gran escola formada a Palerm —d'un art tolerant i eclèctic— és el reflex de la política del temps en aquesta regió. El regnat de Roger II fou el seu període més brillant. Des del segle XII va començar la decadència.

MURRIALI – DESEMBRE DE 1911

En aquestes altures de Murriali els reis normands hi tenien un parc. Segons la llegenda, a Guillem II, havent-se adormit, se li aparegué la Verge indicant-li el lloc on es trobava un tresor amagat pel seu pare, fent-li prometre que el destinaria a una obra piadosa. Desenterrat el tresor, el rei l'utilitzà per a construir l'abadia benedictina i l'església de Murriali. Els treballs començaren el 1174.

L'art bizantí, que havia arribat a dominar en tota Europa, ja a Murriali no es manifesta més que en la part interior dels edificis. Això és degut al fet que la majoria dels artistes són septentrionals i llatins. L'estil àrab ha desaparegut per complet. Es veu clarament l'esforç de les escoles italianes per deslligar-se dels ensenyaments de l'Orient.

El *duomo* de Murriali és una basílica de tres naus separades per dues fileres de nou columnes de granit. La nau central és tres vegades més ample que les laterals. Té tres absis. El sostre és de fusta. La cúpula no existeix. Diversos detalls de construcció són anàlegs als de la catedral de Palerm, de l'església de Cefalú i de la *Cappella Palatina*.

El portal principal i una de les entrades laterals tenen portes de bronze. La primera és de Bonanno Pisano, feta el 1186. L'altre és de Barisano da Trani. També en la tècnica d'aquests treballs s'hi adverteix la independència dels artistes. Ja no cal que siguin executades a Constantinoble les obres de fosa. No obstant això, fa notar un autor que al comparar les portes de Grani i Ravello amb la de Murriali, es veu que Barisano ha executat les figures valent-se d'un cert nombre de motlles que han repetit diverses vegades, i que aquests motlles han sigut copiats de plaques d'ivori i d'orfebreries bizantines. La seva obra —afegeix— és sàvia, rica i d'una singular bellesa. Malgrat la novetat de la tècnica, l'artista de la Puglia no ha fet més que recollir l'essència de l'art industrial de Constantinoble.

Duomo de Murriali (Circa 1893)

Un incendi en el segle passat va destruir gran part del sostre i va malmenar alguns mosaics.

L'interior del temple produeix una impressió de magnificència i grandiositat. Té 102 metres de llarg per 40 d'ample. El paviment és de marbre amb ornamentació poligonal. Els mosaics cobreixen l'edifici en una superfície de 6.340 metres (entre els pilars, l'absis, les arcades, etcètera). Aquests mosaics, comparats amb els de la *Cappella Palatina* i Cefalú, són visiblement inferiors. No obstant això, la distribució de les escenes i la composició dels assumptes són semblants als que ja hem estudiat, i el seu conjunt és un prodigi de sumptuositat i esplendor.

Al costat del *duomo*, el claustre famós, edificat també en temps de Guillem II. Les arcades ogivals bellament decorades són sostingudes per 216 columnes aparellades (excepte en les cantonades, que formen un aplec de quatre). El claustre de *San Giovanni degli Eremino* és més que una imitació d'aquest, feta en una època en què l'esplendor de les arts anava a la posta. Els capitells tenen escenes de l'antic testament i de la vida de Jesús, imatges de sants i profetes, figures al·legòriques, ocells i monstres. Les columnes són també diferents. En un dels capitells, Guillem II ofereix el seu temple a la Verge i a Jesucrist. En ell s'hi llegeix aquesta inscripció: «Oh, rei qui governes totes les coses, rep els dons del rei de Sicília!».

Segons moltes opinions, aquest claustre és millor que els de Sant Pau fora-murs i Sant Joan del Laterà a Roma. Se'l creu el més bell del seu estil, i és també el de majors dimensions.

Passa el viatger ràpid, apressat, per aquest lloc de calma. Ell compta les hores i els minuts aquí on deu ser grat deixar fugir el temps mansament. Recordo una tarda silenciosa i clara, com la d'avui. Era en el claustre del monestir de Sant Cugat del Vallès. Les campanes amb argentines veus cantaven. En la blavor del cel, un núvol blanc caminava pausadament. En la blavor del cel, ara un núvol pausadament camina.

Tornant de Murriali, a la posta de sol, el panorama de Palerm és superb. Allà a baix, el port, al que deu son nom —sent primitivament una colònia fenícia, els grecs l'anomenaren «Panorama». La massa rocosa del *Monte Pelegrino*, a mà esquerra. A la dreta el *Monte Grifone*. En la plana, la ciutat amb el seu arabesc de carrers, i els jardins i les vil·les a l'entorn, fins a les muntanyes que formen el grandiós amfiteatre. Des de l'altura s'observa la vasta extensió edificada. Té avui Palerm 275.000 habitants.

Monte Pelegrino (Circa 1880)

205

Siracusa – 2 i 3 de gener de 1912

Jornada fastigosa la d'avui. De matinada, fosc, ben fosc, hem agafat el tren a Agrigent. A les tres de la tarda hem arribat a Siracusa.

Pel camí se'ns ha aparegut l'Etna, tot majestuós i amenaçador, blanc de les neus altíssimes. Vapors de desmaiada boira davallaven de l'augusta cima, i anaven ocultant la muntanya. Pobles i camps, ermita blanca, cabana humil, masia solitària. On heu après la vostra lliçó de silenciós heroisme? Qui us ha ensenyat a viure aquí en una tranquil·la confiança, vora el monstre de foc que es tapa amb el mantell hipòcrita de les neus blanques? Jo he vist Pompeia, i en mirar avui el vostre somriure, a la rosada llum de l'alba, he sentit per vosaltres pietat i esgarrifança!

Aquí raja la fontana d'Aretusa. En un extrem d'aquest passeig, Arquimedes presideix avui des del seu pedestal un espectacle d'animació inusitada. És un embarcament de tropes. Marxen a Tripolitana, on les sorres del desert esperen la seva sang, i la Mort també espera. Marxen a la Tripolitana, i ara que en l'horitzó llunyà davalla el sol entre boires daurades, s'embarquen.

La catedral de Siracusa ens ofereix un exemple poc freqüent de superposició d'edificis. S'han aprofitat per a la seva construcció els fonaments del temple grec dedicat a Atena. Era un temple perípter-hexàstil —amb catorze columnes en les façanes laterals— de 56 metres de llarg i 23 d'ample. La *cella* s'ha convertit en la nau central. El pòrtic ha ofert lloc a un costat i a l'altre per a les naus laterals. Encara les massisses columnes dòriques són incrustades en el mur, i es pot veure el mateix des de dintre com des de l'exterior de l'església. Tenen 8,50 metres d'alçada i 2 de diàmetre. La proporció de la columna no arriba així a 5 diàmetres.

Catedral de Siracusa (Circa 1928)

La façana principal (en la *Piazza del Duomo*) és una obra barroca. Aquesta arquitectura —magnífica i escenogràfica moltes vegades, noble i forta, rica i variada— és essencialment impura i falsa. El nostre entusiasme sol vestir-la d'una generosa pàtina d'indulgència. Aquí el seu perill.

Amics del Renaixement de les arts (amics meus): si alguna vegada a tan gloriosa empresa voleu donar el vostre esforç, creient a l'humil viatger que us diu ara: no és pas cosa bona començar per les decadències.

En l'angle oposat de la mateixa plaça, el museu. Si no és tan important com el de Palerm, és almenys ben digne de ser visitat. La col·lecció de monedes, els vasos grecs, el sarcòfag d'Adèlfia, o la Venus de Siracusa, ofereixen a l'estudiós ocasió per a una tasca llarga i profitosa.

Museu arqueològic de Siracusa (Circa 1910)

En el segle V aC, Siracusa oferia al gran santuari hel·lènic el bronze famós conegut avui amb el nom d'«Auriga de Delfos». I ara, després de tants segles, la Grècia que el guarda com un preuat tresor, n'ha regalat al museu de Siracusa una magnífica reproducció.

En els vasos grecs més antics les figures són negres sobre un fons roig d'argila cuita. En els més moderns el fons és negre i les figures destaquen en clar, amb el color del material ceràmic.

Quan els artistes de l'Àtica es desprenen dels models orientals (pereses i assiris) per a reprendre la tradició dels primitius grecs —interrompuda entre els segles VIII i VI aC—, és quan el sistema de les siluetes negres es manifesta més netament.

En aquests vasos, l'artista dibuixava amb el pinzell la figura, resseguia el contorn amb un estilet per a limitar-lo, i després l'omplia de color negre opac. Una vegada sec, amb el mateix punxó marcava els detalls de les figures, profunditzant fins a fer reaparèixer el color clar de l'argila. Això es feia abans de coure'ls. La lluentor era obtinguda per fregall algunes vegades, i altres —amb freqüència— per l'aplicació d'un vernís abans de la cocció definitiva.

Alguna vegada, abans de pintar-los, es feien coure lleugerament per a obtenir així una major adherència del color. Un cop cuits, es retocaven a fi de fer desaparèixer la sequedat dels retallats contorns. En època de decadència fou substituït el dibuix d'incisió amb el pinzell. Del taller d'Ergotimos, executat per Klitias, és el famós vas de Florència.

En els vasos amb fons negre, el pintor feia les figures amb el pinzell i els aprenents s'encarregaven d'acabar-los. Aquest sistema començava cap a l'any 530 aC, i es troba relacionat amb el progrés general de la pintura i l'estudi de l'anatomia. Per tradició va conservar-se també la pintura de vasos amb figures negres, i alguns artistes practicaren els dos procediments.

L'or i els colors blanc, blau, verd i roig són emprats més endavant, i fins i tot les figures en relleu, que juntament amb el daurat i la policromia produeixen un sorprenent efecte. Sovint només són en relleu les figures principals. Les altres són pintades. Tant en un com en altre cas, aquests exemplars són escassos.

Les formes i la nomenclatura dels vasos grecs són extenses. La «cratera» i el «kelebé», l'«stammos» i l'«oxybaphon» formen una agrupació amb analogies d'ús i forma. Les àmfores tenen també variats aspectes i utilitats múltiples. Les àmfores panatenaiques eren donades en premi als vencedors en els esports, les lluites i les carreres. Del kylix deriven la copa moderna i el calze. El canthar és el vas de les libacions. Recordem el Bacus de Miquel Àngel, que és a Florència. L'adolescent alça amb la mà dreta la copa de nèctar. Els seus llavis diries que murmuren una ofrena pagana. El petit faune rialler sembla satisfet amb els seus magnífics penjolls de raïm, i sembla que volgués prendre a Bacus el seu mantell per a ocultar-los cobdiciós. Altres vasos servien a Grècia pels olis que els atletes necessitaven posar-se abans d'entrar a la lluita, pels perfums de les cortesanes, i per les més delicades essències.

El lecythos, impròpiament anomenats «vasos de Locri», eren blancs (s'obtenia aquesta entonació mitjançant el caolí preparat abans de la cocció) i s'utilitzaven en les cerimònies fúnebres. Es troben només en les tombes de l'Àtica. Les composicions són al·lusives al seu destí. En un d'ells s'hi representa el difunt en el seu llit de mort. Al costat del llit s'hi veu un lecytho de grans dimensions.

Pel seu ús general i popular, moltes vegades les pintures d'aquests vasos no eren d'un estil cuidat, malgrat no haver-se produït més que en els segles en què les arts arribaven al seu major desenvolupament i avenç.

Passa el viatger per altres sales. Davant d'aquestes vitrines dels museus on s'ofereixen a estudi i curiositat les arts remotíssimes dels homes, sent d'una manera crua i dolorosa la sensació del caminar dels anys (el pas de les centúries) sense repòs ni treva en l'eterna jornada. Davant d'aquestes víctimes —tal vegada polsoses, burocràtiques i metòdiques— és que sol exclamar el viatger amb irònica melancolia: Com passa el temps!

***

Aquest matí hem fet una sortida. Hem abandonat de bona hora l'illa Ortígia (petita illa enllaçada per un pont amb les terres de Sicília). En ella fou bastida la ciutat primitiva de Siracusa, i en ella hi és emplaçada l'actual ciutat. Hem fet una sortida a les terres despoblades que foren un dia els barris populars de la capital de Sicília: Neàpolis, l'Achradina Tyche i Epipoli. La muralla que els envoltava feia vint-i-set kilòmetres. La seva superfície era de divuit kilòmetres quadrats. Poc mancava per arribar a un milió d'habitants. Va ser —segons testimoni de Ciceró— «la més gran de les ciutats gregues, i una de les més belles del món».

Hem arribat al teatre, que és excavat en la roca viva aprofitant el seu pendent natural. Així eren quasi tots els de Grècia. El viatger ha tingut ocasió d'estudiar-ne a Itàlia alguns exemplars. El de Siracusa té 150 metres de diàmetre i hi cabien 24.000 espectadors.

Teatre grec de Siracursa (Circa 1910)

Aquí Èsquil, convidat per Hieró, vingué per a dirigir la trilogia dels «Perses». Aquí s'aplaudiren les obres de Sòfocles i Eurípides. Entre aquestes parets mil·lenàries sembla escoltar-s'hi encara la veu d'aquells homes —hàbils governants, gloriosos poetes, artistes de geni— que ens diuen a través de la història: «Va ser la nostra empresa elevar-nos per sobre dels temps i dels pobles, a fi que un dia els nostres temps fossin enlairats amb nosaltres, i el nostre poble fos amb nosaltres glorificat».

Són les «*latòmies*» les pedres d'on s'extreien els materials per a la construcció de la ciutat, de les fortificacions i del port. Són vàries les que existeixen pels voltants de Siracusa. Més de cinc milions de metres cúbics de pedra han sigut arrancats. Algunes tenen a prop de quaranta metres de profunditat.

Els presoners fets en la desastrosa expedició d'Atenes contra Sicília foren aquí tancats i abandonats. Encara d'aquest fet se'n conserva una llegenda. Una de les coves és coneguda per «L'Orella de Dionís». Forma una espiral i té propietats acústiques remarcables. Pot escoltar-se des d'un orifici situat en la part superior, a la sortida, la més petita remor i tota paraula pronunciada (àdhuc amb veu baixa) en el fons de la cavitat que té més de seixanta-cinc metres de profunditat. S'explica que Dionís escoltava d'aquesta manera les converses dels presoners.

«Latomia del Paradiso» es diu el poble, i el paradís són els seus jardins, aquestes cavernes profundes, la molsa dels corriols i les tranquil·les aigües verdes de les fondes penombres. I els tarongers, i els magraners, i els prats florits que fan un lloc de delectació de la que fou un jorn una presó d'inclemència.

Latomia del Paradiso (Circa 1920)

Hem arribat a *Euryalos*. És aquesta una fortalesa. Mai els grecs, ni els romans, ni els cartaginesos, aconseguiren apoderar-se'n. Era caiguda la ciutat, i ella no s'entregava. Exèrcits poderosos l'atacaren i ella, amb tenacitat sense límits, resistia. Obra mestra en l'art de la fortificació. Recinte inexpugnable. Tal com l'altiu penyal veu desfer-se en escuma la valenta envestida de les onades, allà en la Costa Brava, així l'escomesa de les invencibles legions aquí era deturada.

Euryalos **(Circa 1900)**

Leonardo da Vinci, amb trenta anys, per pròpia voluntat, o enviat per Llorenç el Magnífic, es dirigí a Milà. En una carta que es conserva en la Biblioteca Ambrosiana ofereix l'artista els seus serveis a Ludovico il Moro. Comença la lletra observant que tots els qui es fan passar per mestres en l'art d'inventar instruments de guerra, no donen més que enginys que en res varien dels ja utilitzats. Ell vol fer conèixer al senyor duc certs secrets que l'hi són propis, i que es proposa breument enumerar.

Té un procediment per a construir lleugeríssims ponts, fàcilment transportables, gràcies als quals l'enemic pot ser perseguit i obligat a fugir, i altres «encara més sòlids, que resisteixen al foc i a l'assalt, i que són fàcils de posar i de treure». Sap també «inundar d'aigua els fossars d'una muralla, i fer diverses escales per a l'assalt, i altres instruments». «Si per l'alçada o la força d'una posició —segueix Leonardo— la plaça no pot ser bombardejada, tinc una forma d'enderrocar tota la fortalesa si els fonaments no són pas de pedra». «Puc fer també una mena de canó fàcil de transportar per a llençar matèries inflamables, causant gran dany a l'enemic, i també gran terror amb el fum». «Mitjançant passatges subterranis estrets i tortuosos, fets sense remor, jo puc fer una ruta per a passar per sota de les foses, i també per sota del riu». Sap també construir, si així convenia, carros blindats portadors d'artilleria, canons, morters, catapultes, vaixells resistents a les flames, etcètera.

«En temps de pau, jo crec poder igualar a qualsevol en arquitectura, construint monuments privats o públics, i conduint les aigües d'un indret a l'altre. Puc executar l'escultura en marbre, en bronze i en terra cuita. En pintura podria fer tot el que faci un altre, sigui qui sigui».

Finalitza comprometent-se a executar l'estàtua eqüestre de Ludovico Sforza, i afegeix: «Si alguna de les coses de les quals he parlat us semblen impossibles o impracticables, jo us ofereixo assajar-les en el vostre parc, o en tot altre lloc que prefereixi la vostra persona, a la que jo em recomano amb tota humilitat».

Amic artista qui arribes després d'una penosa caminada a les llunyanes solituds d'Euryalos: reposa. Jo ja sé que no ets home de bèl·lics entusiasmes. Miraràs a un costat i a l'altre, en les grans foses obertes en la terra, i no hi veuràs cosa digna d'admiració. La silueta del castell medieval és cosa bella. Aquestes galeries profundes —com trinxeres de ciclops— no són avui més que un vulgar accident del paisatge. Hauràs vingut enganyat per les explicacions dels guies, i et trobaràs ple de desil·lusió. Seu ara aquí, en un marge. Contempla el panorama, tremolós de la calitja matinal, sota la clara llum del cel de Sicília. Contempla les amples fileres de les oliveres de soques retorçades, i la verdor dels tarongers. Si has passat algun dia per l'horta valenciana, et vindrà ara a la memòria la delicada poesia del cantor de les terres amigues: «Vora el barranc dels Algadins hi ha uns tarongers de tan dolça flaire, que per omplir d'aromes l'aire no té el món millors jardins».

I si vens del nord, i de Florència, cosa que juraria, et plaurà també evocar amb el viatger d'aquestes «Jornades», el record venerat dels teus mestres. Leonardo, enginyer. Miquel Àngel, estratega. Benvenuto Cellini, destre en el maneig de tota mena d'armes de foc.

De tornada (és prop de migdia) entrem a les catacumbes. No són aquestes, com les de Roma, temorós refugi d'un culte perseguit, laberint desconcertant d'estrets camins en les tenebres. La densa obscuritat, la humitat perpètua, l'esglai del visitant, no hi són. Ja el cristianisme no sols era tolerat, sinó que triomfava. El sol hi penetra per amples obertures. L'aire hi circula. El color cadmi de les terres els hi dona una lluminosa tonalitat. Bellíssimes pintures al fresc, dels primers segles de l'era cristiana, embelleixen els murs i les voltes.

CATÀNIA – 4 DE GENER DE 1912

En els jardins de la *Villa Bellini* l'aigua és glaçada. De l'Etna, tot nevat, arriba un aire fred. Ara, al matí, són els camins solitaris, i les plantes humides de rosada.

Un guarda vellet, seu a la vora del foc, davant de la caseta del jardiner. Després, amb tota la calma i prosopopeia, fa una passejada de reglament entorn del parc, ja que és necessari que els infants i les mainaderes, els desvagats i els convalescents, en les tèbies hores de sol —curtes i escasses en les dues jornades d'hivern— ho trobin tot a punt.

Entrada principal de la *Villa Bellini* (Circa 1900)

Són amples els carrers de Catània, rectes i llarguíssims. El viatger pensa: cosa extraordinària que en aquestes apartades ciutats, les reformes urbanes ja siguin realitzades, i en les nostres entre projectes i concursos, expropiacions i litigis, es facin interminables!

Un element és el que aquí s'encarrega de donar tota mena de facilitats. Mireu en els aparadors dels fotògrafs. Veureu erupcions de l'Etna, terratrèmols, calamitats, edificis que s'enfonsen, i altres que ja no poden enfonsar-se més. Arriba a tal punt l'obsessió eruptiva que ja no sap l'inquiet transeünt a on dirigir la vista per a no turmentar-la amb esglaiadores visions. I és de creure que si la Societat d'Atracció de Forasters no pren una decisió, tota iniciativa fracassarà, i seran ben pocs els qui vinguin a Catània per a un llarg sojorn.

Igualment que a Palerm, la ciutat és travessada de nord a sud i d'est a oest per espaioses avingudes. En la *Via Stesicoro*, que té a prop de tres kilòmetres, trobem els principals edificis públics i construccions modernes. El seu nom honra al poeta grec Stesicoro, mort a Catània. Comença aquesta via en la *Piazza del Duomo*. Ve tot seguit la plaça de la Universitat, i, més enllà, passat l'edifici de la *Prefettura* i la *Piazza Stesicoro*, es troba la *Villa Bellini*, un deliciós jardí.

La Universitat de Catània, fundada per Alfons d'Aragó, va ser la primera de Sicília, i és avui molt concorreguda. L'edifici té una severa façana amb ordres superposats, correctes de dibuix. És de l'any 1818. La distribució interior també és encertada. Posseeix una biblioteca amb 140.000 volums. Té, a més, un bell museu d'història natural. La bulliciosa joventut es dispersava. Som en temps de vacances. Els patis, els corredors, les aules, el vestíbul, produeixen una impressió freda i trista, tal com la d'un teatre silenciós i fosc. A mitja tarda, no hi ha dia que no tingui espectacle.

Universitat de Catània (Circa 1900)

La *Piazza del Duomo* és el lloc animat de la ciutat. Divideix en dues parts iguals el *Corso Vittorio Emanuelle*, i d'ella arranca la *Via Stesicoro*. La catedral li dona un gran aspecte monumental. Començada per Roger el normand, és avui un bast edifici barroc. No obstant això, s'hi adverteix un gran respecte a les formes severes del Renaixement, i el conjunt no és pas mancat d'unitat, elegància i bella proporció. En la plaça, a sobre d'una font, un bell obelisc d'Egipte, sostingut per un elefant esculpit en pedra volcànica. Em recorda el que a Roma veia quasi cada dia en passar per la plaça de Minerva, obra enginyosa de Bernini.

La cúpula del *duomo* de Catània es podria dir que es tracta d'una reproducció de la que hem vist a la catedral de Palerm. L'única diferència és que allà el tambor que la sosté és format per pilastres, i aquí són columnes del mateix ordre corinti, aproximant-se més amb aquesta estructura i deixant a part la proporció a la importància de l'obra arquitectònica. Un altre detall la fa derivar també d'aquesta darrera. Són els finestrals del mateix tambor, en els quals el frontó triangular s'alterna amb el circular. A Palerm són tots triangulars.

Catedral de Catània (Circa 1920)

L'interior de la catedral és digne d'una entretinguda visita. He dibuixat el sepulcre de Ferran d'Acuña, bella obra plateresca d'arquitectura espanyola.

DEL BUEN DON FERNANDO DE ACUÑA Y VIRREY
ES ESTE SEPULCRO Y CLARA MEMÒRIA QUE TANTO SIRVIÓ
A DIOS Y A SU REY POR DONDE FUE DIGNO DE FAMA Y DE GLORIA

Aquesta inscripció és en la paret del fons, al final d'una llarga narració que comença «*Regnante Divo Fernando Hispaniar et Siciliae Rege...*» datada en 1494.

La figura del virrei Acuña, orant, amb el petit patge que l'hi sosté l'escut, és d'una deliciosa ingenuïtat quatrecentista, i em recorda els àngels que sostenen garlandes i corones en el meravellós temple de Malatesta a Rimini, obra de l'arquitecte Leon Battista Alberti. Les esveltes columnes de les balustrades descansen cada una en un lleó ajagut. En els pedestals s'hi llegeix, a sobre d'escuts, aquesta singular divisa: «ANTES EL FIN QUE EL COMIENZO». Estranyes paraules d'un humorisme cavalleresc i ardit.

Des d'un balcó de l'hotel he fet aquesta tarda un croquis de la cúpula i el campanar de la catedral. Més tard hem passejat pel port amb el meu company. Hem visitat les ruïnes del teatre grec, l'amfiteatre i algunes altres curiositats.

Fundada pels grecs en el segle VIII aC, sota dominació romana va ser Catània una colònia pròspera i rica. Les guerres i les commocions sísmiques contribuïren a aniquilar-la, perdent en l'edat mitjana la seva antiga importància. El seu renaixement és degut als prínceps de la casa d'Aragó. Té avui 150.000 habitants i és pel seu comerç una de les més importants poblacions de Sicília.

TAORMINA – 5 DE GENER DE 1912

Encara és de nit, i en els carrers solitaris la pàl·lida claror dels fanals oscil·la moribunda. Una dèbil resplendor del dia sembla escampar-se per l'estelada volta, com una promesa de bonança. Dorm la ciutat encara, i allà a dalt els estels van fonent-se, ara un, després un altre.

Amb estrèpit inoportú, buit de viatgers i ple de claredat, passa el primer tramvia, missatger de les inquietuds ciutadanes.

Clareja. A l'hora que li ve bé (seguint l'acostumada insubordinació cronomètrica) el tren es posa en marxa. Ja els primers raigs de sol han besat la verdor de la carena. L'Etna, al lluny, és vestit d'una finíssima gasa moradenca. El bon sicilià treballa la vinya entre les negroses terres volcàniques. Masses grises de lava formen aquí i allà clapes rocoses. Pobles rurals —com un ramat de cases blanques— pasturen indiferents, entre els perills del foc i la malària. El tren avança, esbufegant, i xiula. En el mar, les set illes dels Ciclops.

El matí és calorós. Pugem a peu per drecera l'escarpada ruta de Taormina. A mig camí reposem en un hostal, i altres viatgers arribats amb el mateix tren ens imiten. Meridional paradoxa la de refrescar en el cor de l'hivern. S'observen al cim les primeres cases del poble i les columnes del teatre grec. A baix, el mar, la costa, els camps i el tren, que esbufegant s'allunya.

En aquesta petita població, que s'eleva a més de 200 metres sobre el nivell del mar, la meitat dels habitants són fondistes, cafeters i fotògrafs, i l'altra meitat són forasters.

Voltada d'aspres serralades on s'exploten diverses pedreres de marbre, fou fundada en el segle IV aC pels pobladors primitius de Sicília, que cedint a la invasió dels colonitzadors grecs anaven retirant-se a les altures inaccessibles, únic lloc on la seva seguretat i vida tranquil·la no era torbada. L'acròpolis de *Tauromenium* era situada en el Monte Tauro. Aliada de Roma, i presa en el segle IX pels musulmans (que en digueren «*Monezziya*»), no fou rescatada pels normands fins als darrers anys del segle X.

Típiques cases medievals amb curiosos patis, fontanes gòtiques i variats detalls d'arquitectura interessen al viatger. Però el més important és el cèlebre teatre grec, modificat pels romans, destruït pels àrabs, restaurat en el segle XVIII i avui altra vegada en ruïnes. Lloc és aquest predilecte de pintors i artistes, d'anglesos seriosos, estirats i solemnes. D'angleses pàl·lides, cloròtiques i aquarel·listes. Saben que aquest panorama és un dels més esplèndids d'Itàlia. Saben que han d'extasiar-se, d'admirar-se. I s'admiren, i s'extasien.

Ruïnes del teatre grec de Taormina (Circa 1890)

Les altes muntanyes de la Calàbria blavegen al lluny darrere un vel de transparència. El viatger, des d'aquestes altures, ara que està a punt de retornar a les belles terres de la península d'Itàlia, amb tota l'emoció de què és capaç, s'acomiadaria de les dolces terres de Sicília. Amb llàgrimes als ulls si una *miss* anglesa de mai imaginada extravagància no l'hi hagués vingut a desfer la sentimental oració, deixant-li per molta estona una irreprimible i comprometedora passió de riure, poc escaient en un home tolerant, correcte i respectuós.

MESSINA I REGGIO – GENER DE 1912

Arribem amb en Ramon d'Alós[26] a Messina. Hem recorregut tota la Sicília i ens disposem a tornar al continent. És un bell matí d'hivern. El cel és clar, puríssim. La mar tranquil·la. En mig de tanta suavitat, la visió espantosa de les ruïnes és més tràgica encara. Divaguem d'un costat a l'altre, sense arribar a dir-nos ni un mot.

Tot allò sembla un somni tenebrós i cruel. Ja no és avui la «ciutat blanca» que des de Reggio observava Paul Bourget. Sembla més aviat «la ciutat trista» que cantava l'altíssim poeta.

On la cercarem ara la catedral normanda, amb la seva deliciosa façana ogival i amb les seves torres esveltes? On cercarem la universitat, amb la seva famosa biblioteca de trenta-cinc mil volums i manuscrits raríssims? I el museu amb les obres d'Antonello de Messina, pintor del *Quattrocento* al qui s'atribueix la introducció i propagació a Itàlia de la pintura a l'oli?

El lloc és un dels panorames més esplèndids que hi ha al món.

Palazzo della Prefettura de Messina (Circa 1910)

---

[26] **Ramon d'Alós-Moner i de Dou** (Barcelona, 1885 – Barcelona, 1939). Bibliotecari i historiador cultural. L'any 1911 rep una beca per anar a Roma a ampliar els seus estudis. L'any 1920 serà nomenat secretari de l'Institut d'Estudis Catalans, càrrec que ocuparà fins a la seva mort, l'any 1939. Va centrar les seves investigacions en Ramon Llull, Arnau de Vilanova i Dante Alighieri.

De l'altra banda de l'estret, les costes d'Itàlia, d'una pàl·lida blavor llunyana. L'atmosfera, en tremolosa transparència, esfuma els contorns. Destaca en el silenci la nota aguda i estrident d'una sirena. El monoritme de les vagonetes que transporten les runes a les barques és l'única remor d'aquesta ciutat morta.

Dos o tres mariners, amb vestidures negroses de brutícies diverses, i amb el rostre colorat pel sol i per totes les inclemències del temps i de la vida, ajaguts sobre les lloses del port, semblen callar malediccions sota l'imperi optimista d'un alcohòlic enervament. Cada un d'aquells homes, i també la dona asseguda en un pedrís, que té un càntir de llauna i un cistell amb policromes ampolles i gots per a fer beguda. I també aquell carabiner solitari que seu davant la garita a l'altra banda del passeig, tenen per a nosaltres, simples turistes, inquiets i temorosos, un prestigi d'herois de llegenda.

Els homes no han pas abandonat les ciutats. Reggio i Messina han de reconstruir-se. Raons econòmiques, històriques, socials, militars, marítimes i de comerç, així ho exigeixen.

L'antiga *Messana*, fundada l'any 730 aC pels pirates de Cumes i Calcídica. Un dia cartaginesa, grega més tard, també romana el 264, colònia pròspera d'August, esclava dels musulmans en el segle IX, caserna de Felip August i de Ricard Cor de Lleó, rica i pròspera en el segle XV, consentida de Carles V, també francesa. i modernament incorporada a la nació d'Itàlia amb 90.000 habitants. No ha finit encara les pàgines glorioses de la seva història.

Itàlia no vol pas les ciutats sense l'art. Els potentats no volen renunciar als seus palaus. Ni els creients als seus temples. Els homes de negocis no volen allunyar-se del port. S'ha pensat a nomenar una Comissió Internacional d'arquitectes per a formar un projecte grandiós, tècnicament perfecte, estèticament acceptable, llargament estudiat amb saviesa i meditació.

Així vol el poble d'Itàlia demostrar son reconeixement a la caritat de tot el món: oferint-li una ciutat bella. Una altra ciutat digna de les que són l'orgull d'una nació d'artistes.

Piazza del Carmine de Reggio (Circa 1910)

Representació de la façana d'un edifici de Roma. Dibuix realitzat per Joan Bordàs
Salellas l'any 1911
(Arxiu Municipal de Sant Feliu de Guíxols | Fons Joan Bordàs Salellas)

ÚLTIMS VIATGES PEL SUD D'ITÀLIA

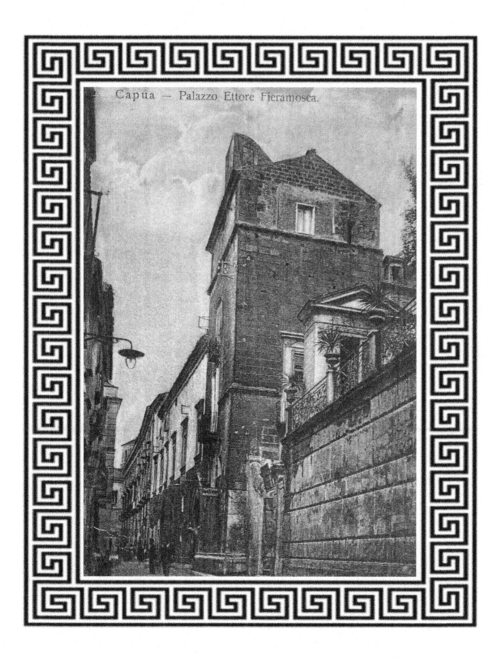

Capua — Palazzo Ettore Fieramosca.

Representació d'un detall d'una porta de la basílica de Sant Pere de Roma. Dibuix realitzat per Joan Bordàs Salellas l'any 1912
(Arxiu Municipal de Sant Feliu de Guíxols | Fons Joan Bordàs Salellas)

GENER DE 1912

PAOLA – CATANZARO – CORTONA – SÍBARIS

Molt avançada la nit arribem a Paola. Segueix en Ramon d'Alós en el seu viatge fins a Nàpols. Ens acomiadem i baixo del tren, al que veig allunyar-se en la fosca via. Em trobo en una miserable estació amb fanals de petroli i empleats somnolents. M'agafa pel braç el mosso d'una fonda. És l'únic. No hi ha possible competència. Soc també l'únic viatger. Déu ens cria i nosaltres ens ajuntem.

En aquesta població de 9.000 habitants no és possible buscar massa comoditats. Aquí va néixer Sant Francesc, fundador de l'orde dels mínims, i aquí va establir el seu convent.

Piazza Cancello de Paola (Circa 1910)

Obro la finestra de la meva cambra. La nit és freda. L'ombra alta d'una muntanya es perfila en la tènue claredat de l'estelada volta. Tanco altra vegada. Puc exclamar com el nostre Maragall en les seves nits pirinenques:

«Dins la cambra, xica, xica,
en la nit dormo tot sol;
part de fora, negra, negra,
la muntanya em vetlla el son».

Passa el tren per Catanzaro. No m'he pas detingut en aquesta ciutat. Capital de província, amb indústria i comerç importants, en ella els típics costums de Calàbria es conserven intactes. Els últims terratrèmols han perjudicat visiblement aquest territori.

Poc més enllà, Catanzaro-marina. D'aquest mar que tinc al davant n'he de dir el mar Jònic.

Va seguint el ferrocarril, rudimentari i de via única, sense separar-se de la costa. En aquestes terres de solitud, avui rebuig d'una nació pròspera i abundosa, alguns segles abans de Jesucrist s'hi estenia una esplèndida i refinada civilització.

Tal com hem vist en la famosa *Côte d'azur* i en la florida ribera de Gènova muntar per la carena les vil·les envoltades de jardins, amb les seves arquitectures d'infinita i capritxosa fantasia, així les riques famílies de la Grècia fundaven en aquestes costes de Calàbria belles ciutats i residències senyorials esplèndides.

La ciutat de Cortona, que consta escassament de 8.000 habitants, disposava en el segle VI aC de 120.000 homes per a la guerra. I quan el govern democràtic de Síbaris expulsava a l'aristocràcia, aquí fou recollida, motivant aquesta actitud la rivalitat entre les dues ciutats. Miló de Cortona, davant del seu exèrcit, es dirigia contra Síbaris.

La corrupció de costums —que ha fet el nom de «sibarita» sinònim d'indolent, i que s'aplica al qui passa la vida en luxe i en les comoditats— havia destruït en l'exèrcit la força i la disciplina, i en totes les classes socials el més lleu vestigi d'humana dignitat.

Tan formidable fou l'escomesa, i l'odi tan gran, que el vencedor exèrcit de Cortona, després de l'horrorosa matança, va desviar el corrent del Crati, inundant així els palaus, els temples i les cases. Per més que s'han intentat realitzar excavacions en molts indrets de la planura pantanosa on pasturen salvatges els búfals, no s'han pogut descobrir encara cap vestigi de la més rica colònia grega d'aquell temps.

I ara, davant d'aquesta Cortona humil, que destruïa ciutats en altres èpoques, capital de la Magna Grècia, refugi de Pitàgores perseguit, no té altra cosa de profit per fer sinó meditar i meditar.

Una columna solitària, des del promontori de Capro Sicinio, ha vist en el pas dels segles desaparèixer pedra darrera pedra la clàssica majestat del temple dòric d'Hera Lacinia, en el que Zeus mostrava la meravella de la seva pintura, i on Anníbal acudia després de les batalles. Què ens diu aquesta columna solitària?

Columna del temple d'Hera Lacinia (Circa 1920)

Tal vegada la pobra ermita de la *Madonna*, a la que tots els dissabtes acudeixen descalces en devot romiatge les brunes donzelles de Cortona, ens sabria explicar el misteri que plana fatal damunt d'aquestes terres de paganisme, l'enigma profund, el destí implacable que enfonsa les civilitzacions i destrueix els pobles.

Tàrent i Bríndisi – 7 de gener de 1912

El viatger es fatiga en aquest trajecte. A fora, nit freda i tenebrosa. Van passant les estacions monòtones. Escolto els noms, que es fan interminables: Montegiordano, Rocca Imperiale, Policoro. No som a Metaponto encara. Metaponto. Uns minuts de parada. Mala hora per visitar les ruïnes gregues. Avui són quatre cases disperses. Aquí moria Pitàgores a l'edat de noranta anys en el 497 aC. Més estacions: Ginosa, Chiatona. Valga'm Déu! Tàrent, per fi.

Ha plogut. Ni una ànima transita. Aire fred i remor d'onades. Passa el carruatge per un pont. Les llums oscil·len i es reflecteixen en les aigües. És el port. Un altre pont. El mar a un costat i a l'altre. Passem per sobre del mar? Un cop d'ull al plànol de la ciutat em resol el dubte. El mar entra en una gran extensió dins de la terra, formant el *mare Piccolo*. Una illa en la boca d'aquest golf quasi tancat és la ciutat. Dos ponts diametralment oposats l'enllacen amb la terra. D'una banda, el *Borgo*, amb l'estació de ferrocarril i un barri popular. De l'altre, la *Citta Unoon*, amb els seus carrers amples i ben urbanitzats.

Tàrent té un bell museu, com quasi totes les ciutats d'Itàlia. En ell poden estudiar-se els vasos grecs, ivoris, vidres gravats, camafeus, etcètera.

La *Taras* dels grecs va ser fundada set-cents anys abans de Crist. La seva indústria dels teixits de llana, la ceràmica, l'agricultura i la pesca en feren una colònia florent. Més tard els romans s'hi establiren, però els grecs continuaren formant la majoria de la població. Des de l'emperador Justinià formà part de l'Imperi d'Orient.

Té avui 60.000 habitants i la seva prosperitat creix cada dia. Visito aquest matí la catedral i algunes restes d'un temple dòric. La moderna construcció italiana també ha influït aquí. L'estil dels Sommaruga, Mancini i de l'admirable Ernesto Basile, reconstructor del *campanile* de Sant Marc a Venècia i del *Teatro Massimo* a Palerm, impera per tot arreu. Particularment m'he detingut en un gran edifici, alçat l'any 1895. En ell trobem els tribunals de justícia, les escoles i oficines públiques. La seva distribució és perfecta, i el seu estil és sever i discret. Sòlid i ben proporcionat, pot posar-se al costat d'alguns dels moderns edificis de Roma i Nàpols.

Tàrent és una gran ciutat. El seu paisatge és original i portentós. Però no pot mancar-hi el seu bri de malastruga, ja que altres calamitats no hi són arribades. En els camps dels voltants es troba la taràntula. El seu verí és mortal. Una vella superstició feia creure que la picadura es curava amb la música i la dansa. D'aquí la «tarantel·la», típic ball popular en el sud d'Itàlia.

Vista de la *Villa Garibaldi* i de la *Via Archita* (Circa 1910)

Soc a l'antiga *Brentensio* grega, *Brundisium* romana, Bríndisi italiana, nom expansiu i cordial que sembla que ens predisposi a l'alegria, i que ens obligui a considerar a tots els ciutadans com camarades, alegres companys de joventut, amb els quals després d'un imaginari fraternal banquet brindéssim per a la salut de la raça llatina, que és la nostra, i de la raça grega, que també ens estimem molt, i que és allà davant mateix.

En efecte, de Bríndisi és d'on surten les embarcacions que es dirigeixen a Grècia i a Orient. De Bríndisi sortien no fa gaires anys (el 6 de gener de 1909) dos catalans insignes: el Dr. Rubió i Lluc, president de l'Institut d'Estudis Catalans, i en Ramon d'Alós, el seu deixeble. Per tercera vegada es dirigia a Grècia el primer, amb el propòsit d'estudiar l'època gloriosa de la dominació dels catalans a Orient. El seu company de viatge, entusiasta en tota cosa de cultura i profund coneixedor d'antigues cròniques, el seguia per primera vegada.

Abans d'acomiadar-nos a l'estació de Paola, recordava l'enyorat amic aquest viatge: Bríndisi —em deia— és una ciutat negrosa i bruta, d'aspecte oriental. És freqüent que ens imaginem els pobles d'Orient amb les inflades cúpules de les mesquites i els minarets altíssims, d'una encegadora blancor. Més una vegada la realitat se'ns ha mostrat —insistia l'Alós—, és una tèrbola visió que es dibuixa en el nostre record.

L'any 19 aC moria aquí Virgili, autor de l'Eneida. Els vaixells que portaven a Orient als homes de les croades tocaven en aquest port. Ara els viatgers només hi passen algunes hores, per tant, no poden —com jo he pogut— observar que realment Bríndisi com a ciutat no es troba a gaire envejable alçada. Les mirades del turista curiós, el mar se les emporta.

Esguards escrutadors voldrien descobrir a l'altra banda les muntanyes gregues del Pantocràtor, o més escassos de geografia imaginen distingir clarament la silueta del Partenó en el cim de l'Acròpolis.

En aquesta catedral, barrocament desfigurada en el segle XVIII, celebraven els desposoris Frederic II i Violant de Jerusalem l'any 1225.

En mig d'una petita plaça s'alça una columna de dinou metres, i a poca distància es troba el basament d'una altra. Les dues columnes indicaven la finalització de la *Via Appia*. L'hem vist començar a Roma, la Via dels Sepulcres. No resta en aquest indret de la famosa *via* romana altre vestigi que aquesta columna isolada. Per ella Sant Pere abandonava la Ciutat Eterna.

Havia de ser l'hora misteriosa del capvespre. Veu venir en sentit contrari un caminant. Reconeix a Jesús: *Quo Vadis, Domine* —l'hi demana amb tremolosa veu. Vaig a Roma —respon el mestre— a ser novament crucificat.

Lecce – 8 de gener de 1912

L'arquitectura dels segles XVII i XVIII és una derivació de les estructures del Renaixement, fantasiades i torturades per aquells artistes que cercaven més que la sinceritat de la inspiració i la perfecció de l'obra mateixa, l'admiració i l'elogi dels seus contemporanis, donats a una vida d'esplendor i magnificència. Ja sabem que l'arquitectura és el reflex del caràcter d'una època i dels costums d'un poble, i per això troben en el seu estudi els historiadors i erudits molt sàbies ensenyances. De la mateixa manera que els arquitectes troben en la vida i en la història dels pobles els fonaments i la raó dels estils, i no poden prescindir-ne sense esdevenir inconscients imitadors d'antigues fórmules que no són tals fórmules ni tals regles acadèmiques, com imaginen els crítics superficials, quan en les veritables fonts d'origen s'analitzen i estudien.

Aquesta arquitectura que succeí a la del Renaixement, anomenada «barroca», és considerada en general com una decadència. Però en la ciutat de Lecce la trobem en la seva més exquisida i delicada forma, i sabrà captivar-nos, no amb la supèrbia majestat de la plaça de Sant Pere de Roma, sinó amb fina gràcia i humilitat provinciana plena de simpatia. Si no fos per alguns fragments d'escultures i pels vasos grecs que es conserven en el museu, res ens assenyalaria cap a l'antiga ciutat de la Magna Grècia. Res tampoc ens indicaria l'època romana si no fos per la columna portada de Bríndisi, rematada per la imatge de Sant Orozco, patró de la ciutat.

La que ara veiem és enterament la del segle XVII. Sembla que en els ombrius carrers empedrats d'amples lloses se sentin retrunyir encara els passos i les veus dels cavallers de Nàpols i d'Espanya.

Avui capella del cementiri (més enllà de la Porta de Nàpols), l'església de *Santi Niccolò e Cataldo*, joia d'arquitectura, destaca envoltada de xiprers, allunyada d'una ciutat sense bullici, com desitjant dins de la pau la quietud, i dins de la quietud el silenci i l'encantament. L'herba creix en els camins, i la molsa estén la seva humida catifa verda per a ofegar els passos del viatger indiscret. L'aire és en calma, i tot a l'entorn apareix eternament tranquil, allà en el jardí mort.

Portalada de l'església de *Santi Niccolò e Cataldo* (Circa 1910)

«Si alguna vegada m'ha dolgut —exclamà Paul Bourget— el no haver tingut o no haver-me sabut proporcionar aquesta especial educació que permet discernir a primer cop d'ull el valor tècnic d'un fragment d'arquitectura, va ser un jorn a Anglaterra, al davant de les catedrals com la de Canterbury, i és ara aquí, davant d'aquesta façana normanda. No obstant això, jo l'he sentida molt bella. Més aquestes sensacions, quan no van sostingudes d'una clara idea, esdevenen incompletes. No obstant això, he ben admirat les dues portes, l'una d'entrada principal i l'altre a un costat, amb llurs arcs d'una noble simplicitat, i l'elegància intacta de la seva ornamentació».

Moltes vegades, des d'aquella ermita de Sant Genís dels Agudells, jo he vist caure la nit damunt de la ciutat de Barcelona. He vist encendre's les tremoloses llums dels suburbis i tenyir-se els núvols de claredats fantàstiques. Ha passat en pocs minuts, des del recolliment i humitat de la blanca església al bullici de les populoses avingudes. Però ara, en abandonar els xiprers, em segueix la seva mística pregària, i el seu perfum envaeix la ciutat.

Lecce és un cementiri. Els seus palaus barrocs són panteons. Nit desolada, enigmàtica solitud, misteri de calma i de repòs. Ciutat indolent, indiferent a l'alegria, que tot seguit les ombres de la nit davallen com s'adorm mandrosament.

GALLIPOLI I ÒTRANTO – 9 DE GENER DE 1912

Terres de sol, país de migdia. Àrides planures, paisatges monòtons. On és la vostra clàssica alegria? Diví enyorament de les hores viscudes sota el cel de Florència i sobre les aigües encalmades de la llacuna veneciana! Capvespres de Roma! Vicenza majestuosa de sàvia i excelsa arquitectura! Imatges totes que he recollit en el pelegrinatge, veniu a fer-me companyia ara que en llarga solitud camino per terres ingrates!

Unes hores a Gallipoli, mirant com el vent es desferma i tot el mar canta, mar brava, mar verda, mar escumejada. I torno al tren.

***

Òtranto és, com a població, més insignificant encara que Gallipoli. Prou que ho diuen les guies: «Òtranto, vil·la de pescadors de 2.300 habitants». Aquí té la residència un arquebisbe. «Què busca a Òtranto? La solitud del mar?». Així m'ha parlat un bon senyor viatjant en coses de comerç, que assegurava que feia vint-i-cinc anys que no hi havia posat els peus.

A més de la solitud del mar (cosa summament agradable, malgrat l'opinió d'un bon senyor viatjant) trobarem a Òtranto la catedral, i en ella coses ben remarcables: les columnes de l'antic temple de Minerva i un magnífic paviment de mosaic de l'any 1166, segons una inscripció que indica que fou executat sent arquebisbe Jonathas.

Catedral d'Òtranto (Circa 1910)

L'origen del nou mosaic no és ben aclarit. Alguns arqueòlegs afirmen que deriva de Musa. Arbitrària opinió sense fonaments. Pot treballar-se el mosaic amb diferents matèries, i així tenim el de marbre o pedra dura, el de fusta (que rep el nom especial de «tàrsia»), i el d'esmalt o vidre fos, tallat a petites peces acolorides.

Tota classe de paviment en què s'utilitzés la pedra o el marbre, fou anomenat pels antics «lithostrotum». Segons Plini, fou introduït a Roma en temps de Sul·la, havent-se això confirmat en les excavacions practicades a Palestrina pel savi professor de la Universitat de Roma S. Maruchi. Quan més tard (no pot fixar-se l'època exactament) va emprar-se en el revestiment dels murs, especialment en l'absis de les esglésies i en les voltes esfèriques, s'hi va donar els noms de «museum» i «musivum», aplicant-se a l'usat en els paviments el d'«opus tessellatum» quan era format amb petits cubs regulars disposats sempre en el mateix pla i només en línies horitzontals i verticals.

També s'anomenava «pavimentum vermiculatum» —no opus com modernament l'anomenem la majoria dels autors— quan es disposaven en línies asimètriques formant figures i fons de diverses tonalitats. S'aplicava aquest en els murs, paviments, mobles i sarcòfags. La seva tècnica era diferent de la d'avui. Sobre una gran placa —generalment de marbre— ben allisada, untada amb oli i enquadrada en un marc de fusta, s'hi estenia una capa de massilla de dos centímetres. El mosaïcista anava col·locant a mà els fragments un cop assenyalat el dibuix. Acabada l'operació, es deixava assecar la massilla, se separava el marc de fusta, s'arrancava de la placa de marbre i així es col·locava en la paret convenientment preparada.

Aquest mosaic de la catedral és potser el de majors dimensions que recordo haver vist. El seu dibuix forma un gran arbre des de la porta d'entrada fins al peu de l'altar major. En les branques s'hi recolzen figures. Adam i Eva, Alexandre i Moe, Caín i Abel, les quatre estacions, els signes del zodíac, etcètera. Mereixeria aquesta obra ser recoberta i protegida, tal com s'ha fet a la catedral de Siena, però tot és aquí abandonat tristament.

Des de l'any 1480, en què Òtranto va ser destruïda pels turcs, moltes cases no s'han reedificat. Per la seva importància estratègica, Alfons d'Aragó hi va construir un castell i Carles I grans fortificacions. El seu aspecte és avui el d'un poble amb les seves cases blanques sense pretensió ni gala d'arquitectura. He preguntat a un minyó eixerit, que seia en una bella *margella* d'un pou en mig d'una plaça, si era costum general anar vestit de negre, ja que altre color no he vist en les indumentàries. La resposta ha sigut amarga: «El còlera, senyor, el còlera! Aquest passat estiu el còlera ha portat el dol a totes les famílies».

Terres meridionals, terres de sol ardent tan desitjades pels tristos viatgers que davallen de les ciutats boiroses. On és la vostra clàssica alegria?

BARI I TRANI – 10 DE GENER DE 1912

Ahir a la nit, en arribar a Bari, gran gentada i animació. El seu ambient és el d'una gran ciutat. Efectivament, la seva població és de 75.000 habitants. Aquest carrer tan ample, que indubtablement deu ser el *Corso Vittorio Emanuelle* a la *Via Garibaldi*, ja ens diu que la ciutat és rica i pròspera. Luxe en les vestimentes, i elegància i gust en totes les coses.

Bari, mencionada amb freqüència en la història de l'edat mitjana com a residència episcopal, caigué en poder dels musulmans, dels grecs, dels normands, etcètera. És l'accidentada història de totes les ciutats d'Itàlia que han passat per nombroses vicissituds abans d'incorporar-se a la nació única.

El període romànic, o sigui, l'art que es desenvolupava amb caràcters semblants en tot l'Occident entre els segles X i XIII, es pot estudiar aquí (particularment en el que es refereix a l'arquitectura) en belles esglésies i en restes de construccions diverses.

Però mentre que a la Toscana veiem néixer en les estructures austeres de la catedral de Fiesole un estil peculiar que adquireix el seu màxim esplendor en el baptisteri, en el *duomo* de Pisa i en els temples de Lucca i Florència, i mentre que a la Llombardia la influència francesa i germànica dona riques variants als elements arquitectònics, a Bari és Bizanci la que amb l'exuberància d'ornamentació i atractiva policromia subjuga als homes d'art. Ja hem vist que en Sicília —d'una manera anàloga, molt freqüent en la història— dominen les arts moresques, destruint en els artistes de l'illa mediterrània tota fisonomia i tot estímul de tradició. En tota la província de la Puglia són detalls bizantins els que trobarem.

Aquí, a la catedral de *San Sabino*, començada cap a l'any 1000, s'hi troba la taula famosa «*Santa Maria Costantinopoli*», atribuïda a Sant Lluc i portada a Bari l'any 730. Quin contrast amb el quadre del *Tintoretto*, que és en un altre altar no gaire lluny. Jacopo Robusti, anomenat «*El Tintoretto*» perquè el seu pare era tintorer, nasqué l'any 1518, en ple Renaixement. Deixeble de Ticià, fou rival del seu mestre. «*Fulmine del pennello*» fou el motiu que meresqué als seus contemporanis. De rara habilitat, coneixedor profund de l'anatomia, dibuixava i pintava amb sorprenent facilitat. Era a Venècia que admiraven en gran quantitat les seves obres. En el Palau Ducal és famós el seu fresc

Catedral de Bari (Circa 1900)

«La Glòria del Paradís», que mesura vint-i-cinc metres de llarg per deu d'alçada. Pel seu caràcter reflexiu, per la profunditat dels seus assumptes i per la seva genial concepció, ha merescut de Vasari elogis extraordinaris.

«El més gran cervell que mai ha vist la pintura» exclama admirat el crític d'Arrero, narrador de la vida dels més cèlebres pintors, escultors i arquitectes d'Itàlia.

Molts segles han passat en la història de la pintura, des del retaule de Sant Lluc al quadre de Jacopo Robusti. Tanta és l'estimació que ens mereix l'un com l'altre d'aquestes obres.

L'església de Sant Nicolau, patró de la ciutat, és aproximadament de la mateixa època. S'hi conserven les relíquies del sant, portades de la Lícia. Fou finalitzada pel rei normand Roger, i la cripta fou consagrada pel papa Urbà II. En el tresor de l'església es conserva una corona de ferro que va servir per a la coronació, en aquest mateix temple, del rei Ferran I d'Aragó.

La petita església de Sant Gregori era la nacional dels bizantins.

Constantinoble exercia una gran atracció en els pobles occidentals. Prínceps i reis hi tenien una relació contínua. Portaven els marxants els policroms tapissos, els delicats ivoris, esmalts radiants en què les flames s'han fet color, les fustes pacientment tallades, les joies i les pedres precioses, etcètera.

Els artistes italians i grecs anaven a estudiar a la ciutat de Constantí, i escampaven després les seves obres per tot el món. A Venècia, a Ravenna, en tot el sud d'Itàlia van deixar senyals del seu camí gloriós. Per això la ciutat de Bari té un especial interès i em semblen un instant les hores que he passat divagant d'un costat a l'altre, admirant tan belles mostres de l'art que també en les nostres terres de Catalunya produïa en la mateixa època obres immortals.

**

La petita ciutat de Trani, tan bellament situada (dominant l'Adriàtic), amb el seu aire provincià i humil, seria un gran refugi per a un somniador poeta cansat de les coses de la vida, del món i de les seves vanitats.

Tota la tarda l'he passada fent dibuixos pel voltant de la catedral. Una cornisa ben fantàstica, per cert, amb elefants, espirals geomètriques, fulles estilitzades i molt variada i fina ornamentació. Interessants detalls d'arquitectura romànica plena d'imaginació, originalitat i riquesa.

Tota la tarda l'he passat fent dibuixos, i ni un sol impertinent curiós, ni un noi entremaliat, ni una vella tafanera i xerraire, ni un *cicerone* estúpid, com en altres llocs he trobat. En els carrers també hi ha quietud, dolça temperatura primaveral i bells palaus antics en vies tortuoses.

Únicament dos guàrdies del municipi en el jardí. Massa bell jardí i admirable perspectiva per a tan reduïda i municipal concurrència. Des d'aquí es domina, a l'altra banda d'una gran cala, la catedral amb la seva torre. L'esvelt *campanile*, començat en el segle XII (construcció atrevidíssima, ja que un porxo d'arcades permet passar-hi per sota, en el pla del carrer) és daurat dels darrers raigs de sol.

Catedral de Trani (Circa 1900)

Ara ha augmentat la concurrència en el jardí, ara que ve la nit i m'és forçós deixar-lo. Ja som quatre entre tots: els dos guàrdies municipals, el viatger d'aquestes «*Jornades*» i l'home que encén els encenedors de gas en els artístics fanals.

Travesso la vil·la cap a l'estació. Per tot igual silenci que a mitja tarda. Envejable tranquil·litat!

Trani, *Turenum* dels antics, ciutat adriàtica de bells jardins en calma i bella catedral, t'has guanyat la meva simpatia. De tu me'n restarà un plaent record. En l'atribolada hora de les febres ciutadanes, la teva imatge serà una clara visió de serenitat i repòs. Veuré allà al lluny un jardí vora el mar, un temple grandiós que es reflecteix en les aigües, dos guàrdies municipals que deambulen dòcilment en la pau de la tarda, i un bon fanaler que fa la seva quotidiana passejada quan minven a poc a poc les claredats del jorn i estén la nit el seu obscur mantell damunt de totes les coses.

BARLETTA I CANOSA DI PUGLIA – 11 DE GENER DE 1912

La *Barduli* dels antics és avui una ciutat marítima de 40.000 habitants. Durant les guerres entre Lluís XII i Ferran el Catòlic, fou encarregat de la defensa d'aquesta plaça el Gran Capità Gonzalo Fernández de Córdoba. Els exèrcits del duc de Nemours l'assetjaven. Hi va tenir lloc un combat que és digne de les gestes romanes. Tretze cavallers italians desafiaren a altres tants francesos. La lluita fou terrible, segons expliquen les cròniques, resultant vencedors els primers.

El tramvia de vapor que ve de Bari a Barletta, passa entre Corato i Àndria, pel costat d'un monument que els italians coneixen per «*L'Epittafio*». Aquí tingué lloc el famós desafiament a la visita del *Castel del Monte*, construït per Frederic II l'any 1240.

La curiositat més visitada de Barletta és la colossal estàtua d'Heràclit (de l'emperador Teodosi, segons alguns) a un costat de l'església del Sant Sepulcre. Fa 4,50 metres d'alçada i és fosa en bronze. Adossada al mur de l'església, sota un arc ogival, entre dues portes secundàries, és col·locada sobre un senzill basament de maçoneria, de pocs pams d'alçada. Amb la mà dreta aixeca una petita creu tal com un missioner predicant a les multituds, i amb l'esquerra sosté una bala de bronze poc més grossa que el pla de la mà. La seva corpulència, i les vestidures de guerrer romà, amb el mantell i la corona d'emperador, li donen una majestuosa severitat.

Les més antigues estàtues de metall eren fetes de fulles o làmines de bronze batudes amb el martell. L'operari reduïa la planxa al gruix desitjat, l'hi donava la forma volguda, i la fixava amb claus sobre una ànima de fusta que reproduïa aproximadament la forma de l'estàtua. Venia després el treball de retoc per a obtenir les faccions i tots els detalls amb la perfecció necessària.

Més tard, se suprimí l'ànima de fusta, substituint-la per una armadura senzilla sobre la qual es fixaven les planxes metàl·liques ja treballades. Segons Collignon, després de la invenció de la fusió dels metalls, va seguir encara l'antic sistema, arribant a ser emprat en l'edat mitjana el procediment descrit més que cap altre.

Coneguda la soldadura —que els grecs van aprendre dels egipcis o dels fenicis—, es formà un tot amb les diverses peces de l'estàtua. La fusió dels metalls ja ve indicada en la Bíblia.

Dos eren els procediments seguits: el de les figures massisses, utilitzat quan es tractava d'objectes de petites dimensions, i el de les buides en estàtues més grans. D'aquestes se'n troben ja a Egipte des del segle XIV aC. A Grècia no foren conegudes fins més tard, en què les fongueren Rec i Teodor, artistes de Samos.

L'estàtua pot ser feta d'una sola peça, però és més freqüent fer-la de vàries. Una figura femenina en bronze, del Museu Nacional de Nàpols, és composta de deu fragments.

El sistema de cera perduda, que encara és usat modernament, era conegut ja pels grecs. Els romans l'empraren de la forma següent: una ànima o model, de creta, es recobreix de cera i se li dona amb els motlles convenients la forma externa de l'estàtua. Un cop així, es recobreix d'argila. Ben reforçat el conjunt, enllaçant l'ànima amb la capa d'argila per mitjà de travessers de ferro, s'enterra i es va escalfant fins que la cera fossa surt per uns forats deixats oportunament. Un cop s'aconsegueix això, s'hi aboca el bronze fos, que omple l'espai que ocupava la cera. Refredat el metall, es desprèn el motlle interior i la capa externa, resultant ja l'estàtua. Resta tan sols la darrera mà de l'artista, que amb el cisell acaba de polir i definir tots els detalls, corregint les possibles imperfeccions.

El gruix del bronze en les estàtues antigues no era pas excessiu. La figura de Marc Aureli que hem vist en el *Campidoglio* de Roma no té més de nou mil·límetres. Per augmentar l'estabilitat, algunes parts s'omplien de plom. Així o feu Cares de Lindos en el seu cèlebre Colós de Rodes, una de les meravelles del món antic.

Amb l'aliatge de diversos metalls podien obtenir-se diferents tonalitats. Així obtenien els grecs, segons ens diu Quatremère de Quincy, la morenor del cos d'un atleta, la pal·lidesa d'un cadàver (com feu Silanió representant a Jocasta morta) i fins i tot l'enrajolament de la vergonya que en el rostre d'Atamant volgué expressar Aristònide en una estàtua de Rodes.

Amb la incrustació també s'obtenien efectes de policromia. Els llavis recoberts d'argent o d'aram, les celles, i en els ulls pastes de vidre, esmalts, marbres i pedres precioses. També s'hi ajuntaven algunes parts de metalls diversos: braçalets, collars, corones d'or i plata, etc.

Algunes eren totalment daurades amb subtils làmines d'or aplicades sobre el bronze, o bé en pols, tal com en la ja citada de Marc Aureli, en la que encara es veuen alguns vestigis. Una llegenda pagana assegurava que quan tot el daurat de l'estàtua eqüestre de Marc Aureli hagués desaparegut, el poder de Roma cauria per sempre més.

Corso Vittorio Emanuelle de Barletta (Circa 1930)

L'excursió a Canosa di Puglia és molt interessant. La tomba de Bohemond, príncep d'Antioquia, fill de Robert Guiscard, és la més gran curiositat de l'església de *San Sabino*, consagrada l'any 1101.

Aquesta ciutat, important en l'antiguitat, és ara d'un ruralisme deliciosament pintoresc. L'aviram domèstica ha esdevingut en aviram urbana. En els carrers d'irregulars empedrats i desnivells perillosos per als transeünts, tota classe de bestiar hi pastura. Conversen les comares assegudes a les portes de les cases.

Cau de tant en tant un xàfec d'aigua bruta des de les cuines als paviments. En molts indrets es dona a comprendre que en edificar les habitacions s'han oblidat de les més necessàries dependències. I els infants, bruts i despentinats, envesteixen a cops de pedra al primer que es distregui una mica, sense que ningú els destorbi en son gentil esport.

Tomba de Bohemond (Circa 1910)

FOGGIA I BENEVENTO – 12 DE GENER DE 1912

Quaranta cavallers de Normandia, tornant d'una peregrinació a Jerusalem, s'establiren en el sud d'Itàlia, expulsant als musulmans en molts indrets. En escampar-se aquestes noves, altres cavallers deixaren els seus països natals i passaren a Itàlia per a unir-se als primers. Combateren als emperadors d'Alemanya, que dominaven la regió, dividint-la en comtats i establint el règim feudal tal com a França imperava en aquell temps. Era això en els primers anys del segle XI.

Però així com els àrabs i els bizantins tenien un art propi i definit, els normands s'adaptaren més a la tradició italiana. La catedral de Foggia és una prova d'aquesta adaptació. Va ser començada l'any 1200 seguint l'estil de Pisa. Un terratrèmol va destruir-la el 1731. Modernitzada amb escassa fortuna, poca cosa notable ofereix a la curiositat del viatger.

L'emperador Frederic II tenia en aquesta ciutat el seu palau. Restes tan insignificants en podem veure avui, que més que a l'arquitecte poden fer la seva evocació interessant a l'historiador i a l'erudit.

Ara el viatger, acabada la seva tasca d'exploració, no tindrà altra cosa a fer més que passejar per aquest espaiós i ben ordenat jardí públic que els infants alegren amb els seus jocs en aquesta hora plàcida del migdia.

Però també aquest jardí és un ensenyament. Les nostres petites ciutats no acostumen a tenir jardins ben cuidats. Els nostres petits ciutadans no són pas tan respectuosos amb les flors i les plantes.

«És prohibit arrencar les flors i malmetre les plantes». Aquesta llegenda, que en planxes esmaltades es veu en algun lloc, és seguida rigorosament. Recomanable disciplina, digne d'elogi, dòcilment observada, ja que ni un sol guàrdia ni vigilant es troba enlloc. No és pel rigor i per la vigilància, sinó per propi instint que aquests petits italians saben ser correctes. Això em recorda a la inscripció gravada en el frontis d'una escola pública, crec que era a Palerm: «Infants, entreu feliços! Aquí s'ensenya, no es turmenta».

Jardí públic de Foggia (Circa 1900)

Foggia, del llatí *Fovea* (fosses on es conserva el blat), està situada en el centre de la gran plana de la Puglia. Capital de província, té importància pels seus mercats de bestiar ja des de temps dels romans.

Els romans fortificaven les seves ciutats. Quan un camí travessava les muralles, una gran porta es feia necessària. Així veiem a Roma que Aurelià, abans d'emprendre la seva expedició contra Palmira, va envoltar d'un circuit formidable la ciutat. I en les grans vies de comunicació que sortien de Roma trobem encara la *Porta Maggiore*, la *Porta Latina* i la *Porta San Paolo*, flanquejades per torres rodones per a la seva defensa. A vegades aquestes grans portes tenien la importància i la bellesa d'una obra d'art arquitectònica. D'aquí vingué la idea dels arcs aïllats, destinats simplement a embellir els fòrums i les places públiques. Es dedicaren a personatges eminents o a la commemoració de fets gloriosos i de grans victòries. Prengueren el nom d'«arcs de triomf».

L'art de construir les voltes i els arcs l'aprengueren els romans dels etruscs, que utilitzaven l'arcada sense estil d'arquitectura, tan sols com a element de construcció. No és cert que s'hagin emprat a Roma abans del IV segle de la república (segle II aC). Tots els ponts i aqüeductes són posteriors.

La unió de l'arcada amb els ordres artístics grecs no es verificà a Roma per primera vegada. Els grecs de l'època clàssica no conegueren més sistema que l'arquitravat, amb les seves columnes i entaulaments rectes. Però els de l'Àsia feren servir l'arcada. L'arquitectura grecoasiàtica, de la que el *tabulàrium* és el primer exemple a Roma, probablement fou importada cap a finals de les guerres púniques.

Les cúpules són originàries d'Assíria i Pèrsia. Aquesta compenetració d'escoles donà a l'arquitectura romana una varietat que els grecs no conegueren, tot i l'excel·lència i perfecció mai superada de les seves obres.

Cap a l'any 120 aC, el cònsol Quintus Fabius feu erigir en commemoració de les seves victòries el primer arc de triomf romà. Estava situat a la *Via Sacra*. Des d'aleshores, aquest tipus de construcció originari de l'orient hel·lenístic fou freqüent.

Entre els que es conserven, el més antic és el dels emperadors Tit i Vespasià, alçat en memòria dels seus triomfs a Jerusalem. La seva silueta és elegant, les seves proporcions no són exagerades. Tota la part d'escultura es troba en el fris i sota l'arcada. Entre els baix relleus n'hi ha un en què es representa un festeig triomfal passant per sota un arc (probablement el de Tiberi) al peu mateix del Capitoli, avui desaparegut.

Arc de Tit (Circa 1890)

Un altre elevat en la *Via Appia* en honor a Drus el Vell, germà de Tiberi, és avui mig arruïnat. Dos més se'n trobaven en el fòrum en honor a August. Del primer —en memòria de la victòria d'Àccium— se n'han descobert els fonaments. Del segon es desconeix l'emplaçament.

Septimi Sever té també en el fòrum un d'aquests monuments. Un altre dedicat a Gal·liè, amb poca ornamentació i d'una sola arcada, veiem avui a prop de la *Piazza Vittorio Emanuelle*.

Quan ja declinava l'imperi de Roma i Constantí, fugint de l'envestida dels guerrers del nord, bastia una nova capital a les riberes del Bòsfor —a la que donava el seu nom—, els tresors d'art, els bronzes i les estàtues de marbre, acumulades en la ciutat del Tíber, eren transportades a Constantinoble per a decorar l'hipòdrom, els palaus, les àgores i les grans places. I no vacil·lava tampoc Constantí en arrencar els baix relleus dels monuments de Trajà i Marc Aureli per a embellir el seu propi arc de triomf, el més gran i ric de tots els de Roma, i que al costat del Colosseu —on s'havia vessat la sang dels màrtirs gloriosos del cristianisme— proclamava el triomf de les noves creences sobre el paganisme decrèpit i abatut.

En les províncies de l'imperi també trobem exemples anàlegs. Hem vist a Rímini l'arc que inspirà a Leon Battista Alberti per a l'exquisida façana del seu temple d'Isotta, i a Ancona, entre les remors i el tràfec incessant del port, l'arcada de proporcions clàssicament perfectes que els homes del Renaixement prengueren com a model.

Arc de Constantí (Circa 1900)

En les grans ciutats modernes s'ha prodigat també aquesta forma clàssica de monument commemoratiu. L'Arc del Carrusel a París, obra de Charles Percier i Pierre-François Fontaine (arquitectes de Napoleó), és el que més recorda a la gràcia i majestat incomparable de les construccions imperials.

***

L'arc de Benevento, dedicat a l'emperador Trajà, és indubtablement el més bell dels que existeixen (antics i moderns), el millor conservat i el que presenta més unitat en la composició, més harmonia i adaptació de l'escultura als elements arquitectònics. El senat i el poble Romà (S.P.Q.R.), el construïren l'any 115. Morí l'emperador, victoriós a Orient, abans de veure'l finalitzat. Els déus de l'Olimp, escenes de la vida de Trajà i diverses al·legories són els motius de les escultures. Tot ell de marbre grec, no té més de setze metres d'alçada. És considerat com una de les construccions romanes més perfectes.

Arc de Benevento (Circa 1930)

Benevento, fundada segons la tradició pel fill d'Ulisses, fou primitivament anomenada *Maleventum*. Per ella passava la *Via Appia*, que anava de Roma a Bríndisi. Avui és poc important. Té 18.000 habitants. Les seves cases, pobrament vestides, pugen damunt d'un turó. Moltes curiositats d'art són escampades per la població, ben digna de ser visitada.

L'estació és bastant allunyada de la vila. Emprenc la caminada després de reposar en un cafè modest, on he escrit aquestes notes de viatge.

CASERTA – 13 DE GENER DE 1912

M'ha promès un amable oficial de l'exèrcit italià, que ha dinat avui amb mi a la fonda, que s'interessarà perquè em sigui facilitat un permís per a visitar el Palau Reial, tancat ara a la curiositat dels turistes per haver-se destinat algunes de les sales a hospital de sang amb motiu de la guerra italoturca.

Esperant el resultat de les gestions —afortunadament favorables— m'he passejat amunt i avall una bona estona per davant d'aquesta imponent façana (41 metres d'alçada i 250 de longitud) de la superba construcció de Luigi Vanvitelli, arquitecte del rei Carles III. He vist des de la porta principal —on m'he aturat amb indiscreta impaciència— un llarg corredor porticat amb patis a un costat i a l'altre, i al fons la perspectiva dels jardins fins a la cascada que brillava sota la pàl·lida llum del sol d'hivern.

Palazzo Reale de Caserta (Circa 1900)

Després de l'anarquia portada a l'arquitectura pels deixebles de Bernini i Borromini, els estudis i campanyes de Winckelmann, de Mengs i de Milizia aconseguien que els models clàssics tornessin a l'art. Aquesta sana reacció, iniciada a mitjans del segle XVIII, segueix fins al començament de l'edat contemporània: és l'època neoclàssica. Ja en el set-cents l'arquitectura barroca ha guanyat molt en gràcia i gentilesa. En el santuari de la *Madonna di San Lucca*, construït a Bolonya per Carlo Francesco Dotti de 1740 a 1770, s'hi adverteix una bona orientació.

En les façanes importants torna a regnar la línia recta. Així ho veiem en la basílica de Sant Joan del Laterà a Roma, de l'arquitecte Alexandre Galieli, i en moltes altres edificacions monumentals.

«L'art de Vitruvi —escriu G. Longhi en el seu "*Elogio di Appiani*" —, o no sabia o no s'atrevia a mostrar-se amb línies rectes i corbes regulars. És una *sibbene* amb formes retorçades i amb ornaments pesats». Aquestes eren les característiques de l'art barroc.

El pintor David i els artistes de París foren aquesta vegada els més ardits defensors dels estudis clàssics. Veiem aparèixer una segona renaixença, quin lema era el de tornar a allò que és antic. Encara que sorgida en la ciutat del Sena —convertida ja en metròpoli intel·lectual—, les coses d'Itàlia són el seu principal fonament. En aquesta època les excavacions eren practicades amb gran activitat. «Tots els dies la terra semblava obrir-se per donar llum als tresors enterrats durant molt de temps. Temples, estàtues, cases amb frescs pintats a les parets, etcètera». Aquesta nova lliçó que sortia de les tenebres va enlluernar el món.

L'escultor Canova —que retratava a Paulina Bonaparte imitant una Venus clàssica, i modelava la figura de Napoleó com una estàtua romana— és el més genuí representant d'aquesta època. Al seu costat (dins d'Itàlia) pot posar-se a Luigi Vanvitelli, quin nom vertader d'origen flamenc és Van Wittel.

Romà de naixement, les seves obres principals es troben en el reialme de Nàpols. En aquesta ciutat és autor de la *Villa Nazionale*, del Palau Reial, de l'església de Sant Marcel·lí, i dels palaus Angri en la *Via Roma* i Genzano en la *Via Medina*. Restaurà, a més, la cúpula del *Gesu Nuovo* i va projectar l'estàtua eqüestre de Carles III. A Roma va consolidar la cúpula de Miquel Àngel de la basílica de Sant Pere, reforçant-la amb anelles o cadenes de ferro quin pes total és de cinquanta tones.

La primera pedra de la *Reggia di Caserta* (Palau Reial) fou posada per Carles III l'any 1752. Les vastes proporcions d'aquest edifici, amb les seves magnífiques columnes, la riquesa de tots els detalls de l'interior, l'amplitud i gràcia dels jardins dibuixats a la manera francesa —no amb l'habilitat de Le Nôtre, cal fer-ho constar— fan d'aquest conjunt un exemplar digne d'estudi per a l'arquitecte.

També ens sorprèn la grandiositat dels seus quatre patis. Enginyosa combinació l'església— ocupant dos pisos en les plantes superiors—, el teatre, l'enllaç del vestíbul amb l'escala d'honor i la distribució general de les habitacions. En el projecte de Vanvitelli, quatre torres pujaven en les cantonades i una amb cúpula en el cos central de la façana corresponent a la porta d'entrada principal.

No gaire lluny, en una plaça silenciosa, l'únic monument de la ciutat. Un senzill basament de marbre i a sobre la figura d'un home amb calça curta, típica casaca i llarga perruca. Unes lletres de bronze formen la següent inscripció: «A Luigi Vanvitelli. La citta di Caserta. MDCCCLXXIX».

Monument a Luigi Vanvitelli (Circa 1900)

Tot sopant, diversos oficials comenten les noves de la guerra i expliquen anècdotes d'un mariner ferit dirigint un desembarcament a Derna, i que ara ha sigut portat a l'hospital provincial de Caserta.

Tots riuen estrepitosament. Els fets són agudíssims, graciosos, és ben cert, però la figura ridícula del seu compatriota queda dibuixada grotescament amb una crueltat de caricatura. Tots riuen amb estrèpit i res sembla inclinar-los a la pietat envers el pobre ferit, que ha estat a punt de donar generosament la seva vida per a la defensa del nacional *tricolore, verde, bianco e rosso.*

Santa Maria Capua Vetere i Càpua – 14 de gener de 1912

La bellesa del golf de Nàpols, els meravellosos panorames de les seves costes i la riquesa i fertilitat de la contrada, atragueren els romans cap al sud d'Itàlia. Santa Maria Capua Vetere és avui una ciutat de 21.000 habitants que ocupa el lloc de l'antiga Càpua, famosa com Síbaris pel seu luxe i opulència. D'origen etrusc, s'alià amb Roma per a defensar-se dels atacs de les tribus veïnes, en el segle IV aC.

Una de les primeres preocupacions dels romans fou la de construir vies de comunicació per a enllaçar a la capital tots els pobles de la Campània. La *Via Appia*, que ja hem trobat diverses vegades en la nostra ruta, fou construïda per a unir Roma i Càpua, i més tard serà prolongada fins a Bríndisi, passant per Benevent.

De Càpua sortia la *Via Litoranea*, que per Cumes anava fins a Pozzuoli, el gran port comercial; la *Via Consolari*, que unia Càpua amb Nàpols; i la *Via Popilia*, que passava per Nola i Salern fins a Reggio.

La ciutat de Càpua era famosa en tot l'imperi. Els historiadors de l'època la descriuen com un lloc de diversions, de grans espectacles (les delícies de Càpua), de llibertinatge sense fre.

Anníbal, vencedor dels romans a Cannes (guerres púniques), en lloc de dirigir-se contra Roma s'encamina cap a la Campània.

«Aquell que et visita, oh Campània, creu haver deixat darrere seu —diu l'autor—, els darrers jorns de Pompeia. El mou en tots els seus afanys, i s'imagina entrar per la porta d'ivori en la regió dels somnis. Les joves donzelles, filles de Saturn, que ell afamat contínuament devora a no ser que en aquell clima escapin de les seves mans. Cau en oblit el passat i el futur, i es gaudeix tan sols la dolça beutat del temps present. Si Déu hagués donat la vida als homes, no per treballar, sinó per passar-la en continua festa i alegria, qui no voldria, lliure de desitjos, d'esperances i de temors, sojornar per sempre en aquest país excels de la Campània?».

Càpua fou la ciutat escollida per Anníbal per a la seva caserna d'hivern. Poc temps després arribaven els romans a les seves portes, obligant a l'exèrcit cartaginès a emprendre una precipitada fugida. Mentrestant, el cònsol Escipió Emilià destruïa la seva esquadra, i després de la batalla de Zama les legions romanes destruïen Cartago, complint-se finalment els designis del Senat i assegurant a Roma el predomini en el Mediterrani.

De l'època d'esplendor resta només a Càpua l'amfiteatre, obra del temps d'August i restaurada per Airà. Té una forma el·líptica —com tots els edificis d'aquesta espècie— de 170 metres de llargada per 139 d'amplada. L'espai destinat a la lluita de gladiadors i a diversos espectacles, o sigui, l'arena, tenia 76,12 per 45,83 metres. La construcció és de pedra (*opus quadratum*) i maons (*opus latericium*).

Amfiteatre de Càpua (Circa 1920)

Empraven els romans diferents sistemes de construcció per als murs de pedra. Quan el parament era poligonal, en deien «*opus incertum*». En els edificis més importants (temples, basíliques, etcètera) s'utilitzava l'*opus quadratum*, formant rectangles a juntes alternades. Si totes les filades tenien la mateixa alçada, rebia, a més, el nom d'«*isodomo*». Quan eren desiguals rebia el nom de «*pseudoisodomo*». Els garfis de ferro o falques de fusta contribuïen a donar major resistència.

De l'*opus latericium*, o construcció de maons, se'n troben encara nombrosos exemples. El panteó d'Agripa, les termes de Caracal·la i Dioclecià, a més d'infinitat de petits monuments escampats per tot arreu.

Els maons que s'usaven eren quadrats o triangulars. Entre els primers, les mides més corrents eren de 0,60 x 0,60 (*bipedales*) si s'utilitzaven en els paviments; de 0,45 x 0,45 (*sesquipedales*) si es feien servir per a la construcció d'arcs i voltes; o de 0,22 x 0,22 (*laterculi bessales*), els de més petites dimensions. Els triangulars (*semilateres* segons Vitruvi) s'empraven quasi sempre en el revestiment extern dels murs de formigó (*opus emplecton*), i sense altre material d'unió que una lleugera capa de calç o de morter amb sorra fina que era imperceptible en els temps de prosperitat de l'imperi (segle I dC), però amb la decadència va augmentar fins a igualar i quasi superar el gruix del maó.

A vegades, en els paviments es disposaven els maons col·locats en línies obliqües, sent visibles per la més petita dimensió (el que entre els constructors de Catalunya es coneix per «*sardinell*»), però amb la direcció alternada a cada fila, formant una espiga, d'on prové el nom d'«*opus spicatum*».

A partir del segle I dC s'assenyalarien els maons amb marques que indicaven el nom dels fabricants, o bé el dels arquitectes, acompanyats de la data consular. A vegades s'hi troben figures, emblemes o signes, en la seva major part indesxifrables.

En l'*opus mixtum* s'alternaven les capes de pedra amb filades d'obra, tal com es fa avui per a enrasar els fonaments, i moltes vegades també en les parets de façana per a augmentar la seva resistència, sobretot quan s'empra maçoneria ordinària.

Càpua és modernament una ciutat de 13.000 habitants a cinc kilòmetres de Santa Maria Capua Vetere. Aquesta fou destruïda en el segle IX pels àrabs i els seus habitants fugitius van fundar la nova ciutat.

Dignes de visitar-se són la catedral i el museu. En la primera s'hi troba una escultura original de Bernini, l'autor famós de la columnata de la plaça de Sant Pere a Roma. El museu posseeix algun baix-relleu de l'amfiteatre, sarcòfags antics i nombrosos vasos, monedes i terres cuites.

Interior de la catedral de Càpua (Circa 1920)

Abans d'abandonar la Campània, com a dada curiosa cal consignar que Sant Paulí, savi i poeta nascut a Bordeus l'any 354, fou bisbe de Nola, que ja en aquell temps era una de les principals ciutats d'aquesta província. A ell s'atribueix l'invent de les campanes, quin nom (del llatí *campanae*) vol fer-se derivar del lloc on s'utilitzaven per primera vegada.

Cassino i Montecassino – 15 – 17 de gener de 1912

Dos dies fa que soc a Cassino, assetjat per una pluja persistent i monòtona. Tothom en aquesta petita població és contrariat. Una gran fira de bestiar —la més important de l'any— havia de tenir lloc, i el temps, per ara, no ho ha permès.

Jo, en la meva cambra —ampla i decorada amb pintures, en un casal antic—, he instal·lat un taller provisional per a repassar amb tinta xinesa i contemplar les plantes d'alguns edificis que he dibuixat en els meus àlbums.

L'excursió a Montecassino és el que em proposo, i si la paciència no em manca esperaré que el sol llueixi, ja que és impossible trobar un carruatge que s'aventuri en tan aspres pujades amb el mal estat en què es troben els camins.

A cada instant interrogo el cel amb l'ansietat del nàufrag que esguarda l'horitzó des de l'illot desert en mig de l'oceà. És plena l'atmosfera de núvols de tempesta, aquí d'una blancor lluminosa, més enllà d'una grisor fosca i amenaçant.

Piazza Principe Amedeo de Cassino (Circa 1900)

De bon matí, una boira espessa esborra el paisatge. Recordem les paraules del poeta: «El camí de la nostra vida és com una jornada d'hivern. Boira baixa a la sortida i aviat fosc. El vespre etern». Cap a les vuit escampa. Encara la terra és humida i s'enganxa a les sabates, fent el caminar penós allà on el fang no el fa impossible.

Van sortint a la plaça des d'obscurs amagatalls insospitats, els bous, les vaques, els vedells, els cavalls, els ases, els porcs, etcètera. Una vertadera invasió zoològica.

El sol surt tímidament, il·luminant amb tíbia claredat malaltissa el poble i les muntanyes. Les poques curiositats artístiques de Cassino no mereixen pas gaire llarga visita. No cal perdre el temps, que no és pas molt segur. Montecassino ens espera en l'altura i la pujada és fatigosa.

***

L'abadia de Montecassino, el més antic convent d'Europa, fou fundada per Sant Benet l'any 529. Existeix encara la cel·la del fundador, restaurada i decorada amb pintures al fresc imitant l'estil cristià primitiu.

L'església, construïda entre 1637 i 1727, té una porta de bronze feta a Constantinoble. Poden també admirar-s'hi les tombes de Pere de Mèdici —obra de Francesco da Sangallo— i la de Guidone. En l'altar major s'hi conserven les relíquies de Sant Benet i de Santa Escolàstica. En el cor trobem magnífics carreus i obres d'art notables.

Abadia de Montecassino (Circa 1910)

La biblioteca —famosa des de l'edat mitjana— té més de 10.000 volums, molts d'ells manuscrits dels mateixos monjos de l'abadia, amb miniatures notabilíssimes. També posseeix les obres de Varró.

En l'època de major decadència de les arts a Roma —quan l'imperi d'Occident va caure en mans dels invasors del nord—, Montecassino conservà pel seu tracte amb l'Orient el culte de totes elles, ensenyant més tard als romans la tècnica de la pintura al fresc, del mosaic i de la miniatura, desaparegudes per complet de la ciutat del Tíber.

Per a l'arquitecte són també d'extraordinari interès els tres patis amb els pòrtics d'estil dòric-toscà, obra de Bramante, arquitecte llombard i autor del famós templet que hem admirat a Roma en les altures de San Pietro in Montorio, en el lloc mateix on —segons piadosa tradició— l'apòstol Sant Pere fou martiritzat.

Extensament ens caldrà parlar de Bramante en fer l'estudi de la construcció de la basílica de Sant Pere del Vaticà. Ja en la solitària ciutat d'Urbino i en la de Milà hem estudiat amb tot detall altres obres esplèndides del gran mestre del Renaixement italià.

Només em resta ara remarcar les facilitats que per a fer els dibuixos i prendre les mides necessàries se m'han donat en l'hospitalària abadia. Ja en ella, sentiments de cultura i gentilesa són tradicionals.

Les miniatures de la biblioteca de l'abadia de Montecassino són tot un capítol de la història de l'art medieval.

Biblioteca de l'abadia de Montecassino (Circa 1910)

La miniatura, que s'utilitzava generalment en l'ornamentació dels llibres i dels manuscrits, fou ja coneguda a Pèrgam i a Alexandria. A Roma, Iaia de Cízic (natural de Grècia) va adornar les còpies de l'obra de Varró titulada «*Hebdomades*» amb els retrats dels contemporanis més celebres. Attico publicà un llibre de petites biografies en vers, acompanyades també de retrats en miniatura.

En l'edat mitjana, la miniatura es desenvolupà extraordinàriament. Va començar posant les inicials més grosses i amb certs ornaments rudimentaris, i va acabar per fer-ne vertaders quadres. Aleshores ja va ser diferent l'ofici del qui escrivia (*librarius, escriptor*) de l'art del qui pintava. Quan el primer ha finalitzat la seva tasca, la transmet al miniaturista, deixant en blanc l'espai necessari i fent una lleugera indicació de la lletra. A vegades, en el marge l'hi assenyala el motiu o figura que deu acompanyar a la inicial. En alguns llibres s'hi han trobat encara aquestes indicacions: «*Hic ponatur papa genuflexus. Hic ponatur una mulier in habitu viudali*».

Un autor ens explica que a França aquest art fou dit «enluminure» perquè «imaginant que els fulls coberts d'escriptura en tinta negra eren com un camp en l'ombra, en estendre per damunt l'or, l'argent o els més variats colors, era com treure'ls a la llum, il·luminar-los». Aquest nom fou italianitzat (*alluminare*) per Dante en els seus versos.

El nom més emprat és, no obstant això, el de «miniatura», que prové del color que al principi era més freqüent: el *minium* (cinabri).

Les més antigues miniatures que es conserven són les de l'«*Homer*» del còdex de la Biblioteca Ambrosiana de Milà, i les del «*Virgili*» del còdex Vaticà.

***

Demà sortiré de Cassino. Únicament en la petita població d'Aquino, pàtria de Sant Tomàs —i també del poeta Juvenal— em detindré unes hores. A migdia arribaré a Roma, després de trenta dies justos d'absència.

Altra vegada en el *Palazzo di Monserrato* —casa espanyola en la ciutat dels papes— trobaré als meus companys. En Ramon d'Alós, tot just tornat de Nàpols, ens farà escoltar ara belles cançons napolitanes que alternarà amb les populars de Catalunya i amb peces de Chopin i Beethoven en les dolces hores d'esplai. En Francesc Martorell, investigador infatigable d'arxius, ens explicarà anècdotes d'ateneu i de l'Institut d'Estudis Catalans. En Josep Pijoan ens llegirà les cartes inèdites d'en Joan Maragall, però no les acabarà de llegir totes. Se li farà tard. I seguirà atrafegat, com sempre, ara en comprar un moble, ara en escriure un article o en fer un nou projecte. I, fins i tot, moltes vegades en donar instruccions precises en escriure —al nostre cuiner Dazzi— sobre la forma de fer una salsa a la maionesa o de preparar a la manera anglesa el saborós púding.

——— FI DE LES JORNADES D'ITÀLIA DE JOAN BORDÀS SALELLAS ———

Printed in Great Britain
by Amazon